香港中文教育發展史（第二版）

王齊樂　著

封面題字　王齊樂

責任編輯　許正旺

書籍設計　陳朗思

書　　名　香港中文教育發展史（第二版）

著　　者　王齊樂

出　　版　三聯書店（香港）有限公司

　　　　　香港北角英皇道 499 號北角工業大廈 20 樓

香港發行　香港聯合書刊物流有限公司

　　　　　香港新界荃灣德士古道 220-248 號 16 樓

印　　刷　美雅印刷製本有限公司

　　　　　香港九龍觀塘榮業街 6 號 4 樓 A 室

版　　次　1996 年 9 月香港第一版第一次印刷

　　　　　2022 年 9 月香港第二版第一次印刷

規　　格　16 開（170 × 230 mm）368 面

國際書號　ISBN 978-962-04-5038-9

# 李焯芬教授序

　　王齊樂先生（樂翁）是我十分敬重的一位教育界前輩。以前每次遇見他，我會有見證大半部香港教育史的感覺。他不但是香港現代基礎教育發展的重要貢獻者，更是整個成人教育體系的倡導者和開拓者。我對「樂翁」的尊敬，還有以下的兩個原因。

　　上世紀六、七十年代，樂翁已晉升至官立學校的校長、教育署的督學。這在當年的香港，已是既有社會地位又十分安穩的職位了。換了別人，恐怕就會安逸地待在這些職位上，直至退休享受人生。他卻跑去一家私立學院（當年的珠海書院），追隨羅香林教授唸一個碩士學位。當年的香港政府，並不承認珠海書院這個碩士學位。說白了，唸了這個學位，其實對樂翁的仕途並無甚麼好處。如要繼續晉升的話，倒不如像其他公務員那樣，到英國去進修更好。樂翁不但選擇在珠海書院唸，還極其認真地撰寫了一本厚厚的碩士論文，超額地做了大量的資料搜集、調查研究。結果是他的碩士論文被導師們一致評為第一名：極其優秀。這本碩士論文，就是大家手上的《香港中文教育發展史》的初稿。他後來還不斷地繼續進行研究，不斷地豐富書中的內容。第一版於一九八三年正式出版；之後又再詳加修訂，並於一九九六年再版。歲月無聲，這本經典著作，早已售罄了，在全港各大書局中都不易找到了，因此有必要再版重印了。

　　翻閱這本《香港中文教育發展史》，讀者不但可以完整地了解香港中文教育的歷史進程，還能從字裏行間，體會到作者對中華文化的那份濃得化不開的深情、他那強烈的使命感和對教育事業的擔當，以及他高尚的家國情懷。這是我敬佩樂翁的第一個原因。

　　樂翁於八十年代初從教育局的工作崗位上榮休。可他像饒宗頤教授一樣，退而不休，長期潛心於書法藝術的鑽研。樂翁於香港大學專業進修學院教授書法逾四十年，桃李滿門，成為大家公認的一代宗師。饒公認為書藝能養心養身，助人頤養天年。此話證諸饒公和樂翁，信不誣矣。兩位書

法大師都經常把自己的書法佳作義賣，支持助學和其他慈善公益事業；仁為己任，善與人同，教人動容。樂翁亦是終生學習、自強不息的典範，並因此獲授香港大學專業進修學院榮譽院士銜，可謂實至而名歸。這是我欽佩樂翁的第二個原因。

　　樂翁與珠海書院結緣至今已逾半世紀；於香港大學專業進修學院設帳授徒亦已逾四十載。作為這兩所學院的持份者之一，我有緣能為再版敬獻序文，實在不勝榮幸之至。

李焯芬

珠海學院校長

香港大學專業進修學院前院長

二〇二二年六月

# 張仁良教授序

　　拜讀王齊樂教授著作，香港教育史之流變躍於紙上。由開埠前人口不過七千多人，到今日逾七百萬人口，不論是學校數目、學制、考評方式，甚或師資培育，均經歷滄海桑田。要梳理近一個世紀、自清末時期到回歸初年，香港教育的發展和中文教育的興替盛衰，牽涉資料如山，考證功夫繁瑣，誠非易事。王教授獻身杏壇七十載，結合學識與經歷，就香港教育發展作如此詳盡編次和完整論述，條分縷析，見解獨到，確為後進研究教育史時的必讀之選。

　　筆者有幸擔任香港教育大學（教大）校長，對書中〈師範教育的建立和發展〉一節，感受猶深。就師範生制度施行，作者娓娓道來，其中有關時任中央書院（今皇仁書院）掌院史釗活挑選兩位成績最佳學生，接受兩年受訓，可惜為師之樂始終不及商賈利誘的往事，五味紛陳。該節所提及的「羅富國師範學院」、戰後因香港人口及學童數目急增而相繼成立的「葛量洪師範學院」和「柏立基師範學院」，都是教大前身。教大秉持百年傳承，一直致力弘揚師道，為社會育才。羅富國師範學院有王齊樂教授這般超群的校友，實為本校之福。

　　另有關平民教育家陳子褒為基層小學教育奠下基礎，又兼收女生，編撰婦孺須知的豐功偉績，同樣引人入勝。基礎教育對每名學童影響至深，全賴前人種樹，加諸歷任教育主事者努力改革，普及教育，目前香港免費教育已擴大至十五年，對社會發展大有裨益。

　　早在一九九六年——香港回歸前夕，王教授於首版自序已提出香港教育需有新的體現、內涵和面貌，以配合新時代的需要。其時，他已提倡公民教育，提出培養莘莘學子學習中華民族優秀傳統文化，以及愛國主義教育的重要性，可謂高瞻遠矚，鑑往知來。近年，教大致力推廣中華文化，新設國學中心，五學並舉，冀準教師繼承和發揚中華文化美德。中國傳統士人有「三不朽」：立德、立功、立言。王教授著書立說，哲人辭世，風

範長存，其教育事功永垂不朽，足為後人景仰。

張仁良

敬序於香港教育大學聚學樓

二〇二二年小暑

# 韋王維芬女士序

　　《香港中文教育發展史》是先父王齊樂教授描述香港在這一百五十年來中文教育發展歷史及推行模式，也是先父生平的代表著作。承蒙三聯書店總經理葉佩珠女士的鼎力支持，這本書剛好由先父今年四月下旬完成審校，準備再版。但很可惜先父沒有看到這本書的再版面世，他已安詳地以佰歲康壽在四月二十七日與世長辭。

　　這本歷史著作第一版於一九八三年印行，因早已脫銷，所以在一九九六年底，先父重新整理資料及補充，由三聯書店再版去迎接九七回歸這個值得紀念的重要日子。現今這書在市面已缺書多時，及因它是大學進修香港教育的重要教科書，也適逢今年二〇二二是香港回歸二十五周年，我深感興奮可以及時用這本父親生平最重要的著作再版來向他愛國愛港的一生致敬。

　　我也萬分感謝及榮幸在這本書的再版獲得李焯芬教授及張仁良教授賜序。他們兩位教育界的巨人是我先父生前特別敬重的資深教育家，亦和先父有甚大淵源。

　　李焯芬教授是珠海學院校長及香港大學專業進修學院前院長。先父的碩士學位也是珠海學院的前身，珠海書院所頒發。他的碩士論文就是這本《香港中文教育發展史》的初稿。父親在香港大學專業進修學院教授書法逾四十載，二〇一八年獲授該學院榮譽院士銜。李教授和先父的交情長達五十年有多。

　　張仁良教授是香港教育大學（教大）校長。教大是羅富國師範學院的前身。先父是羅富國的畢業生，不僅和張教授是校友，也是香港師範教育的資深從業者。

　　父親一生致力於教育，首三十年在前線教育英才，有很強的使命感。他退而不休，四十年來為青年學藝及成人教育發展貢獻良多。他自己從艱苦少年時代已經明白教育對人生的重大影響，也是他一直勤學無間，熱心

教育去栽培下一代的動力。他曾經語重心長的告訴我們，中文教育是香港和中國內地接軌的重要橋樑。他希望香港教育工作者能細心檢閱過去的歷史及作出明確的目標，為香港的下一代而努力。現在這新版教育史也是父親最後的一項對香港教育工作的貢獻。

韋王維芬

二〇二二年七月

# 修訂版作者小序

　　《香港中文教育發展史》在市面已缺書多時。近年來，經常收到教育界同仁或從事研究香港教育的朋友們的查詢，我只能抱歉以對。

　　去年十二月，中國社會科學院在珠海市召開「香港史研究現狀與前景研討會」，雖然我未能抽空出席，但會中對這本書還是加以推介。會後，更承三聯書店（香港）有限公司的關注，這本書便得到了再版的機會。

　　自己的著作有機會再版，這是任何作者所感到最欣喜的事情。於是盡兩個月的暇時，將全書檢閱一遍，勘正了若干錯誤；在內文各章節中，增添了小標題，以醒綱目；簡略的地方，給予適當的補充；再加插了三十七張有歷史性的圖片；將〈一九四一年以後的香港中文教育大事紀要〉的一節，延續至一九九五年底；排印設計也煥然一新，期望這本經修訂後的書，會以全新的面目與讀者們相見。

　　香港中文教育發展的歷史，年代久遠，牽涉的範圍廣闊，資料星散，編寫起來，工作相當繁重，決不是單靠個人的管見所能成事。在寫作的過程中，有賴師長、教育界前輩、同仁、朋友和學生等，在不同層面、不同角度、不同情況下，供應資料和提示意見，給我不少啟發和協助，方見厥成。現在，趁著本書再版的機會，我謹在此向他們表達我那衷心的感謝之忱！

　　按照「一國兩制」的構思，和《中英聯合聲明》的原則，還有一年的時間，香港便要回歸祖國的懷抱了。這本書的歷史資料，剛好把舊的時代結束，並迎接新時代的來臨。香港，就像是一個古老的大家庭中失落了的孤兒，一百五十多年來，在英帝國的管治下成長起來。回歸以後，香港的教育，將有新的體現、新的內涵和新的面貌。至於怎樣去重整香港的教育，以配合新時代的需要？那是一件極其重要的和艱巨的工作。主要是公民教育問題。中華民族優秀的傳統文化的培養和愛國主義教育，將成為當前教育的首要任務。九七回歸確是一個不平凡的時刻，我也謹以這書，來

迎接這一個偉大的和值得紀念的日子的來臨！

一九九六年六月夏至

王齊樂於香港樂書樓

# 李璜教授序

　　語云：飲水者應思其源，而吾輩治史者論事亦當究其始，方足以明文化必發源甚遠，而其流乃得以暢，此王君齊樂之所以有《香港中文教育發展史》之作也。王君為香港珠海書院文史研究所第一屆研究員，以香港中文教育發展之始末為論文，經予披閱，評為甲等第一，因得授以文學碩士學位。王君早在香港教育司任學官職務有年，公餘之暇，對於香港教育史事，興趣特濃，經年累月，耳濡目染，兼收並蓄，復加以統計，列表以示一百年間（一八四一至一九四一年）香港中文教育之發展詳況。予以其論文資料之翔實，已可稱為第一手，而他人所不及見者。況王君復從歷史回顧之中，推源及於香港九龍遠古地下掘得之史前文物，以證明港、九接連大陸，自古即為中國人之社會，遺有文物，足見根源。雖自古稱為一漁村耳，然自北宋以來，九龍錦田區中，即已有「力瀛書院」之設立，其後歷經數朝，各地相繼有大小學舍之設立，為數不少，故自宋代開始，九龍區中即已有科第人才逐次出現，而至清代尤盛。因之，港、九自古即為中國文化陶鎔之地，而英人開埠之後，始能造成香港為中西文化交流之媒介，而用以開啟廣東新學人才之蜂起。王君此見，可稱卓越，於其列表按年紀一中西文化交流之要事，其跡遂歷歷可尋也。

　　抑有進者，予嘗閱及黃季陸先生所主編之《國父年譜二編》上冊圖片十頁中山先生手寫自傳墨跡影印，其中有中山先生致翟理斯教授之書，書中有云：「於中學獨好三代兩漢之文，於西學則雅癖達（爾）文之道……」似此兩語，已不但足見中山先生中文造詣之深，且復見其人一身即已代表出中西文化交流之跡。中山先生學醫於香港，其於港地文風必於數年之間，有所感染，得益於中國學問或者不少。據王君列表所示，中山先生於一八九二年秋，畢業於香港西醫書院，而在此之前，列表所示：一八七二年理雅各博士翻譯《四書》、《五經》為英文，全部完成；一八七四年曾負一時文名之《循環日報》創刊；一八八〇年《維新日報》創刊；一八八二

年有政府書館三十九間，補助書館四十一間，其八十所中有六十四所是純中文書館；一八八五年《粵報》創刊。⋯⋯是亦可以藉識中山先生之求學環境，利於成為中西匯通而不世出之偉大人物也。

凡此王君列表中之扼要處而予取其一隅，已足徵香港中文教育之發展及其影響之大。然尤為予欣賞者，王君以一專節敍述而稱許陳子褒先生，以大學問而自編中文教科書，開中文新式教學之先河，是誠有識之士，唯王君其能發此潛德之幽光。至於金文泰以一英人殖民地官吏，而能醉心中國文化，提倡中文教育，不遺餘力，王君令予一再審之，不能不加以欣賞，如對理雅各之於中國經書翻譯，其有功於中西文化之交流，殊途而同功。憶昔康、梁之講求變法維新，以開啟中國新學新政之端倪，梁啟超即於《清代三百年學術史》中，曾稱其師之新政主張以至大同思想，初亦感受香港之新書報之介紹西事西政，蓋梁氏所舉之《華字日報》，在王君列表中，固創刊於一八六四年（同治三年）也。

王齊樂君初呈此一論文，對予之認識香港中文教育，已大有補益，而喜其用力之勤，持見之確，特予推薦於故所長羅香林先生；羅所長名史家也，一讀即加以讚許。不幸香林逝去，予亦退休赴美閒居。在後此數年中，王君並未停止充實其論文之內容，而增其書之第七章〈回顧與前瞻〉，二、三兩節之〈大事年表〉與〈大事紀要〉，使予更一目了然進展之跡及其中間之波折處。至第四節，其對香港中文教育前途之希望，亦有見地，足資思考。王君此書，乃一專史也，但梁任公先生於其《歷史學方法論續編》，曾論及專史，中有云：「專史雖曰專於一人一地或一學，然而寫專史者，如能逐類旁通，亦足以令人更趨於博識。」予於王君此書，亦有是感，故願為之介紹於史學界中。

李　璜

於台北中央新村

一九八一年七月二十二日

# 吳俊升教授序

　　余曾寄跡香港二十餘年，近半時間承乏新亞書院校務。與香港政府教育員司，多所接觸。其中頗多謹飭文雅之士貽余深刻印象者。其著者如高詩雅（D. J. S. Crozier）、唐露曉（P. Donohue）、毛勤（L. G. Morgan）諸教育司官，皆出身英國知名大學，富文化修養，對中國文化有認識，並具尊重心。雖稟承其政府之政策處理教育行政，但對在香港為延續並發揚中國文化而艱苦締造之新亞書院，頗多同情維護，使能獨立發展而成為中文大學基礎學院之一。其間經過，余所親歷。至今迴溯，猶令人感念，而諸君則已先後作古矣。教育司署主管專上學校之員司，為錢清廉、韓慶濂兩博士，與余在國內有舊，於公務上亦多贊助。惟余與中小學行政人員接觸則較少。有之，惟視學官王齊樂校長。余始知王君，由於王君為書法家，偶於友人處見余所書條幅而謬賞之，亦索余書，因而結翰墨因緣。余以是懸知王君雖廁身教育行政事務，亦一風雅士也。迨後，王君於業餘復入珠海書院文史研究所隨羅香林（元一）、李璜（幼椿）兩教授治史學，而以「香港中文教育發展史」為論文專題。余嘗被邀謬主其論文評審與口試，因而親識王君，而上下其議論。其人果然文雅博洽，證余向所懸測者為不謬也。王校長既以優異通過碩士論文考試，復不亦自限，繼續研究，就其論文加以增訂與潤飾而成專書。書成復不遺在遠，萬里馳書，屬余序其端。此書初稿余既曾寓目，並參加鄙見，此次覆按，益覺內容精審為難得之佳作。故略述所見本書之特點以詔讀者，誼不容辭也。關於香港教育史事，以往雖間有述作，但作有系統之編次與論述，成為專書，此為始創。本書之特點此其一也。王君以教育行政官主持香港各夜中學多年。香港教育為彼所親自參與。以局內人記述局內事，由於具有第一手資料，故所述多詳實而可靠。本書之特點此其二也。過去及現在香港各師資訓練院校講授香港教育史，均始自英國統治香港，而不探本溯源及於中國本土之教育與文化。此固政治之限制使然，但於香港教育之歷史背景不明，則所

訓練之師資，對於香港教育發展之實際了解，遂不免狹隘敷淺矣。王君治香港教育史獨能高瞻遠矚，探其本原，而上溯中國本土之文化背景及教育發展，其博洽通達，實屬難能可貴。本書之特點，此其三也。猶有進者：香港離中國而為治，已百數十年。中國教育史家對於此間教育之經過均存而不論。但此四百餘方哩之土地及五百多萬之人民，終屬吾土吾民。不論國際現勢之發展如何，將來終有重歸祖國之一日。將來撰述中國教育全史者，將以王君此書補其空白，則王君對於中國史學之貢獻為不小矣。本書之特點，此其四也。本書具此四特點，可稱得未曾有之佳作。余樂於觀其成，故為此以弁其端。余書至此，頓覺過去二十餘年余在香港所涉之人與事，連類而歷歷呈現於目前，更不得不感謝王校長此作能使余重溫香島之舊夢也。是為序。

辛酉年春月八一叟　吳俊升
序於美國西部太平洋之濱

# 陳耀南博士序

　　許多有生命的著作，都起源自一種使命感。譬如司馬遷的撰述《史記》，就為了要踵武父祖的遺業，要克盡太史的職責，要紹述周、孔以來的文化傳統。王齊樂先生寫這本《香港中文教育發展史》，我覺得，也是出於一種使命感——作為教師的所見所聞，作為教育官的所職所務，特別是，最重要的，作為一個中國文化繼承者的所傳所守。王先生熱情而又冷靜地，把百數十年來此地的中文教育，怎樣在由「唐文」而「漢文」而「中文」這三個不同稱呼所代表的理念之下，在港英政府小心而又冷漠的處理之下，在一代又一代有心人的辛勤灌溉之下，艱苦地成長。王先生對早期倫敦傳道會（London Missionary Society）的著名牧師——馬禮遜（Robert Morrison）、理雅各（James Legge）努力溝通中西文化，對金文泰（Cecil Clementi）總督時期官紳合作，重視中文，那短暫而美好的歲月，對香港教育和中國內地政治文化的密切關係，對港英政府長期重英輕中政策的由來與影響，都特別注意；在平和委婉，不慍不火的行文之中，透現出嚴正的態度和超卓的見識。

　　王先生可說是文如其人，這是有幸識荊以來，我的感覺。說起來，早在幾年前，還未認識王先生，便已在《華僑日報》教育版上，拜讀到他有關香港著名塾師陳子褒先生的大作。那時我在港大中文系擔任語文通論一科，講到清末民初白話文運動時，特別留意一些有關的人物和資料，於是，王先生親切翔實的文章，便在我心中留下很深刻的印象。對這位自稱為「婦孺之僕」的平民教育家，康、梁維新運動的同情者，王先生是深致景仰的；而子褒先生的亮節高風，也因作者誠懇的生花妙筆，而更加彰顯。這篇文章，後來就是本書的第五章第二節。至於書中述及香港大學中文系當初成立的經過，以及所由成立的目標，在於傳揚整體的中國文化，促進中、英關係，而不單以灌輸零碎的歷史知識，訓練工具性的語文和翻譯技巧，特別是金文泰總督「香港大學之盛衰，視乎中文之興替」的名

言；此刻仍然是港大中文系的一名教師，而前此又在馬禮遜、理雅各長校的「英華書院」任教十年的我，識荊有緣，執筆拜序，撫今追昔，自然在感慨之外，更加一番親切了。

寄慨深遠當然是著作的成功條件之一，不過，除此之外，還要講究工夫與技巧。許多理據充足，考證精詳的著作，都取材自豐富的書面資料，再加上實際的經歷和訪問。《史記》又是一個好例子。石室金匱的庋藏，功令檔案的記載，大梁、淮陰、豐鎬的訪問，以至扈從封禪，參與制曆，一切所聞所思，透過史公神奇的鎔鑄鋪排，都成了偉大著作的一部分。王先生這本《香港中文教育發展史》，由八百多年前，錦田鄧符協創辦「力瀛書院」，把中華文化一脈南延開始，而清初新安縣寶安、文岡等書院，而開埠早期的港島私塾，而培植時期的教會學校，特別是各時期中，中國學術典章對本地中文教育的影響，前代科舉取士制度之下的傑出人物和貢獻，吉光片羽，王先生都搜羅爬梳，不遺餘力。北至沙頭角，南達赤柱半島，都印遍他訪尋研究的足跡。許多早已幾乎湮沒無聞的學舍、家塾，都因王先生的努力而潛德幽光，得以再發。「尋墜緒之茫茫，獨旁搜而遠紹」；「服其善序事理，辨而不華，質而不俚」，王先生的勞績，真是令人敬仰了。

王先生辛勤多載寫成的《香港中文教育發展史》，洋洋數十萬言，確是一本鰓理分明，內容充實的好書，一本關心中文教育，關心香港教育，以至關心香港前途的人，為了窮源竟委，為了鑑往知來，所均宜細讀的好書。香港教育專業人員，尤其是負責學校行政，推展教會或者社團辦學的負責人，更當人手一冊。倘若讀了本書，而更加感發興起，更認識到中國國運、中國文化和香港中文教育的不可分離，更體會到「人必自尊而後人尊之，人必自侮而後人侮之」的道理，那王先生的辛勤和苦心，就不是白費的了。

王先生的努力，是並不白費的：香港中文教育全盤的、系統的編述，這是第一本。其中有作者實際參與的親切經驗與心得，有與中國教育文化根源聯繫的探索；而整個研究，都可作為中國教育全史的一個重要部分。這都是本書的價值所在。替這本好書寫序，是一個十分榮幸的任務，我是非常樂意接受的；並且希望，不久之後，王先生再賈其餘勇，把本書最後

一章的第三節 ——〈一九四一年以後的香港中文教育大事紀要〉，擴展成為續編，那就更嘉惠士林了。

陳耀南
敬序於香港大學中文系
一九八一年聖誕節

# 目錄

# 插圖目錄

# 第一章　緒論

　　香港自從開埠以後，百多年來，華洋雜處，商旅繁集，漸漸發展而成為東方的主要商港；同時，四方人文，薈萃其間，也是一個中西文化交流的樞紐。

　　生活在這地方的人們，不論是居民或為過客，他們相互之間，來往言詞，應用書契，藉以溝通思想，表情達意的，皆以中、英兩種語文為主。而香港人口之中，歷年以來，又以中國人為絕大多數，佔人口總數百分之九十八以上，是以中國語文的流通最廣，運用最大。

## 香港中國語文發展的三個時期

　　香港的中國語文，從歷史的進程上，在稱謂方面，約可分為三個時期：

　　（一）唐文時期

　　從一八四一至一九〇〇年左右。在這時期內，本港的外國人，通稱中國人為「唐人」。在他們的心目中，所謂「唐人」，其特徵便是女的纏足；男的薙髮，頭戴卜帽，拖著一條長長的辮子。

　　那時，在書院中讀英文的，稱為讀番書、寫番文、學番話；讀中國書的，則稱為讀唐書、習唐文、寫唐字。學塾中教授中文的老師，稱為「唐書先生」。[1] 在一九二五年左右，以教授金文泰總督中文著稱的宋學鵬，也還被稱為「唐文大先生」。

　　（二）漢文時期

　　在一九〇〇年以後，已普遍改稱唐文為漢文。一九〇四年，皇仁書院有「復設漢文」這回事。同時，這時期《黃龍報》（*The Yellow Dragon*）所登載的，幾篇以中文寫作的文章，也多用「漢文」一詞，並稱那時的中文

老師為「漢文教習」。當時之所以改稱「唐文」為「漢文」，大概與外國人之熱心研究「漢學」有關。對中國學問的研究，既稱「漢學」，那麼，中國文字，自然便稱為「漢文」了。這是很合理的稱謂。

一九一四年，政府設立漢文師範於官立實業專科夜學院；一九二〇年又設立漢文師範學堂；一九二六年，金文泰總督為提倡漢學，更設立官立漢文中學一所，以漢文視學官李景康為校長；政府設立的小學，其中有幾間也稱為漢文小學。

（三）中文時期

一九三一年以後，中國僑務委員會成立，本港僑校，紛紛向中國政府呈請立案，並參加廣東教育廳所舉辦的中學會考。這樣一來，為了適應內地課程，對中文科的稱謂，便漸漸與內地一致。「漢文」一詞，也漸而被「中文」所代替了。

及至一九三七年，中日戰爭開始以後，廣州學校遷港的不少，學生、教師及文化人士，也大量進入香港，大家均以「中文」為中國語文的正確稱謂，把本地的「漢文」觀念，大大的沖淡。甚至在戰後設立的中學會考，也稱為「中文中學會考」，一九六三年成立的一所大學，也稱為「中文大學」了。

我們從香港歷史上，唐文、漢文、中文的三種稱謂，正可以看出中文在香港發展的三個不同的時期，並代表了三個不同的時代意義。唐文時期，是代表中國傳統舊教育的時代；漢文時期，是受外國教育影響的時代；中文時期，則是受祖國及時代的影響，推行新教育的時代。

## 中文教育的涵義

語言，是人與人之間，直接交換思想，表達意見的工具；文字，則除了代替語言的作用外，是傳播和記錄文化活動的主要工具。語言和文字，都是一種傳播的工具，只是文字比語言，更不受時間和空間的限制罷了。而語文是各有其民族形式的，任何一種民族語文，都是一種民族文化的產物。中國語文，自然是中華民族經過長時期的創造和發展而形成的一種文化產物了。

所謂中文，是指中國人相沿習用的一種語言文字。凡是中國人，在生活習慣上，自小即習用這種語文，成為自己的一種母語。在香港，一位中國人，即使是精通英文的，他的英文，也絕不可以完全代替了自己的母語，因為他到底是一個中國人，他和他的民族文化、生活習慣、社會關係等等，有著極密切的血緣關係，而且是息息相關的。也可以說，他的生活意識，和他自己的民族及社會所給予的教育，有深厚的關係。

　　教育的基本目標，不外是知識的傳授與人格的培養。關於後者，我們中國的教育比外國教育，更為重視。甚麼叫做中文教育呢？簡言之，凡是以中國語文作為教學的主要媒介，以達成教育的目標的，便是中文教育。

　　在中國內地，所實施的教育，根本就沒有所謂「中文教育」或是「外文教育」之分。凡是學生，在開始求學的時候，一律接受本國語文的訓練，以中文為學習的基礎，為學習知識的媒介。一個人除非不接受正式的教育，要接受正式教育，首先學習的便是中國語文。在這情形下，自然不會產生有所謂「中文教育」這回事了。雖然，內地的學校，也有外國語文的學習，一般來說，那只是一個學習的科目，或是作為一種專門的修習與研究而已。

　　我們在香港所發現的情形則不然，香港的學校，顯著地分為二種類型：一種是以英文為教學主要媒介的英文學校；一種是以中文為教學主要媒介的中文學校。這兩種類型的學校，非但教學的主要語文不同，而教學的內容相差很大，學校的風格也有差別。大抵上，英文學校，以英文為主，中文只是一個普通的科目；教育制度及教學內容，以英國教育為依據；學生受外國思想的影響較大，態度趨於新潮。中文學校，則以中文為主，英文是一個普通的科目；教育制度及教學內容，以中國教育為依歸；學生受中國傳統思想的影響較多，態度較為持重。這兩種類型的學校，既然有這麼大的分別，很顯然的，英文學校以英文為重，中文學校以中文為重，各樹一幟，便形成了兩個不同的體系，而有所謂英文教育與中文教育之分。

　　我以為，在香港來說，中文教育，不單只是指語文的學習，它的涵義，應包括下列幾點：

（一）中國語文的學習

　　學習中文，掌握中國語文的運用，應該是每個中國人的天職。一個中

國人，對本身的語文沒有認識，不懂運用，不只沒法接受傳統的文化，而且是一件可恥的事情。

（二）以中國語文為教學主要媒介的科目學習

學校裏教學的科目繁多，除中文、數學、歷史、地理外，還有生物、化學、物理、音樂、美術……等等。凡是以中國語文作為教學的主要媒介的，都是中文教育的一部分。

教育中國學生，以他們所最熟識的母語為教學的媒介，在教學的過程中，必然易於了解和接受；教學的效果，也必然會事半功倍。

中國語文，源遠流長，詞彙豐富，對事物的表達能力至強。即使是一些科學上的新名詞，只要經過適當的翻譯，便可迎刃而解；抑且由是而使我們的詞語，與時俱進，更形豐盛起來。

（三）對中國傳統文化的研習

中國文化，有悠久的歷史，也有輝煌的成就。傳統文化，不論是物質的或是精神的，都是經過先哲們的努力創造而成。就以我們民族固有的道德、知識和能力來說。固有的道德是：忠孝、仁愛、信義、和平；固有的知識是：格物、致知、誠意、正心、修身、齊家、治國、平天下。這是一套最有系統的政治哲學，同時，也是對於人類社會的一種重要觀念。至於固有的能力，則有：指南針、印刷術、火藥、磁器、茶葉、絲綢……等等的重要發明。[2]此外，歷代政治制度、學術思想以及文學藝術之興盛，充分表現出中國民族精神文化與創造力的偉大，和文化領域的廣闊浩瀚。

我們對於過去已有的民族傳統的文化瑰寶，作為一個民族的子孫，是有責任去把它繼續承受過來，且予以發揚光大的。

中國的傳統思想，認為教育的作用，不只是知識的傳授，同時更顧及人格的培養方面。因此，讀書人除了有豐富的知識外，還要養成偉大的人格。

近年來，歐美各國，對於中國的文化學術，認識日多，評價日高，紛紛設立研究漢學機構，以鑽研中國的文化學術思想，且大力鼓勵學生研習中國語文，蔚成風氣。反觀我們香港的青年學子，往往視學習中文為畏途，大有數典忘祖之態，言之汗顏。一個中國青年，如果對本身的語文和傳統文化，沒有一定程度的認識，這個人的民族意識一定很薄弱，而民族的自尊心也很容易便會喪失掉。

在目前，香港社會道德風氣日趨敗壞，青少年生活日益放蕩不羈，倫理觀念動搖，治安情況日差的時候，推廣中國文化的研習，還可收到潛移默化和穩定社會的功效。

（四）對中西文化交流及其推進方法的探討

既然香港不僅是一個國際性的商埠，而且是一個中西文化交流的中心，我們在這特殊的環境中談中文教育，除了要研習中國的傳統文化以外，還要研習它與外國文化的互相交流之道。換言之，我們要從事研習怎樣吸收西方的文化學術，和怎樣把中國的優秀文化介紹到外國去，使西方人士對中國文化有更正確和深刻的認識。要做到這一點，我們對中國語文和傳統文化便要有較深厚的修養，而對外文的研究也要有良好的基礎。這樣，才能兼採中西文化之長，融會貫通，而達到互相交流的目的。其中翻譯工作，便是一項重要的課題。

在今日的世界裏，任何一個國家或民族的文化，決不能以抱殘守缺為滿足；如果不緊隨世界文化潮流前進，與其他國家、民族，並駕齊驅，則有被時代遺棄的危險。

自然，中文教育的推進與提高，是多方面的，學校方面、社會方面，甚至家庭方面，對學習者均有影響。其中，能夠有計劃、有系統、有步驟的去推進，還是以學校教育為主。以下本書所談的香港中文教育的發展，也將以學校教育的發展作為主要說明。

## 中文教育在香港的任務

生活在香港的中國文化界人士和教育工作者，對於中文教育的提倡和推廣，負有四項重要的任務：

第一、普及中國語文的教育和學習，使廣大的海外中國人，都能夠正確而方便的使用中國語文。

第二、努力傳播我國寶貴的文化遺產，並設法向外發揚而光大之。

第三、不斷吸取外國語文及文化的優點，使中國語文的內容與形式，不斷充實、創新，更能適應世界文化的進步與發展，與時俱進。

第四、真正確立和提高中文在香港的法定地位，使中文與英文的地位

完全平等，平衡發展。

對於中文教育的提倡和推廣，自然不是隨口説來的那樣容易。在香港來説，它是遭受到社會的和政治的因素的限制，以致陷於萎縮的狀態中。所謂社會的因素，是指香港是一個重視英文與輕視中文的社會，凡事都以英文為主，不論是政府的公文上，商業的應用上，盡屬如此。所謂政治的因素，是指香港政府，一向未有正式承認中文為法定的語文，中文不能與英文處於平等的地位。由於地位上得不到政府的合法承認，間接即使人意味著，這是政府對中文的輕視和壓抑。

近年來，香港一般社會人士與廣大的居民，都主觀地提出，要求政府將中文確定為法定的語文。政府在這方面，也表現出很大的誠意與努力，逐步予以實現。一九七四年二月，承認中文為法定語文的法案，已在立法局獲得正式通過了。然而，其他實施方面的細節問題，還須我們不斷的努力，才可達到真正法定的目的。如果法定以後，徒具虛文，那也是沒有實際的好處。

香港政府規定中文為法定語文，在官方的使用方面，使中文達到與英文完全平等地位的時候，非但香港社會中的種種隔膜得以消除，民意得以溝通，成見得以化解，社會得以安定，繁榮得以繼續，而中文教育也將相應的獲得發展，中文程度自然隨之而提高起來了。

第二次世界大戰以後，中文已是聯合國中五種法定語文之一了。在我們小小的香港，卻居然有官方的華人大官，在民眾促請政府早日承認中文為香港的法定語文時，認為「中文不夠表達能力」，這不是很可笑的事情嗎？

願英國政府，在中、英兩大民族互相尊重的原則下，積極確保中文地位的提高，使中、英語文在香港的使用和發展，並行不悖，對於香港局面的安定與繁榮的持續，有莫大的關係。這是中、英民族平等和互相尊重的象徵，也是二十世紀的今天，殖民主義者應有的明智之舉。

## 附注

〔1〕一八九四年陳鏸勳著：《香港雜記》，第十一章〈華英書塾〉中，有「唐書先生」的稱謂。
〔2〕參閱孫中山著：《三民主義》中的〈民族主義〉第六講。

## 歐洲的命運注定要統治亞洲？

在香港早期，曾擔任過政府督學的歐德理博士（Dr. E. J. Eitel, 1838–1908），於一八九五年，在他所著的《一八八二年以前的香港歷史》（*Europe in China, The History of Hong Kong from the Beginning to the Year 1882*）一書的序言中，曾説：

> 兩千年來，文化的發展是由東向西的：歐洲為亞洲所指導。基督教使歐洲文化為之抬高，現在（按：指十九世紀末葉）的發展，則是轉過頭來，由西向東了：歐洲的命運注定要統治亞洲。

歐德理的話：「歐洲的命運注定要統治亞洲」，讀起來似乎有點過分，也有點囂張。可是，歷史是無情的，百多年來，亞洲的許多地區，確是被歐洲人所統治。亞洲的文明古國，像印度和中國，在歷史上的一個時期內，也確實處於歐洲勢力的威迫下，過著苟延殘喘的日子。

在古代，中華文化是東方文化的主流，對人類文明，曾有過許多重要的貢獻。例如指南針、火藥、印刷術的發明，傳入歐洲以後，直接影響和啟發了歐洲的現代文明。這是舉世共知的事實。

可是到了後來，歐洲的物質文明日益發達，古老的亞洲帝國，便抵不住歐洲勢力的向東發展了。

## 西方勢力進侵中國的方式

從明朝末年開始，西方民族與中國接觸，大概是循著三種方式進行的。

第一種方式是傳教。由明朝萬曆年間（一五七三至一六二〇年）開始，相繼來華的西方傳教士中，最著名的有：意大利的利瑪竇（Matteo Ricci, 1552–1610）、西班牙的龐迪我（Diego De Pantoja, 1571–1618）、德國的湯若望（Johann Adam Schall von Bell, 1591–1666）等。這些人，把近代科學方面的知識，輸入中國，影響不小。總計明、清之際，西方各國教

士，到中國來傳播宗教及西洋學術的，不下六、七十人；所著書籍，也不下三百餘種。這些傳教士們，遠道來華，多以輸入科學知識為手段，而以傳教為目的。其中有些傳教士，也兼負有某種政治性的特殊活動。

第二種方式是通商。自明朝中葉嘉靖年間（一五二二至一五六六年），葡萄牙人租借澳門，以為對中國通商的根據地後，歐洲各國商船，來華的漸多。清朝初年，歐人與中國通商，以廣州和寧波兩地為最盛。由於中國工業不發達，自開五口通商以後，洋商在中國的勢力，便逐漸由沿海而侵入內地；中國的經濟權，也漸漸落入外國人的手中，甚至連本國的海關也歸外國人所管轄了。因為中國海關落入外國人的手裏，中國與外國通商，便去失了屏障。外國在中國所進行的經濟侵略與壓迫，使中國資金，大量外流，這樣，中國經濟便瀕於崩潰的地步。

第三種方式是戰爭。西方國家與中國通商後，都希望在華佔有較大和較特殊的利益。可是當他們的願望沒法達成的時候，便以武力逞強而為了。以武力去奪取利益和達到他們的野心，這種方式，便是戰爭。

道光二十年（一八四〇年）英軍陷舟山，侵寧波；

道光二十二年（一八四二年）英軍陷吳淞，逼江寧；

咸豐十年（一八六〇年）英、法聯軍破天津，入北京；

光緒十一年（一八八五年）法軍侵澎湖、台灣，佔安南；

光緒二十年（一八九四年）中、日甲午戰爭，中國海陸軍皆喪師；

光緒二十六年（一九〇〇年）英、法、俄、德、日、奧、意、美八國聯軍破天津，入北京。

上述這些戰爭中，中國方面，每戰的結果，皆喪權辱國，損失慘重。然而，卻因此而刺激起中國人民的革命思潮，從而掀起革新政治與革新教育的巨大運動。


## 英國選擇香港為割讓目標的原因

中、英鴉片戰爭的結果，中國慘敗，一八四二年中，滿清政府根據《南京條約》的議和條款，便將香港這地方割讓給英國。

香港，是珠江口外的一個小島，孤懸海上，幅員很小。為甚麼英國當

時要選擇這個地方為割讓的目標呢？其動機可說是商業的，同時也是軍事的。香港位於珠江口外，水道交通便利，與廣州和澳門相去不遠，適合英國商人的居停和貨物的存放，對於貿易，十分方便；而這裏港灣水深，利於船隻的停泊和避風，又據於南中國出入口的要衝，地位非常重要。這是英國人選擇這個地方的主要原因。

在歐、亞航道未通，中國海禁未開的時候，歷代均視此地為邊陲之區；迨清初康熙年間（一六六二至一七二二年），十七世紀末與十八世紀初之間，由廣州循海道而至汕頭、廈門、福州、上海等地，都打從香港經過，這地方才漸漸為人所知道。九龍半島和新界的開發則較早。

現在我們所稱的「香港」，是含有狹義的與廣義的兩種解釋。狹義的範圍，是單指香港島的本身而言；廣義的範圍，則是包括九龍、新界、香港島的本身，以及周圍所統轄的大小島嶼在內。普通對外來說，所謂香港，是包括了香港、九龍、新界和各島嶼的一個總的名稱。

## 香港教育的特殊背景

香港的教育，從歷史的發展上去研究，是有它本身的特殊背景。

它的背景是甚麼呢？大約可以分做歷史、文化、社會和經濟四方面去說明：

（一）歷史方面

十八世紀的下半期，英國產業革命開始，首先是機器的發明。一個人所管理的機器，可以抵得上幾十人或幾百人的工作。由於機器的運用，使生產量大為增加。而生產量之突然的飛躍增加，自非內地市場所能容納，則對外擴大貿易，尋求海外市場，以謀商品的向外推銷，便成為必然的結果。一八四〇年，中、英鴉片戰爭，表面的事實是英國向中國推銷鴉片，而中國則嚴禁鴉片輸入，於是發生戰爭。其實，戰爭的基本原因，是由於英國的向外發展，要在中國取得通商的自由，並奪取在中國通商的根據地。鴉片問題，只是一個導火線罷了。不過，這次的鴉片戰爭，在我國近代史上，卻是一件劃時代的事件，而且是一次真正的外族入侵。因為自此以後，中國門戶洞開，強鄰環列，侵略事件相繼而來，使中國領土的完

整，主權的獨立，遭受到無情破壞，將國家降至次殖民地的地位，皆由這次鴉片戰爭以開其端。

鴉片戰爭的結果，於道光二十二年（一八四二年），依據《南京條約》，將香港島永遠割讓予英國。咸豐十年（一八六〇年），英、法聯軍攻入北京，中、英又訂立《北京條約》，把九龍界限街以南領土及昂船洲割讓給英國。這一帶地方，當時稱為九龍司。光緒二十四年（一八九八年），英國援用法國租借廣州灣的例子，強迫清廷簽訂《展拓香港界址專條》，租借九龍界限街以北、深圳河以南的領土，及海中二百三十五個大小島嶼，租期為九十九年。我們便稱這地方為新界。以上所說的，便是香港殖民地的產生和擴展的簡單歷史。

就歷史背景而言，香港自從成為英國的殖民地以後，百多年來，在英國勢力統治之下，影響所及，於文化教育方面，產生了兩種顯著的特點：

第一、在較安定的社會中自由發展起來

百多年來，香港的教育，除了一九四一至一九四五年為日軍入侵，受到破壞外，一直都在安定的狀態下自由發展起來。在這百多年中，中國內地屢次發生的紛爭局面，不但不會妨礙到香港，反而助長了香港社會的繁榮和教育的發達。同時，這個地方，更成為中國文化人士及知識分子的一個避難所。例如：一八五〇年的太平天國運動、一八九八年的戊戌政變、一九一一年的辛亥革命、一九一三年的二次革命、一九二六年的國民革命和一九三七年的抗日戰爭等。在這些動亂的事件中，中國內地許多富貴人家和知識分子，都以香港為他們避難的目的地。

第二、帶著濃厚的殖民地意識

香港自開埠以後，百多年來，文化教育事業，自然受著殖民地政策的影響；換句話說，香港的文化教育，帶著濃厚的殖民地意識。而殖民地意識的特點之一是思想自由，但國家與民族的觀念，非常薄弱；其次是文化教育商業化，一切以功利思想為依歸。

（二）文化方面

香港，從地理的關係來說，是中國內地的一部分；從人口方面來說，百分之九十八以上都是中國人。香港的中國居民，差不多都是來自中國內地，他們的風俗習慣、文化活動，實與中國內地無異。同時，香港又是英

國的殖民地，經過了百多年來英國文化的傳播、感染，英國人的生活習慣、文化傳統，對香港的影響，著實不小。

甚麼是文化呢？文化的內容是多方面形成的，舉凡文學、藝術、科學、哲學、政治、經濟、法律、宗教，以至於一民族中的衣、食、住、行、娛樂、起居，其方式與其儀節，都同樣的是文化事象。[1]

語言、文字，是一種民族形式的主要文化產物，是構成一種民族文化最重要的一環。生活在香港的中國人，除了絕少絕少的人以外，他們都是講中國話、看中文報紙的。即使有些人，他出身於英文學校，做事的地方是外國洋行，學習英文的時間比學習中文的長久，然而，畢竟他還是一個中國人，怎可以完全揚棄那與生俱來的社會關係和本身的傳統語文呢？事實上，每一個人自小即接受其本身的民族文化與母語的教導，特別是我們的華人家庭及社會，對於中國固有的文化道德的薰陶，素所注重。故此，許多讀洋文的人，儘管口中操著流利的英語，而其思想及生活方式，骨子裏，還是以中國文化為其神髓的。

有人說，中西合璧是香港文化的特徵。在香港這個華洋雜處的自由社會裏，人們生活和思想的表現，同時接受著中國和西方文化的雙重影響，這也是很自然的事情。關於這一點，我們可以從人們的日常生活中，找出許多實例來：許多人舉行結婚典禮，已經在婚姻註冊處披紗行禮了，而回到家裏的時候，又得拜天地、謁祖先、叩翁姑，照中國的傳統禮法，熱鬧一番；許多人居住的地方，中國式的大屋，裏面是西式間格與陳設，或是西式洋房，裏面是中式擺設的也不少；許多人在談話中，喜歡夾雜著幾個英文字；利用西方樂器的小提琴和結他去伴奏廣東粵劇的唱曲；古裝粵劇，改用英語對白歌唱。這些都是中西合璧下產生出來的香港文化。

在優越的地理環境之下，香港在過去的百多年來，便成為中西文化交流的樞紐。

香港開埠以後，傳教士們紛紛而來。除了傳教以外，他們多從事文化教育工作。辦理學校、翻譯和出版等，都是文化交流的重要工作。就以理雅各博士來說，他是一位傑出的牧師、教育家和學者，一八四三年來香港，除了傳教、辦學以外，還與中國學者王韜合作，把中國的《四書》、《五經》，整套翻譯成英文。這種巨大的成就，在中、英文化交流史上留

下了光輝的一頁。其他在溝通中西文化這方面著有成績的人也不少。

中西文化交流，不僅可使中國人的眼光放大，頭腦豐富，心靈活潑，還會使中國的優秀文化，融匯於世界文化的洪流中。

香港，在中西文化交流當中，自然又以中、英兩國的文化為主體。中、英兩國，都同樣有著深厚的文化傳統，這兩種文化傳統，直接地影響香港的文化和教育的發展。

香港既是一個中西文化交流的地方，中國文化與西洋文化在此匯合交融，其表現於教育方面的，便是中、英文的並重；其影響於文化方面的便是新思想的產生。中、英文的並重發展，可為本港學校特色之一；新思想的產生，可以何啟、胡禮垣、王韜等的鼓吹興辦洋務與變法圖強，及孫中山先生所鼓吹的革命思想為代表。

（三）社會方面

我們生活在香港，由於政治環境的特殊，雖然這僅是一個彈丸之地，也談不上甚麼民主，然而，人們卻可享有充分的自由。因此，我們說，香港是一個自由的社會。生活在這地方的人，他們的活動，只要不會危害到這殖民地的安全，大致上，英國政府是不會過分干預的。這是一種很重要的因素，它使香港社會，在自由、安定之下日趨繁榮。

在自由、安定的環境裏，宗教、社團顯得特別發達。在信仰自由的基礎上，天主教、基督教、佛教、回教、孔教、道教……等，非常興盛，各立門戶，聖道紛紜。特別在神誕緣會的時候，場面的熱鬧、認真，恐怕比任何地方來得普遍。有時候真使人懷疑，香港是否仍是一個神權的社會？社團的設立也是鼎盛的：有慈善團體、有宗教團體、有文化團體、有宗族團體、有商業團體、有地方團體、有職業團體、有娛樂團體……更有秘密組織的黑社會團體等。這些團體，種種式式，會社之多難以羅列。除了那些非法組織的黑社會之外，其他的會社，它們於求取本身的福利以外，對社會福利，尤其是教育事業，也多熱心以赴。

香港就是這樣的一個社會，中外古今的思想學說和事事物物，都能兼收並蓄。從教育的觀點來看，這社會裏有最進步的新教育，也有最落後的舊教育；同時，東西方教育，中外人士，諸式人等，都能在香港教育的圈子裏，和睦相處，自由生存，各謀發展，可算難得。

在過去的一個世紀中，英國擁有世界上最多的殖民地。英國人在殖民地的統治方面，固然有豐富經驗，有其獨到的一套；但這與英國的民族性、哲學思想，也是有關的。有人說，英國人的傳統思想，在政治哲學與人生哲學方面的表現是：

> 組織則求其合用而不求其有條理、系統化；制度則求其適應事實而不斤斤整齊劃一、名稱一致；思想則求其緩進而不求其急進，求其會通而不求其徹底；因襲則求其順情而不求其合邏輯，求其無礙而不求其理論一元化。[2]

這幾句話充分說明，在英國統治下的社會，其種種制度，沒有完整的系統可言。其發展只是根據實際需要，只要不發生亂子，便任由它的存在，到了實際需要時，才作出適當的整理，應付便算。證諸過去的香港社會，英國政府所運用的政治哲學，正是這麼一套。怪不得多年來，香港教育政策的舉棋不定，教育制度的反覆、混亂，是有原因的。

（四）經濟方面

本港地少人多，經濟方面，全靠商業的發達，以資維持。在優越的地理環境之下，香港成為中外交通的咽喉，來往貨物的集散地，是一個國際的大商港。

從商業的觀點來說，商業是講求交換價值的，是著眼於利益的追求的。故此，人們的觀念，一般都是非常現實，腦海中充滿了功利主義的念頭。香港社會的經濟，自然是屬於資本主義自由經濟的範疇。資本主義社會裏面的經濟活動，是主張自由競爭的。既是自由競爭，就脫不了功與利的念頭了。

功利主義思想發展的結果，求學的人，也多作出急功近利的打算。香港既是一個國際性的大商港，商業發達，商號林立，對外接觸、通商，均以英文為主要媒介。這樣，顯示英文的實用價值最大。因此，早期的香港，在人才缺乏的情形下，那些稍通英文的人，中學還沒有讀完，已非常吃香，往往便給商行以高薪羅致。是以在一般人的心目中，便形成了一種觀念：只要熟識英文，便可得到高薪水和良好的職位了，又何必要多讀書和進一步去研究甚麼學問呢？自然，學習中文，也就成為一件次要

的事情了。

　　每一個社會的基礎，都是由它的生產方式和經濟組織來決定；而生活在這社會裏的成員，也是不能完全脫離這社會的經濟關係，不受這社會的經濟意識的影響而生存的。香港社會中，中下層白領階級的人很多，而專心致意研究學問的人卻很少。人們往往感慨地說：香港是一個繁盛的都市，同時也是一個文化的沙漠！這和香港的社會經濟之發展背景，有極為密切的關係。

　　香港教育，在發展上，和它的歷史、文化、社會、經濟等這幾方面的背景，血脈相通。這些背景，也影響了香港教育的目標、形式和它發展的方向。

## 附注

〔1〕參考李璜著：《讀史之頁・談文化與文化復興》。
〔2〕見阮柔著：《香港教育制度之史的發展》，十八至二十四頁。

## 第三節　香港前代文化活動的史實

### 史前遺蹟的發現

　　從前，人們的觀念，都以為香港乃山陬海澨、人跡罕到之區，根本上沒有古代文化可言。後來經過考古學家的發掘、研究，才證明本區域在史前時代，已有人跡，大概是屬於南越民族的居地。秦始皇平定南越，本區域便成為中國的一部分。不過，那時候與中原的交通非常阻隔，來往極為困難。

　　最先在香港發掘史前遺蹟而著有成績的，要算是丹尼爾‧芬神父（Fr. Daniel J. Finn, S. J., 1886–1936）了。芬神父原籍愛爾蘭，耶穌會會士，早期研究古典藝術與文物，於第一次世界大戰後來港，任教於香港大學地理系。他曾前往廣東沿海一帶，與麥兆良神父（Fr. Maglioni, 1891–1953）共同研究考古工作，是本港早期著名的少數考古工作者之一。他對南丫島的洪聖爺大灣及榕樹灣遺址的發掘，尤為盡力。在那裏發現新石器時代遺物甚多，有石器、陶片、銅戈、銅斧等物。他將研究所得，曾寫成十三篇相當詳細的報告，先後在一九三二年十二月至一九三六年十二月的《香港自然科學家》（*The Hong Kong Naturalist*）季刊上發表過。他還代表香港出席過各地的考古學會議，引起海外人士對本港考古工作的注意。

　　其後，其他的考古學家，又陸續在南丫島、大嶼山、青山、掃管笏等多處地方，先後發現史前遺蹟及遺物不少。

　　在香港發掘史前遺蹟的考古家，除芬神父外，還有：韓利博士（Dr. C. M. Heanly）和舍爾斯亞教授（Prof. Joseph Shellshear），在青山附近覓得新石器時代石斧甚多；史高斐爾德（W. Schofield），於太平洋戰事發生前，在香港各處發現新石器時代遺物；陳公哲，於一九三七年來港，發掘地點十六處，獲得古物二百餘件；巴爾福（S. Balfour），戰前曾作考古發掘，在大嶼山的石筍東灣，頗有發現；韋伯嘉（Weinberger），一九四六年來港，在南丫島洪聖爺灣發掘，頗有所獲；戴維斯博士（Dr. S. G. Davis），一九五五年前後，帶領香港大學學生在南丫島等處發掘，亦時有所獲。

　　一九九六年三月，香港中文大學中國文化研究所中國考古藝術研究中

心、廣州中山大學人類學博物館及中國社會科學院考古研究所聯手合作，在香港南丫島大灣村沙堤附近，成功發掘出五千年前一處先民村落的遺址，同時，還發現有大量陶片及石製工具等文物。考古學家認為，這次考古成果證明，香港地區，遠在新石器時代中晚期，已有先民在陸地的固定房屋居住，而且，香港的新石器文化，與珠江三角洲新石器文化區，是屬於同一文化類型的。

由此證明，香港所屬各地，在離開現在五千多年以前的新石器時代，就已有人居住的了。

## 香港前代文化活動的史實

凡有人跡的地方，人類為求生活而作出的種種活動，便是文化活動。有關香港前代文化活動的史實，就目前為止，以吾師羅香林教授編著的《一八四二年以前之香港及其對外交通》一書，論述最為詳盡。

茲將有關香港前代文化的重要史實，條列數項，以資說明：

（一）李鄭屋村古墓的發現

一九五五年，政府在九龍西北部李鄭屋村的地方，建築徙置大廈，於山坡中發現了一座中國古墓。當時，由香港大學林仰山教授（Prof. F. S. Drake, 1892–1974），領導歷史系學生，負責進行發掘與研究。根據墓形、墓磚、文字、器皿等，一般考古學家的推測，都以為這是一座漢代的古墓；還可能是一位鹽官之墓。[1]這座古墓，對本地區而言，自有其極為重大的歷史意義。

（二）古代本區域聚眾製鹽的史實

遠在漢朝時候，漢武帝以推行鹽鐵官營政策，嘗於番禺設立鹽官，以資督管。而鹽官的駐地，歷代都是設於寶安縣治內。

本區域全屬濱海地帶，海潮的上落，鹹鹵易滋，故自昔即成為產鹽的重要地方。

宋朝時候，更於九龍設立官富場，以聚眾製鹽，既差有鹽官專管，復設置寨兵看守，故有所謂「官富場」、「官富山」和「官富寨」的三個名稱。寨是城寨，場是鹽場，山是與場寨相連接的山地。這三者互有關係，而又

以官富場為主體。查官富寨又名官富九龍寨，即今日的九龍城，故址在今九龍城賈炳達道（Carpenter Road）以北，東西頭村以內；官富山即今日自何文田以至亞皆老街的東端，與馬頭涌道交界一帶的山地；官富場則在官富山以東，官富寨以東南的沿海地帶，即今日九龍灣西北、西南沿岸，自啟德機場西北角以南，下至土瓜灣一帶，以至尖沙咀等地，都是宋朝時候的官富場地。

明、清時代，本區域仍以產鹽著稱。直至康熙初年，遷海事起，鹽產業才因年荒世亂的關係，衰退下來。[2]

（三）古代屯門的發展

新界青山的屯門灣，古代已是一個頗為重要的地方。屯門灣西北，有狹長淺谷，與元朗、錦田、新田、以至深圳河流域平地相連，為本區域前代的富庶地帶。而海灣之前，又有大嶼山等為其屏障，宜於避風，正是帆船時代的一個天然的良港。六朝以還，屯門的對外交通，日益發展。唐、宋時代，屯門即號稱為廣州海上交通的重要外港，且駐有軍隊，以保護交通。波斯、阿拉伯、印度及南洋一帶來華的船舶，以及由廣州出海的船隻，必須停泊在此，以便利用季候風航行。

劉宋初年，一位著名的奇僧杯渡禪師，曾棲止於此。[3]唐、宋文人，像韓愈、劉禹錫、蔣之奇等，都有詠及屯門的詩篇。[4]

在明朝正德年間（一五〇六至一五二一年），葡萄牙人曾經一度侵佔這個地方。[5]由此可見，屯門在香港前代的歷史中，已有相當的發展。

到了明朝以後，屯門這個在發展中的地方，可惜因當時沿海各地，海盜猖獗，且海灣沉積日淺，乃致形勢漸失，地位也因此而衰落。

（四）宋王臺的史蹟

在香港的名勝古蹟當中，宋王臺的歷史價值是非常高的。它與當年中國的國家存亡，曾有過一段慘痛的歷史關係。

一二七五年，宋恭帝投降元兵，度宗的兩個兒子益王昰和廣王昺，逃到福州，由陳宜中、陸秀夫、張世傑等擁立益王昰為帝，改元景炎，是為端宗，或稱帝昰。那時，帝昰年方九歲，加封了他的弟弟廣王昺為衛王。一二七七年四月，南逃抵達九龍官富場，即今日九龍灣西北、西南岸一帶。據稱當時土瓜灣一帶，已有若干村落，於帝昰駐蹕官富場時，村民已

1. 位於九龍灣畔的宋王臺古蹟，一九四三年日軍佔領期間，予以炸毀

結隊迎駕；又嘗護駕至淺灣與秀山等地。陳宜中等於宋王進駐九龍後，在官富寨南玟杯石之下，聖山之西，馬頭涌以東的地方，興建行宮，即是後來的二王殿；並在聖山築了一座觀台，即為後世所稱的宋王臺。不久，元兵來追，宋帝小朝廷，在這裏只停駐了六個月，又再逃亡。他們由海道退卻，逃至碙州。這時，帝昰病逝，改由他的弟弟衛王昺繼位，改元祥興。不久復遷新會厓山。祥興二年（一二七九年），被元兵追擊，帝昺死於海上，宋朝至此，便完全滅亡了。[6]

宋朝最後的兩個小皇帝，曾經在九龍駐蹕過的聖山觀台，後稱宋王臺，它的遺址，為歷代人士所憑弔。但可惜得很，於一九四三年，日軍佔領香港的時候，以擴建機場為理由，竟將這座富有歷史價值的古蹟炸毀，殊可慨嘆！

（五）香港仔的古代發展史實

當明朝和清初的時候，寶安、東莞一帶，包括本區域在內，皆以盛產香木著名。而本區域所植的香木，又以瀝源（即今沙田等地）與沙螺灣（即今大嶼山東涌以西的濱海地區）的為最佳。

來自東莞及上述各地所出產的香木及製成的香品，恒於九龍尖沙頭

（即今尖沙咀）的香埗頭（當年運香出口的舊式碼頭），用小舟載至今日的香港仔海灣，然後改用艚船（即大眼雞船），轉運廣州，遵陸路北上，蹭南雄嶺，直達江蘇省的蘇州府及松江府一帶。因為當時運香出口的關係，今日香港仔這個小海港，當年便以轉運香料而得名，被稱為香港。這個島南的小海港，南有鴨脷洲為其屏障，良於避風，且港灣不深，最適宜於帆船時代的船隻進駐。是以當地居民日多，商旅集散，也就日見繁盛了。

清乾隆年間（一七三六至一七九六年），今石塘咀一帶，以出產花崗石著名。石匠所開採的石方，均將之運往現在的香港仔海岸，排列放置，以便候船轉運廣州等地，以為建築材料之用。是以香港仔海灣的北岸，古時候，又稱為石排灣。

乾隆二十四年（一七五九年），近人周壽臣爵紳的先祖周啟文，復在海灣的東北岸開建村落，名為「香港村」，隸官富巡檢司所管屬的村莊之一。[7]

香港，其初只是一個島南小港灣的名稱；其後，演變而成為整個海島的總名稱。於是原日的香港，便改稱為香港仔了。

（六）天后古廟的分佈

香港古代的廟宇，留存下來的不少，而廟宇中最古而又最多的，則為天后廟。在古代，天后廟的設立特多，可有兩個主要的原因：第一、從前航海的人，科學的設備未周，知識不足，對於海上航行的凶險，沒法控制，也沒能力抗拒，於是唯有仰仗於對神力的迷信，以增強信心。天后，在航海人的心目中，認為是一位專為幫助航海人士消災解難的海上女神。故在航海者常經的港灣地方，便往往建有天后廟，以求天后神力，坐鎮其間。第二、逐海覓食的漁民，以福建人為最多，相傳天后也是福建莆田人氏，漁民對天后最為敬仰信賴，故所到之處，便建廟祀奉。我們從天后廟在本港建立之多之早，亦可說明本港古代文化活動的一部分。下面所列舉的，只是一些富有代表性的天后古廟，遠在香港開埠之前，便早已存在的了。

1）赤柱天后廟

位於赤柱西海岸村內。從廟內銅鐘上所鏤「乾隆三十二年」等字樣推

測，乾隆三十二年，即一七六七年，到現在已有二百多年的歷史了。

2）香港仔天后廟

在香港仔石排灣的西北。為清乾隆中葉（一七五八年）所創建，同治十二年（一八七三年）重修。

3）銅鑼灣天后廟

在銅鑼灣天后廟道十號。那裏的天后廟道，也因這廟的所在而得名。創建於清朝初年，廟門刻有「同治歲次戊辰重修」等字樣。查同治戊辰年即為一八六八年。即使是重修至今，也已超過一百年了。

4）筲箕灣天后廟

在筲箕灣東大街。廟門額上，有「天后古廟」四個字，是同治十一年（一八七二年）重修的。這廟的創建日期雖已不可考，但可斷定，在同治十一年重修以前，便已存在了。

5）油麻地天后廟

位於油麻地廟街。為「光緒丙子遷建」，丙子為光緒二年，亦即一八七六年。而廟前的小石獅，則刻有「同治四年吉日」的字樣，同治四年，則為一八六五年。這小石獅，大概是這廟宇未遷建前所建造的了。

6）土瓜灣天后廟

位於土瓜灣近海心廟的地方。是光緒十四年（一八八八年）所重修。

7）鯉魚門天后廟

位於鯉魚門海邊。根據不久以前重修時所發現的舊石碑，刻有「天后宮，鄭連昌立廟，日後子孫管業。乾隆十八年春立」等字。按鄭連昌為乾隆年間著名海盜。乾隆十八年即為一七五三年。

8）茶果嶺天后廟

在鯉魚門以西的茶果嶺濱海處。據說這天后廟也與鄭連昌有關。初建年期不可考，只知道是在光緒年間（一八七五至一九○八年）所重修的。

9）南佛堂天后廟

在鯉魚門外東龍島上。其始稱為林氏夫人廟，建置時期當在南宋間。故址當在今南堂環畔南堂村西不遠處。〔8〕今全廟已毀，遺蹟無存。廟後有南堂石塔，建於北宋大中祥符五年，即一○一二年。〔9〕這石塔是作為當時海上航行標識之用。

10）北佛堂天后廟

位於田下山半島的西麓，與南佛堂天后廟遙遙相對。建於宋咸淳二年（一二六六年），較南佛堂天后廟為稍晚。但建築方面，北佛堂天后廟，經過多次重修，規模宏敞，香火極盛。現有廟宇為光緒三年（一八七七年）所重修的。

11）南丫島天后廟

南丫島的天后古廟，計有三間，其中位於索罟灣的一間，年代大概最古。廟內的一座聚寶爐，鑄於清道光六年，即一八二六年。至於初建日期，則已不復可考了。

12）長洲天后廟

位於長洲島西灣的山上。曾在「民國己巳」（一九二九年）重修，廟貌壯麗，至於初建的日期，則以年代久遠，無從確知了。一般推測，至少已有過百年的歷史。

13）大澳天后廟

位於大澳北岸街市關帝古廟的右鄰。單憑廟內所存的那口鑄於乾隆三十七年（一七七二年）的古鐘來推算，也已超過二百年的歷史了。另在鹽田南面鳳山腳下，還有一所更古的天后廟，則建於十七世紀中葉的清朝順治年間（一六四四至一六六一年）。

14）坪洲天后廟

位於坪洲永安街四十八號。創建於「嘉慶戊午年」，即一七九八年。

15）急水門天后廟

位於馬灣島上。為當年張保仔盤據香港時所建，用以掩蔽活動之用。創建時期，當在嘉慶中葉，即一八〇八年左右。

16）大埔天后廟

位於大埔舊墟前近海的地方。建於康熙三十年，即一六九一年。經歷年多次重修而有今日的廟貌。

上述的這些天后古廟，都已超過百年以上的歷史了。這些廟宇的建立，遍佈香港、九龍、新界及離島各處，正是本港先民的一種文化活動的紀錄。

我在前面所列舉出來的部分重要史實，目的無非是藉以說明：香港這

地方，在開埠之前，並非如一般人所說，是一個人跡罕至和沒有文化的荒蕪之區；反之，在古代，已確有相當文化的建立，且全部都是我們傳統的中華文化。

## 附注

〔1〕據羅香林教授推測：這可能是一位漢代鹽官之墓。遠在漢武帝推行鹽鐵官營政策之時，嘗於番禺設有鹽官督管。本區域以產鹽著稱，西自新田以至屯門等地，東自沙頭角以至九龍灣沿岸各地之鹽業，均為鹽官所統轄。

〔2〕詳見羅香林等著：《一八四二年以前之香港及其對外交通》，第一章。

〔3〕杯渡禪師，是東晉末年至劉宋時代的一位奇僧。梁釋慧皎的《高僧傳》中曾有記述。

〔4〕唐朝的韓愈被貶，南下為潮州刺史時，在其〈贈別元十八協律〉六首中，第六首內有「屯門雖云高，亦映波濤沒」之句。唐元和十年（八一五年），劉禹錫因詠屯門海潮而作〈踏潮歌〉一首。北宋蔣之奇，曾知廣州軍，嘗親至屯門，並作有〈杯渡山詩〉一首。

〔5〕葡萄牙人於一五一一年佔據馬來半島的馬六甲後，復於明武宗正德九年（一五一四年）抵達屯門。當時葡人稱這地方為達馬柯（Tamao），並在那裏建立石柱，刻葡國徽章於其上，設營寨、造火銃，作長久佔領之勢。直至正德十六年（一五二一年），廣東巡海道汪鋐，率大軍至屯門灣，才大敗葡軍，將之驅去。

〔6〕羅香林等著：《一八四二年以前之香港及其對外交通》，第四章〈宋王臺與宋季之海上行朝〉，有詳細敍述。

〔7〕詳見黎晉偉主編：《香港百年史》，第三章，永言：〈香港地名考〉。

〔8〕《珠海學報》第五期，黃坤華：〈香港東部水域南佛堂古蹟叢考〉，對南佛堂天后廟之考證甚詳。

〔9〕見今人余謙建築師，於一九五五年，在北佛堂天后廟後所發現的題刻。該題刻為南宋咸淳十年（一二七四年）鹽官嚴益彰所書立。

## 資料蒐集的經過

香港的中文教育，自古以來，綿延不絕，已有長遠的歷史；即自開埠至今，也已經過百多年了。過去，從事本港中文教育史料的研究及作有系統整理的人，還不多見。同時也因為生活環境的關係，一般人的注意力，都放到英文的學習和教育方面，無形中便把中文教育的研究忽略過去。是以過去有關中文教育發展的史料雖多，許多重要的紀錄，因為不被人們所關心而至湮沒於無形。現在蒐集起來，確是一件相當困難而吃力的事情。

十年前，當我開始為這個問題搜集資料的時候，曾走訪過本港幾間圖書館，結果，竟然使我大為吃驚和失望。吃驚的是幾間圖書館中，都找不到可以作為主要參考的專書；失望的是要搜集一大批資料，恐怕非短期內所能辦到的了。

手上沒有充分的資料，那是談不上研究的。為了解決資料的問題，左右思量，我終於決定向四方面進行搜集：

（一）研讀有關書籍；

（二）翻閱舊時報章；

（三）參考各類刊冊；

（四）訪問教育前輩。

經過了一番努力以後，事實證明，我的嘗試沒有錯誤，四方面我都得到了相當滿意的收穫。

研讀有關書籍方面，首先我要感謝香港中文大學聯合書院院長鄭棟材先生，他慷慨地將他一本未經正式刊行的著作：《中國海外華僑教育：香港、星嘉坡和東印度群島的比較研究》（*The Education of Overseas Chinese: A Comparative Study of Hong Kong, Singapore and the East Indies*）[1] 給我參考，並作簡要的指示。這對我的幫助和啟示很大。

歐德理博士編寫的《一八八二年以前的香港歷史》，以及前香港大學歷史學講師安德高先生（**Mr. G. B. Endacott**）於一九五八年出版的《香港歷史》（*A History of Hong Kong*），對香港教育史料的記載，都相當豐富。

至於羅香林教授及其門人，於一九五九年出版的《一八四二年以前之香港及其對外交通》一書，對香港前代史料的研究與探討方面，則更為廣闊和深入。

上述這幾本著作，對於香港教育史的研究方面，參考價值很大。同時，在書本資料的互相牽引之下，從旁發掘，許多其他的資料，也會陸續地找尋出來。

香港的報章，在第二次世界大戰以後出版的，許多地方都有收藏，很容易找到；其在第一次世界大戰以後的，參閱也不太難；至於遠溯本港開埠初期的，那就不容易了。香港最早期的中文報紙，伍廷芳所創辦的《中外新報》，我們很難見到；但在其後發行的《華字日報》，[2]在香港大學馮平山圖書館裏，還存有一份，恐怕這是獨一無二的一份了。這份報紙，對於研究香港歷史來說，歷史價值之高，簡直沒有其他報刊可以比擬。

本港的學校校刊、團體會社的會刊、年鑑、政府年報等，這類的刊物、小冊，在友好們的幫助搜羅下，都看到了不少。其中要特別一提的，是皇仁書院的《黃龍報》（*The Yellow Dragon*）。這是皇仁書院的一份最富有歷史性的校刊，由一八九九年六月創刊，綿延不絕地繼續出版，以至今日，可算是本港校刊之中年紀最老，生命最長的了。早期的出版，現時已很難找到。皇仁書院校長室裏所珍藏的一套孤本，也是戰後多方設法才湊合起來的。一九七〇年九月，我得到了皇仁書院黃勵文校長的允准，能有機會把這份校刊參閱一遍，至感慶幸。《黃龍報》經過了這麼長遠的歲月，新舊之間，面目自已不同；然而內容方面，有一點始終相同的，那便是中、英文的並用。由第一期開始，已是如此。即是前部分都是英文，後面最少也保有幾篇的中文，通常是幾篇教師的論說文章、翻譯作品或是詩詞等。後來，也登載一

2. 皇仁書院校刊《黃龍報》（*The Yellow Dragon*），一八九九年六月創刊的第一期封面

些學生的作品。

訪問教育前輩，這方面的收穫，我認為最有價值。因為用訪問前輩的方式去發掘資料，較少為人所採用。總計訪問過的本港教育前輩，約有三十人左右。有的追述了早期的教育實況；有的還提供了有價值的文獻。我們就以黃國芳先生來說。他於一九一○年即由澳門來港，就學於灣仔為山學社，其後進入政府書院，一九一八年在皇仁書院師範班當師範生，下午時間即任教於政府小學，一九二四年畢業於香港大學。歷任政府視學官、官校校長、講師、助理教育司，直至一九五九年退休。退休後又曾任津貼學校校長。他和香港教育的關係，已超過六十年，真是香港教育界的一棵長青樹。以他在教育界的經歷和威望，他所講述的往日教育情況，當然是最可寶貴的了。

其次，我要提及的是勞惠群先生。他也是皇仁書院早期的學生，一九二四年畢業於香港大學，曾任官校校長及教育司署視學官。恂恂長者，道德文章，素為後輩所敬服。一九五四年，勞先生擔任香港區主任視學官時，筆者嘗追隨左右，參與視學工作，獲益至大。對於二十世紀初期中文學塾方面的資料，他提供甚多。勞先生除了以教育資料相助外，並以其歷年所剪存的報紙資料，編有索引，共三十五函，全數相贈。他對筆者鼓勵甚大，感謝之情，絕非筆墨所能表達。

至如莫儉溥先生、岑公燧先生、盧國洪先生、葉觀棪先生等，他們都是出身於本港的教育世家，對於教育事工，所知也多。葉觀棪先生博學多聞，尤喜研究本港掌故及譜牒之學，對本文的撰作，提供意見頗多。他於一九六四年自教育司署退休後，仍為教育而服務，努力不懈。不幸於一九七一年一月，以心臟病發，不治逝世，至可惋惜！

宋歐陽修在〈豐樂亭記〉一文中寫道：「百年之間，漠然徒見山高而水清，欲問其事，而遺老盡矣！」當我在採訪本文資料的時候，也正有這種感想。對百年的往事，要追尋起來，真是欲問無由呀！由此，也正好激發起我的情緒，努力去發掘起那些可能發現的資料，免得它隨時間而消逝於無形。

## 香港中文教育發展的分期

要研究香港中文教育的發展，為了研究上的方便和易於說明起見，依照一般歷史研究的慣例，我也把它分做幾個時期來處理。

一八四一年以前的時期，我把它歸入本港的前代史時期，主要是討論本港區域內的前代文化與前代教育。我希望從具體的史實中去探討本區域內前代文化與前代教育的活動情形，並以條列的方式，作出簡要的說明。

香港前代文化活動所遺留下來的各類史實，剛好有力地說明，在香港開埠之前，香港區域內，並非荒蕪之所，自古以來，即已有相當文化的建立。我們從第二章〈香港的前代教育〉中，更可以清楚地了解到，本區域內前代教育的活動情形，以及由教育而產生出來的人才和各地科第人物。由此，足見我們的中華文化與傳統教育，對本區域影響之早及早期發展之盛了。

在一八四一年以後，首先是香港島為英國所統治，跟著是一八六〇年九龍界限街以南領土及昂船洲的割讓，其後是一八九八年深圳河以南領土的租借。隨著英國統治範圍的擴大，香港的教育，在英國的統治政策和中西文化交流之下，其種種設施以及發展的方面，自然跟以前中國的舊傳統截然不同，而產生了劃時代的變化。因此，筆者由本書的第三章開始，便將香港中文教育的發展，由一八四一年英國佔領香港時起，以至一九四一年日本從英人手中奪取香港時止的這一階段內，作整個的研究。在這一百年間，根據史實的發展，我又把它分做四個時期去探討：

（一）啟蒙時期：由一八四一至一八五九年；

（二）培植時期：由一八六〇至一九〇〇年；

（三）開展時期：由一九〇一至一九二〇年；

（四）勃興時期：由一九二一至一九四一年。

一八四一年，是英國實際佔領和統治香港的第一年。自此以後，基督教的傳教士們便接踵而來，展開傳教和教育工作。因此，香港現代中文教育的啟蒙時期，應由這一年開始。由一八六〇年起，教育委員會（The Education Committee）被改組而成為「教育局」（The Board of Education），大大增強了對本港教育的推動力量；同時，在教育措施方面，隨即也有著劃時代的表現。這是香港現代中文教育的培植時期的開

始。一九〇〇年以後，為中文教育的開展時期。一九〇一年，政府又再任命了一個教育委員會，負責調查香港教育狀況。於一九〇二年發表了一份報告書，對香港教育作出了一個全面性的了解和建議。以後，中文教育便更受到當局的重視和向著較高的水平發展。在新教育思潮和新風氣的影響下，香港一般中文學校，都漸漸接受了新的教學形式與內容；新式的學校也不斷產生。一九一三年，一項管理學校的教育法例《一九一三年教育條例》（*Education Ordinance, 1913*）的公佈與施行，也是這一階段內的一項重要的大事。由一九二一年開始，香港中文教育，在質和量兩方面，都有很大的進步。香港師範教育制度的建立，漢文中學和港大中文系的創設，使本港中文教育程度，大為提高。其後，因中國抗日戰爭的關係，本港人口激增，而中文學校與接受中文教育的學生也跟著大幅度的增長起來，使本港的中文教育，因時代的關係而突然勃興起來，盛況空前，形成了一個中文教育的勃興時期。關於各個時期的發展情形，讓我們在下面的章節中，再行詳細分述。

## 有關一九四一年以後發展史實的處理

也許有人要問：為甚麼把中文教育發展史寫到一九四一年便告完結呢？我的回答是：中文教育的發展到了一九四一年，並非完結，只是告一段落罷了。可以肯定的說，中文教育是永遠地向前發展而不會完結的。我之所以選擇一九四一年作為中文教育發展的一個暫告結束的階段，可有下列的幾點理由：

（一）香港中文教育的發展，在一九四一年以前，由啟蒙而培植而開展而勃興，各期的變革多，而發展的階段也分明，自身已有一個完整的發展系統。

（二）一九四一年以後，香港的教育，面臨一個最大的厄運；從前所建立起來的教育成果，整個受日本人破壞無遺，陷於空前的黑暗時代。直至一九四五年，才有復興的機會。戰後香港教育的復興，是踏上了另一個新的教育時代了。黑暗時代，將香港教育的發展，前後階段，截然分割開來。

（三）一九四一年以後的五十多年來，雖然教育的發展，面目繁多，但都為大家所知曉，現時來説，歷史的意味還不很重。

（四）一九四一年以後的香港中文教育發展情形，將以提要的方式，在本書第七章中予以簡略介紹。

本文的研究與寫作，一直在李璜教授以及羅香林教授的指導和鼓勵下進行。李教授治學重視方法，貴條理，以科學的觀點處理問題；羅教授則是現代談中西文化交流的權威學者。在他們的指導下，真有「如坐春風，如沾化雨」的感覺，深自慶幸！

只可惜，我所敬愛的恩師羅教授，未及見本書的出版，已於一九七八年四月二十日，以肝疾不治，息勞歸主了。羅教授與世長辭，在個人來説，是痛失良師，就社會而言，是史學界的重大損失。

## 附注

〔1〕鄭棟材院長這本著作，是他在一九四九年考獲英國倫敦大學教育碩士的論文。這本書當時在香港未有公開出版，但因其內容與香港教育有關，參考價值極大，故由香港政府將其原稿，用英文打字機打印數份，以供有關當局參閱。全書用英文寫成，共四百二十七頁，資料豐富。

〔2〕香港《華字日報》，發刊於同治三年（一八六四年）。創辦人為陳藹亭先生。陳氏本為當時《德臣西報》（*The China Mail*）的翻譯員，對於國學的造詣頗深。因向教會購得舊中文鉛字一副，又徵得《德臣西報》的同意，於是出版了一份《華字報》，作為附屬於《德臣西報》的中文版。初期為雙日刊，後來才改為日報，並脱離《德臣西報》而獨立。這張歷史悠久的中文報，直到第二次世界大戰，香港淪陷時候（一九四一年十二月）才停刊。

# 第二章　香港的前代教育

第一節 宋代錦田的力瀛書院

## 學舍、科第人物的出現與教育的關係

談到本港的前代教育方面，它與前代的文化活動，是息息相關的。既然我們證明，至少遠自千多年前以來，中國人在此已有種種建設與活動，而且是有組織有意義的社會活動，那麼，從事兒童和青年的教育工作，是一定存在的；同時，用以教育兒童和青年的學舍、書院之類的設施，自必也有所設立。只是遺留下來足資考據的資料不多罷了。

我們知道，學舍的設立，即所以培育人才；而學舍的普遍設立，是說明受教育人數的眾多與教育的發達。另一方面，在從前科舉時代，科第人物的產生，則表示教育人才的出眾；而科第人物的不斷出現，也足以說明這一地區內教育的發達和成績的卓著。因此，在我們研究這一地區的前代教育，從其歷代學舍的設立情形，及歷代科第人物出現的狀況，亦可窺見本地區內前代教育活動的一斑。

## 宋代鄧符協樂錦田風土之美

本區域中，學舍方面，其最先設立而有史可稽的，當自宋代鄧符協在錦田所興建的力瀛書院開始。

鄧符，字符協，江西吉水縣人，為宋神宗熙寧二年（一〇六九年）進士，[1]曾授承務郎，權南雄倅，任廣東陽春縣令。他到達廣東後，深喜廣東風土的優美。及至罷官以後，乃於宋徽宗崇寧年間，移居東莞縣桂角山下的錦田村。[2]按宋朝徽宗時候，以崇寧為年號的，只有五年。崇寧元年，為一一〇二年。故鄧符協移居錦田的時期，當在一一〇二至一一〇六

年之間了。

　　錦田，從前也稱為岑田；桂角山，據王崇熙纂《新安縣志》卷四〈山水略〉說：「桂角山在縣（按：即新安縣）東南四十里，多產桂，兩峰競秀如角，一名鰲潭山。」桂角山當位於雞公嶺下的七星崗上。這裏舊有銀礦場的設立，以產銀礦著稱。

　　錦田區，位於今日新界的中部。北面有雞公嶺（高 1,877 呎），東北有大刀嶺（1,855 呎），東面為大帽山（3,144 呎）、觀音山（1,688 呎），南面為馬鞍崗（950 呎）。在三面山嶺的環繞之間，形成了錦田區的一片大谷地，面積達 19.47 平方哩。這大谷地的西面，與元朗平原相接，錦田河貫流其間，土地肥沃，宜於耕種。西南海水潮汐，鹽產豐富。這樣的一塊地方，在古代農業社會來說，既有山澤之益，鹽礦之利，又可得漁農之富，兼且風景秀麗，實在是一塊難得的好地方。怪不得鄧符協到此以後，「樂風土之美」而不願離開了。

　　鄧符協自崇寧年間（一一〇二至一一〇七年）到這裏定居以後，即行開闢地方，設置田園，建築廬墓，創基立業。相傳鄧符協精於堪輿之術，因樂此地風土之美，乃將其曾祖漢黻公夫婦及以下先人骸骨，從江西遷至本地安葬。於此，當可想見鄧符協當年來此定居開族的心意了。今日錦田的南北二圍，即為鄧符協所創建。他的子孫，自此也由錦田而開枝散葉，綿延擴展，世居錦田、龍躍頭、大埔、屏山、元朗、廈村等處，推為望族。


## 建力瀛書院於桂角山下

　　鄧符協，是一位好學力行的讀書人，為了教育自己的子姪，他便在錦田桂角山下，建築了一間力瀛書院，廣置書籍，聚友講學；而且還在里中置書田、客館，以便四方的來學人士。

　　清嘉慶年間（一七九六至一八二一年），王崇熙纂《新安縣志》卷四〈山水略〉說：「桂角山在縣東南四十里，宋鄧符築力瀛書院，講學於其下，今基址尚存。」

　　錦田《鄧氏師儉堂家譜・四世祖符協公家傳按語》中，亦有記載說：

「公性篤學，好交賢士。解任後，築室桂角山下，創力瀛書齋，建書樓，讀書講學，置客館、書田於里中及郭北。修橋樑，發膏火，以資養四方來學之士。樂育英才，多所造就。」

從上述的記錄，使我們認識到，鄧符協不但自身好學不倦，而且是一位性格豪放、樂育英才的人。他除了捐資興學和親自教授後輩外，還廣結四方文士，到來講學。由於鄧符協的努力興學，致使當時錦田區的文風大盛，成為地方上文化和教育的中心。

鄧氏〈東莞武山鄉支派源流〉謂：「南海霍暐，與邑賢翁炳，嘗為力瀛書院作記。」王崇熙《新安縣志》也說：「（鄧符）入廣，樂風土之美，卜居於邑之錦田桂角山下，創力瀛書齋，以招來學。南海霍暐記其事。」

查霍暐字明甫，南海人，篤志向學，為文淵古。宋哲宗元祐初年，進入太學。當時詔告天下郡縣，保舉士子，其有孝、悌、睦、姻、任、恤、忠、和等八行的人，可貢入太學。當時的人，都舉霍暐為最適當的人選。可見霍暐為人不但文章好，而且是一位很有德行的人。官終海豐縣尉。而翁炳，據陳伯陶等纂《東莞縣志》卷四十四〈選舉表一〉則謂：「炳於宋孝宗乾道八年（一一七二年）以特奏名，授迪功郎，官欽州司法，著有《寶安百詠》。」他在《寶安百詠》中，對當時的力瀛書院亦曾有所敍及。只可惜上述的《題記》與《百詠》，至今俱已不傳了。

以年份計算，霍暐與鄧符協為同時期的人，鄧符協好交賢士，以文會友，以友輔仁。霍暐嘗親臨力瀛書院，且為力瀛書院作記，可見他們兩人同聲相應，在讀書講學方面，一定是很好的朋友。至於翁炳，他到了南宋孝宗乾道八年，才以特奏名授迪功郎的，與崇寧元年（一一〇二年）相隔七十年，大概是不及親見鄧符協了。而當時力瀛書院與四方文士關係的密切，由此也可見一斑。


## 力瀛書院設立的年份

就我們所知，宋朝時代，在本港區域內，開設書院，講學育才，開風氣之先的，要首推錦田鄧符協的力瀛書院了。

力瀛書院在廣東書院設立的歷史方面，是屬於很早期的，應該有其重

要的地位。可惜談廣東書院歷史的人，至今還少予注意。

有關廣東書院的設立，相傳唐代韓文公謫守潮州時，就曾建立書院於城南，迎聘進士趙德，以教授他的兒子符命。那時候，廣東的文物，都還未發達。雖然書院的名稱，始自唐代，唐玄宗時，即有麗正書院及集賢書院建於朝省，但只不過是作為修書之所，並非士子們肄業的地方；而且唐代書院的設立，也未普遍。故此，韓文公迎師教子的地方，至多亦不過是一種書舍罷了。

我國的書院制度，到了宋代，才真正的建立和發展起來。北宋景德年間（一〇〇四至一〇〇八年），英德郡守王仲達，建涵暉書院於英德南山的涵暉谷前，以居名儒石汝礪，這大概稱得上是廣東最早的書院了。但這書院的內容如何，我們還是不得而知，也許還是作為書舍一類的性質。認真來說，廣東正式書院的出現，還是南宋嘉定年間的事（按：嘉定元年為一二〇八年）。其能稍具規模，成為講學修習之所的，最早以廣州的禺山書院，設於嘉定年間；番山書院，則設於淳祐四年（一二四四年）；曲江的濂溪書院，建於淳祐六年（一二四六年）；惠州的豐湖書院，建於寶祐二年（一二五四年）等數間為著稱。其餘的多屬祠宇性質，規制未備，或是私人讀書講學的地方罷了。[3]

力瀛書院設立的年份，我們雖然沒法確定是在哪一年，但是，我們知道，建立力瀛書院的鄧符協，是在徽宗崇寧年間（一一〇二至一一〇六年）移居錦田的。由這時候起，他開闢地方，設置田園，建築屋舍，一定需時不少。隨後，他才在桂角山下設立力瀛書院，築書樓、建客館、置書田、修橋樑、發膏火，以便資養四方來學的人士。因此，我以為力瀛書院的設立，當在他定居錦田的三數年後。照推測，應在宋徽宗崇寧末年至大觀年間，即大概在一一〇六至一一一〇年之間，較為合理。

這樣說來，在廣東書院歷史中，力瀛書院的建立，雖不及涵暉書院之早，但較諸廣州的禺山書院、番山書院等，要早得多，那是可以肯定的了。

## 力瀛書院建設的規模

我們從力瀛書院建設的規模來看，也頗有可觀之處：除了設有正式的

學舍外，還築書樓、建客館、置書田、修橋樑、發膏火，以為讀書講學之用，兼且資養四方來學的士子。這樣的規模，完全符合了講學修習和樂育英才的條件。在當時而論，實在是一所非常難得的私立書院了。一直經過數十年後，翁炳等還為這書院題記作詠，決非偶然。由是，我們可以看出，當時一般文人士子，對該書院的重視及關係的密切了。

這所位於錦田桂角山下的力瀛書院，由宋朝崇寧年間（一一○二至一一○六年）開始，以至清朝嘉慶二十四年（一八一九年）王崇熙纂《新安縣志》的時候，經歷了七百多年，還是「基址尚存」的。我曾親至該處，意欲憑弔一番，以充實我對這問題的研究。可是，但見野草荒山，基址渺渺，到哪裏去找尋呢？考據無由，徒增感嘆！

### 附注

〔1〕嘉慶王崇熙纂《新安縣志》，卷之二十一，〈人物〉三，〈流寓〉所載：「鄧符，字符協，江西吉水縣人，宋崇寧間進士，授承務郎，權南雄倅，歷官陽春縣令。」星嘉坡鄧氏總會一九五二年所印的《南陽半年刊族譜專號》，其中〈東莞武山鄉支派源流〉一文謂：鄧符協於「崇寧二年」登進士第。惟鄧符的曾孫鄧元亮（銑），是於南宋建炎三年為贛縣令，起兵勤王的。查崇寧二年為一一○三年，建炎三年為一一二九年，相距只有二十六年。在這二十六年中竟已傳衍三代，且曾孫的一代已長大而為縣令，這似乎是一件不甚可能的事情。而錦田《鄧氏師儉堂家譜·四世祖符協公家傳按語》中，也說：「符協祖為漢歡祖曾孫，為郡馬公（惟汲）高祖，應是熙寧進士，而舊譜稱崇寧進士者，必係一時訛竄。」羅香林教授在這方面也曾深入研究，認為：鄧符協應是「宋神宗熙寧二年（一○六九年）進士」。

〔2〕在錦田吉慶圍鐵門的右方嵌有石碑一塊，乃一九二五年鄧伯裘所立。碑文上說：「溯我鄧族符協祖，自宋崇寧間，由江右宦遊到粵，卜居是鄉之南北兩圍……」

〔3〕參閱劉伯驥著：《廣東書院制度》，第二章。

清代新安縣的著名書院

## 香港地區的縣屬沿革

現在香港範圍內的地區，秦朝時候，屬番禺縣，隸於南海郡；漢武帝時，改屬博羅縣；晉代屬寶安縣治。查寶安縣的命名，始於晉代，唐代改稱東莞，宋代廢，入增城，明代改置為新安縣，屬廣州府。清朝康熙五年（一六六六年），因遷海關係，又再併入東莞縣。康熙八年，又復置新安縣。到了民國二年（一九一三年），才重新復名為寶安縣。

## 清代遷海計劃對本地區的破壞最烈

在這麼悠長的歷史歲月中，本區域以至寶安縣屬地方，歷代學舍的設立和種種教育措施，一定不少。不然，歷代的科第人物則無由產生，各方面的社會人才亦無由培養。那些年代過於久遠的，我們不必去推論了，就從宋代錦田的力瀛書院開設以後起計，宋、元、明各代，亦必有大小書院、館、塾、書室之類的學舍，設立於各村各族之中，以教育當地子侄的。雖然，年湮代遠，大部分的古代建築，會遭自然毀滅，或受意外破壞，然而，總應該有小部分是可以留存下來的。那麼，目前在本區域內，清代以前的學舍，全無遺蹟可尋，那是甚麼原因呢？我以為，最主要的原因，是由於清朝初年的遷界事件破壞所致。

滿清入主中原後，明朝遺臣鄭成功，仍然據守著廈門、金門等處，與清廷對抗。順治十六年（一六五九年），且曾大舉北伐，揮軍入長江，破瓜州，下鎮江，會師金陵；四方志士，群謀舉義，清廷為之大震。及後，乃以後援不繼，始敗退而回，並奪取台灣，以為反清復明的根據地。清廷為了對付鄭成功的侵擾，乃於順治十七年（一六六〇年），定議實行遷海計劃，將東南沿海邊界，濱海五十里內的人民，盡數徙入內地，堅壁清野，以杜絕對鄭成功的接濟，從而將之困滅。這項計劃，由福建開始，而及於廣東、浙江、江蘇、山東等省，影響之大，前所未有。

廣東方面的奉令遷界，始於順治十八年（一六六一年），而康熙元

年（一六六二年）則嚴厲執行。康熙二年及三年，又再麾兵折界，迫令再遷。當時新安縣地區，差不多盡在被遷之列。今日香港所屬區域，當年原為新安縣濱海最南部分，自然在必遷的範圍之內。遷界令下，所有居民，限日內遷，逾期的以軍法處死；非但所有城郭均須毀壞，而房屋廬舍，也要盡燔；民間積聚器物，重而不便搬運的，亦將之焚燬。人民內遷以後，凡有出界的，定以死罪。民既盡遷以後，滿清當局，更於立界之處，設防守禦，「毀屋廬以作長城，掘墳塋而為深塹，五里一燉，十里一臺」。「又在在設重兵以守，築燉臺，樹椿柵，歲必修葺，所費不貲，錢糧工力，悉出閭閻。」甚至當時的新安縣，因所轄地區，幾已全遷，只好取消縣治，併入東莞縣內。在這情形之下，被驅出的濱海居民，老弱的轉死於溝壑，少壯的流離於四方。對地方上破壞之大，人民損失之重，生靈荼毒之慘，真是苦不堪言了。[1]

這場遷海浩劫，延續七年之久。到了康熙八年（一六六九年）展界令下，准許人民歸來復業的時候，那些能於劫後餘生，回返故里的人，已是寥寥可數了。

遷海慘劇，本區域各地，首當其衝，經過這樣的一場徹底大破壞，使清代以前的學舍、文物、棟宇全毀，紀錄蕩然，其不會留存下來，已是意料中事了。


## 清代新安縣的三大書院

我們在前面已經說過，現在的香港地方，未歸英國統治以前，在清代，原包括於新安縣所統轄範圍以內。我們知道，書院的地位，與當時的科舉制度，發生極密切的關係；而地方上文風的盛衰，又與書院的興替恰成正比例。清代的新安縣，書院之中，能夠具有規模，著有聲譽的，有寶安書院、文岡書院、鳳岡書院等幾間。[2] 這些書院，與香港地方毗連至近，且屬同一縣治，故本區域內的文風及士子科第，受其影響的，自然不少。

（一）寶安書院

在寶安城東門外，創設於康熙三十三年（一六九四年），為知縣丁棠

發所建立。

最初擔任寶安書院山長的，為溫澤孚。他是本邑人，康熙二十九年（一六九〇年）庚午舉人。為人博學，遍覽群籍，對於《易經》的研究，尤為精湛。當時的名士，多從之遊。著作頗豐，有《纂要》六卷、《易經精參》四卷、《群書輯要》五卷等。

寶安書院，是新安縣的一所頗為早期的書院，後以日久失修，而至傾圮。到了嘉慶五年（一八〇〇年）已被改建為水仙廟了。

（二）文岡書院

在寶安城西五通街，創設於雍正二年（一七二四年），為知縣段譾生所建立。

段譾生是湖廣長寧人，進士出身。於雍正二年知縣事，任內政簡刑清，禮賢下士，廉敏仁恕，雄於詩文；因感寶安書院已趨頹廢，特倡建文岡書院，以振興教育。[3]

文岡書院的田產經費等，頗為充裕：雍正二年，撥置租穀七十石，租銀十六兩；至於田產方面，乾隆十一年（一七四六年）撥置二八‧一一石，乾隆十八年四五四‧八石，乾隆二十九年三四‧五九石；乾隆二十九年，且有租錢一二四五文。

其初，在廣置學田，以為山長束脩及生童膏火之用，這方面頗得邑中熱心興學人士的熱烈支持，有捐獻私人田地的，也有捐款響應的。當時新安縣知縣段譾生，在其所撰〈創建文岡書院社學社田記〉中，曾說：「新安舊隸東莞，明之中葉，分為今治，故無學田。」又說：「邑弟子生員廖九我，聞風慕義，以其家嘗田五十石，捐為社田。其田土名箒管莆，原載三都二十一圖……」查廖九我為上水人，雍正時的增生，他於新安知縣段譾生倡辦文岡書院時，即行響應，捐出嘗田五十石，以為書院經費。而這些田地，坐落於土名箒管莆，亦即現在新界近粉嶺的掃管埔地方。此外，又有邑人名叫劉壯華，也將屋後壠牛路口龍子尾租穀二十石，撥歸書院，以為社田。

由於本區域內的生員廖九我之熱心捐助文岡書院經費，我們可以看出，他捐助書院經費的原因之一，大概是為了方便自己的族人或是該地區內的其他子侄，可以到邑城的書院去就讀，以求深造。也是發展地方教

育，培養人才的一種苦心。

清代新安縣幾所較著名的書院中，又以文岡書院為最具規模，且主講於該書院的歷任山長人物，均全聘自本邑中的積學勵行之士，是以當時書院的聲譽頗隆。下面所列舉的，都是曾經主講文岡書院的山長人物：

1. 冼攀龍　康熙二十九年（一六九〇年）舉人。於雍正三年（一七二五年）擔任山長。曾任知州官職。為官清風亮節，懋著循聲。及至任滿歸來家無積粟，只有兩袖清風。

2. 黃夢桂　雍正四年（一七二六年）舉人。於雍正八年起，在文岡掌教十二年。曾任學正。為人博學強記，工於帖括及科舉應試的文章。作文尤為敏捷，頃刻即成。

3. 鄧晃　乾隆二十七年（一七六二年）舉人。於乾隆十二年擔任山長。他是一位博覽群書，淹通經史，和工於詩文的人。邑中許多士子，都藉他的教導栽成。

4. 蔡珍　乾隆二十一年（一七五六年）舉人。於乾隆二十四年起，在文岡書院掌教十四年。他以積學能文著稱，屢次考試，成績均獲高等，學使對他深為器重。為人謙光龐德，邑中的人，都非常欽仰他。

5. 陳振　乾隆二十四年（一七五九年）舉人。於乾隆五十四年任山長。曾任知縣，為官潔己愛民，政簡刑清。解職以後，行李蕭然，他自己也絕不介意。

6. 陳宗光　乾隆三十九年（一七七四年）舉人。於乾隆年間嘗任文岡山長。曾任教諭，以教誨所屬生員。他以家貧力學出身，但入仕之後，並不以窮達為欣戚。他用心訓誨士子，很多人都賴他的教導而底於有成。

（三）鳳岡書院

在寶安城南和陽街，創設於嘉慶六年（一八〇一年），為知縣孫樹新所改建。這是一座四進式的院舍，前座為大門，二座為講堂，兼有露台，三座為先賢堂，後座是魁星樓，左右列書舍八間，兩廂有東西兩齋，建築頗算堂皇。

經費方面，嘉慶六年，捐置租穀七三九‧四四石，租銀四一四‧九六兩；嘉慶十一年（一八〇六年），捐置租穀五四石，租錢二二〇〇〇文；嘉慶十六年（一八一一年），撥置田產五‧一九畝，租錢四四一八文。

道光元年（一八二一年），南海馮斯偉，嘉慶十八年（一八一三年）舉人，來任山長；光緒年間（一八七五至一九〇九年），則有番禺何彭年，光緒十一年（一八八五年）翰林，在這裏掌教。

　　上述這些書院，均是規模不小的地方學府，位於今日的寶安縣城，與香港地區，近在咫尺。我相信，本地區學子前往就學的，一定很多，一定也替本地區造就了不少人才。

　　那時候，新安縣內，除了縣城中有上述的著名書院外，其他規模較小的，分設於各村各鄉的，一定也有不少，我們將在下一節中再行敍述。

## 附注

〔１〕參閱：①羅香林著：《國父家世源流考》，二十一至二十六頁；②屈大均著：《廣東新語》，卷二，〈遷海條〉；③王崇熙纂：《新安縣志》，卷之十三，〈防省志〉。

〔２〕參閱：①劉伯驥著：《廣東書院制度》，第六章；②王崇熙纂：《新安縣志》，卷之九，〈經政略二〉，〈書院〉。

〔３〕參閱王崇熙纂：《新安縣志》，卷之十四，〈宦蹟略〉。

## 清代遺留下來的舊學舍

現在的香港新界各地，在清朝時候，以地區較為偏僻，所建立的學舍，自比不上縣城中各著名書院的規模之大；但在學舍的設立方面；風氣之盛，較諸其他地區，並不稍遜。各族各姓，均競相設立書室、家塾等，以培養本族人才。

我為了訪尋清代遺留下來的舊學舍，曾在新界各處奔跑。經過了一段時期的實地探查訪問，居然發現清代遺留下來的舊學舍還不少，收穫總算不錯。那些建築年代較晚的，有的仍屬黌宇依舊，風格猶存；有些雖則已門破棟塌，只剩敗壁頹垣，但故址還在，經過細心探察，低徊憑弔，其面貌尚能依稀可辨。

下面所記述的，便是作者曾經親自逐一探訪過的清代遺留下來的舊學舍。其所分佈的地區，頗為廣泛，北至沙頭角，南達九龍城。假如我們以新界的錦田作為起點，向東行，順次造訪這些舊學舍遺蹟，所走的路線，便是：錦田 —— 大埔 —— 上水 —— 沙頭角 —— 新田 —— 屏山 —— 龍躍頭 —— 九華徑 —— 九龍城等幾個大區域；把新界環繞一周而最後回到九龍城來。

上述各區域中的舊學舍，計有：

|  |  |
|---|---|
| 錦田區二間 | 周王二公書院 |
|  | 二帝書院 |
| 大埔區四間 | 敬羅家塾 |
|  | 藝浣堂 |
|  | 善慶書室 |
|  | 正倫書室 |
| 上水區七間 | 萬石堂 |
|  | 應龍廖公家塾 |
|  | 應鳳廖公家塾 |
|  | 允升家塾 |

|  | 圖南書室 |
|---|---|
|  | 萃英堂 |
|  | 報德祠 |
| 沙頭角區二間 | 鏡蓉書屋 |
|  | 靜觀家塾 |
| 新田區二間 | 文氏宗祠 |
|  | 麟峰文公祠 |
| 屏山區五間 | 覲廷書室 |
|  | 述卿書室 |
|  | 五桂書室 |
|  | 聖軒公家塾 |
|  | 若虛書室 |
| 龍躍頭區一間 | 善述書室 |
| 九華徑區一間 | 養正家塾 |
| 九龍城區一間 | 龍津義學 |

上述舊學舍合計為二十五間。自然,現存的清代舊學舍,其未為我所發現的,可能還有若干,將來續有發現,容再加以補充。由此,我們可以證明,在本港的前代教育中,新界區內的文物與教育,已頗為昌盛。

茲就探查所知,將各舊學舍概況,作一簡要敍述。

(一)周王二公書院

位於新界錦田,大沙洲前,北圍村後。

清朝順治末年及康熙初年,清政府以「海氛未靖」為理由,乃立界遷民,迫令濱海五十里內的居民,一律遷入內地。現時香港所屬的的港島、九龍及新界各地,在當時,差不多全在遷徙的範圍之內。當時的居民,拋棄家園,流離失所,所受的痛苦,慘不忍聞。後來,得到廣東巡撫王來任及兩廣總督周有德的分別繕疏上奏,迄請展界,許民歸業。結果,於康熙八年(一六六九年)正月,展界詔下,村民才得回到故園,言歸舊族,真是如獲再生。[1]

那時候,錦田地方的父老和居民等,為了表示不忘周、王兩位的救民

3. 新界錦田的周王二公書院（作者參觀留影，一九七一年陳煜源先生攝）

大德，乃於康熙二十三年（一六八四年），在錦田大沙洲前，北圍村後的地方，創建書院一所，於康熙二十四年完成，取名為周王二公書院。這樣，「既為恩公崇祀之所，復為多士文化之堂；塑金身之丈六，旌玉德於千秋。所謂崇德報功，弦歌誦讀，蒲辰饗祭，數百年而勿替焉」。[2] 這書院的建立，在當時，既可為地方培育人才，又可藉以紀念周、王二公的恩德，真是一個一舉兩得的好辦法。

這書院創立後，復經乾隆九年（一七四四年）、道光四年（一八二四年）、一九三五年、一九六五年等四次重建。於最後一次的重建時，並以三合土代替木材，這樣，不但可鞏固堂基，且可免蟲蟻蛀蝕。惟於建築形式方面，則不予更改，以保存舊觀。書院內，兩廊壁上，存有新舊碑刻，可資參考。

（二）二帝書院

位於新界錦田水頭村內。

這所二帝書院，又稱文武二帝書院，裏面供奉有文昌和關帝兩位的塑像。清朝道光初年，有鄧鳴鶴、鄧玉堂等十六位鄧族的文人學士，特在錦田水頭村內，倡建這間書院，以供生員以上人士的進修之所。這可稱得上是當時錦田區內的一所最高程度的學府，常有各地知名的飽學之士，到臨講學。

書院建築共為二進。現時，前座已牆危欲塌，後座則仍堅好，村民用為放置耕稼作物之所。

（三）敬羅家塾

位於新界大埔，大埔頭村內。

大埔頭村為鄧族所居，據該村村長鄧翕燊先生稱，該村鄧族，乃由錦田分支而來。

敬羅家塾，創建年份，不得而知，據推測大概建於清朝末年。現存的堂舍，則書明為歲次壬申（一九三二年）所重修，並由名書法家鄧爾疋題書「敬羅家塾」四個橫額大字。

據云，現任新界太平紳士鄧若璠老先生，曾受業於此。民國初年，有一位鄭廣州老師，深圳上埗人，在此執教。[3]

4．新界錦田水頭村內的二帝書院
（一九七一年陳煜源先生攝）

（四）藝浣堂

位於新界大埔泰亨村內。

泰亨村文族，據云：是宋朝文天祥的族弟文天瑞的子孫，在這裏開族，相傳已超過五百多年了。泰亨村，又名太坑，舊時稱為蔡坑，原為蔡姓族人所居住，其後，蔡族人他遷，便全為文姓所有。當地土人又稱這地方為叉坑，因為土音「蔡」、「叉」兩字的發音，頗為相近。

在清代，這裏的教育似乎頗為發達，村子不很大，人口也不多，而古舊的學舍卻有多間。現存的清代舊學舍，除了藝浣堂的年代最為久遠外，村內還有善慶書室和正倫書室等。

藝浣堂，從外表看來，一望便知是一間極為古舊的建築物。據說於距今八十多年前（清光緒年間，一八七五至一九〇八年），曾經有一位頗為聞名的秀才，名叫簡泰三的老師，執教於此。再早的情形，則沒人知道了。

現在，這學舍經改建以後，已成為泰亨村鄉公所的辦公地方。[4]

（五）善慶書室

位於新界大埔泰亨村內。

是清代文族所建。這書室的外牆尚完整，上蓋瓦面，則已部分倒塌；內部因年久失修，亦已破壞不堪。在前座中門的上面，還掛有一塊完整的牌匾，寫著「欽點光緒十六年庚寅恩科一甲二名榜眼及第臣文廷式恭承」等字樣。查文廷式確為清光緒十六年（一八九〇年）庚寅科的榜眼，但

5.新界大埔泰亨村內的善慶書室（一九七一年陳煜源先生攝）

卻並非是本地文族子孫，乃江西萍鄉人。他膺選榜眼以後，炫赫貴盛，而本地的文族同姓，對此，當然是與有榮焉了。

據説，在清末民初的時候，有位鄧冠成老師，在這裏執教；稍後，又有新田人文郁邨老師，亦曾任教於此。

（六）正倫書室

位於新界大埔泰亨村內。

據説，在清朝末年的時候，有秀才鄭仿周老師，曾在這書室中任教。

現在，這書室已改為泰亨村秀文幼稚園的校址了。

（七）萬石堂

位於新界上水鄉門口村。

這是上水廖族的一所太祖祠，其落成的年代已不可考，惟見祠內所懸的匾額，是題於乾隆辛未年，即一七五一年。這樣看來，這座祠堂至少已逾二百多年的歷史了。其建築共分三進，頂有瓷魚一對，簷邊雕刻華麗，繪畫生動，大門兩邊設有鼓臺，門旁有石坫一對，門前有空闊的院落，院外更有照壁。這樣的建築，在古代算是一所極端堂皇的民間祠堂了。

上水廖族的開基太祖為廖仲傑氏。廖仲傑原籍客家，以打鐵為業。於元朝末年，由福建汀洲遊方而至屯門；不久，遷居於深圳河北岸的福田；約於一三五〇年左右，到達上水。他在上水定居後，娶鄰鄉侯氏女為妻。自此，子孫繁衍，發展成為今天新界上水的廖族。

在清代，上水也算是本區域中的一個文物薈萃的地方，科名頗盛。因此，萬石堂這座太祖祠內的壁間，匾額纍纍，使人一望便知道這座祖祠的子孫，過去有其光榮的歷史紀錄。

鄉村裏的祖祠，除了供族人祭祀、婚喪、宴飲、集會等用途外，同時，也是教育子侄的學舍。這所萬石堂也不例外，就鄉人所知，它是上水鄉中的一間最古老的學校。就父老們的記憶所及，在清末民初的時候，曾

6.新界上水鄉的廖族太祖祠萬石堂（一九九二年攝）

在這裏執教過的老師，計有：秀才張橋卿老師、廖頌南老師、廖喜田老師、張雨亭老師等。一九二一至一九二七年間，廖柱梅老師在這裏執教，才正式向教育司署註冊為學校。現在，多年以來則為鳳溪公立學校的校址。[5]

（八）應龍廖公家塾

位於新界上水鄉莆上村。

建於清朝道光十八年，即一八三八年，是上水廖族的一間很有歷史性的學舍。裏面功名牌匾很多，此亦足證該族早年教育文化的興盛。一九七一年，作者親往該家塾參觀時，曾順手抄下幾塊，有「雍正壬子增貢生廖九我」、「嘉慶庚辰廩貢生廖鴻」、「嘉慶丁卯科舉人廖有執」、「道光庚子歲貢生廖有容」等。裏面的一塊大牌匾「顯承堂」三字，還是該族先賢廖有容的手筆。

現在，這家塾已用作鳳溪幼稚園的校舍。

（九）應鳳廖公家塾

位於上水鄉大園村，在應龍廖公家塾的後面。

應龍、應鳳是廖族的一對同胞兄弟，後來，子孫們為他們興建家塾，且還比櫛為鄰，正表現出兄弟間和睦共處，守望相助的精神。

應鳳家塾，又稱為明德堂，建於清道光八年歲次戊子，即一八二八年。從前是子侄讀書修習的地方，現在則用為族人敍會坐立的場所。

7.新界上水鄉莆上村的應龍廖公家塾（一九七一年陳煜源先生攝）

（十）允升家塾

位於新界上水鄉莆上村。

允升家塾裏面有牌匾一塊，塊匾上面，有「咸豐十一年恩授例貢生廖嘉瑚」等字樣。根據廖氏譜牒，〈新安鳳水鄉廖族瓜瓞圖〉的記載，清咸豐十一年（一八六一年）恩授例貢生的廖嘉瑚，是上水廖氏三房第十六世祖廖在川的次子，而廖在川則是第十五世祖廖交泰的次子。廖交泰又名允升，這允升家塾，便是以他的名字而命名了。廖允升的父親廖志鵰，又名三祝，是清代上水廖族的一位富甲一方的人物。廖三祝最初以勤儉起家，繼而發展各行商務，油、糖、酒、米、布匹、日用雜貨，各類生意，無往而不利，便成大富。他的家裏，設有銀房一間，以貯藏碎銀，應用之時，則以鏟掘取。他常常捐款濟貧、修路，遠近馳名。這樣的富有人家，創建家塾，以教育子侄，自屬必然。不過，這座允升家塾，究在甚麼時候興建的呢？自然不是廖三祝的時代；也不可能是廖允升的時代，因為很少人會於及身之年，用自己的名字作為家塾的名稱。為紀念先祖而命名的則有之。根據那一塊咸豐十一年的牌匾，則又可斷定這家塾的出現，不會遲於這個時期。故此，我肯定這允升家塾是建於廖在川或廖嘉瑚的時代；亦即在清朝道光或是咸豐年間。到現在，至少已有百多年的歷史了。

據說，曾在這裏執教的老師，清末有張橋卿老師、廖喜田老師；民國以後，有廖翰芬老師、廖國全老師等。

現在，我們打從院落的圍牆外走過，還可看到屋子上面有「允升家塾」四個大字。不過裏面已不再有老師和學生的教學活動，只是一所普通的鄉下民居罷了。

（十一）圖南書室

位於上水鄉大園村。

大家都知道這是一所年代久遠，富有歷史性的書室，然而，卻沒法說出它的創建年代。一九七四年三月二日，我得到該書室管理人的准許，進入書室內，到處察看，也沒法解答這個問題。

聽說在清朝末年，到這裏執教的，大多是一些落第的秀才；民國初年，則有廖思賢老師在這裏開館。

多年來，這書室已租給商人作為屯積貨物的地方。雖然，這書室的內

部，已不復再有書香的味兒，但書室的門前，還有「圖南書室」四字，旁邊的門聯，仍寫著：「圖書最樂」與「南岳流輝」，好讓我們聊供憑弔。

（十二）萃英堂

位於上水鄉大園村。

萃英堂的中座為大堂，前有天井，兩旁有房間，屋前有空地。據說，這是清代末年，那些準備應考武舉的人，在此練功習武，鑽研武學的場所。現已間隔成三戶人家的住所了。

（十三）報德祠

位於上水石湖墟巡撫街。

前面我們已經說過，在康熙初年的時候，清廷以海氛未靖，乃諭令東南沿海居民，堅壁清野，一律內遷，以便阻遏亂源。沿海居民，經過了七載的顛沛流離的生活，嚐盡遷界的痛苦，終賴廣東巡撫王來任與兩廣總督周有德兩人的努力乞奏，方獲展界歸業。濱海人民，對於周、王兩位的再生大德，當然深表感激。在錦田方面，當地人民於康熙二十三年（一六八四年），便在北圍村後，建立了周王二公書院一所，以資崇德報功；而上水一帶，廖族、鄧族、文族、侯族、彭族等五姓的居民，於感德之餘，也聯合起來，合力興建報德祠一所，以紀盛德。且於每年農曆五月十九日及六月初一日這兩天，周、王二公生辰的紀念日中，在報德祠裏，設宴招待五族士紳及有地位的人士；同時，還於宴會中，即席吟詠作興，以頌二公恩德。

可惜，這座富有意義的報德祠，於一九五五年石湖墟大火的時候，遭火焚燬。該處巡撫街的原址，近年也已興建起高樓大廈來了。

報德祠的創建年代，因祠宇全燬，已無法考據了，不過，照一般的推測，當在清朝康熙年間，周王二公書院興建的前後。

報德祠建成以後，它的作用，跟錦田的周王二公書院一樣，除了表示對周、王二公崇德報功之外，還作為地方上的一個興學育才的場所。據說：在一九二五年以前，秀才廖頌南老師曾經掌教於此；再舊或再古年代的教學情形，則沒法追查了。

（十四）鏡蓉書屋

位於新界沙頭角上禾坑村。

正門上面的橫額，刻有「鏡蓉書屋」四個大字，為同治十一年（一八七二年）李培元書。

8. 新界沙頭角上禾坑村的鏡蓉書屋（一九七一年陳煜源先生攝）

據云：在一百年前，一位頗為著名的秀才李欽璉（學名善儒），曾在此掌教。這是本區內的一所較為高等的學府。各學子在村內或附近的塾館修業以後，才到這裏來就學。這是一所成年學生的大館，遠地學子也有來此寄宿求學的。學子在這裏學習以後，便可往應院試。院試及格的稱為生員，亦即所謂秀才。從前有過四名秀才，均出身於這書屋的。百年前有李道時秀才，其後則有李錦章秀才（學名先甫）等。[6]

現在，該處是鏡蓉書屋的校舍，因舊校舍不敷應用，在旁邊又蓋起了一座平房式的課室，以為補充。

鏡蓉書屋的內進正堂，上面掛有「萬世師表」的金字牌匾一塊，望之，頗有威嚴肅穆的感覺。

（十五）靜觀家塾

位於新界沙頭角南涌村。

靜觀家塾，建於清光緒庚子年（一九〇〇年），是南涌李族的一所家塾。大門上橫額的「靜觀家塾」四字，為靜山張壽仁書。這是一座兩進的建築物，內部門廊均配有精緻的浮雕木刻，壁間所繪字畫，亦頗高雅。在各門廊進口處，分別寫上

9. 新界沙頭角南涌村的靜觀家塾（一九七一年陳煜源先生攝）

「烹經」、「煮史」、「步月」、「梯雲」等極為秀勁可愛的行書，使我讚賞不已，留連其間，不忍遽去。

南涌村內，現有李族人家共十七戶。靜觀家塾，即建於村尾的山丘上。

據該村一位八十三歲高齡的前任村長李其能先生說：在清朝末年，靜觀家塾是一所非常著名的學舍，附近各村，或遠至大埔一帶的成年學子，來此就讀的很多。曾在此任教的著名老師，大概清光緒年間（一八七五至一九〇八年），有下禾坑人李道參秀才；民國初年有黃祖承（學名宗顯）秀才；稍後，又有上禾坑人李新華、李新煥昆仲，李欽儀及李錦章秀才等。[7]

戰後，這裏仍為教育村中子弟之所，直至一九六〇年，南涌學校新校舍建成，這座舊學舍才被人用為放置農作用具的地方。

（十六）文氏宗祠

位於新界新田蕃田村。

新界文族，聚居新田一帶。一九七四年七月中，我前往該處參觀。據該村族人說，文族聚居新田，始於明朝初年；現在有三千人口左右，也算是新界的大族之一。在清代，文物頗為昌盛。

文氏宗祠又稱惇裕堂，是新田文族的太祖祠，共分前後兩進，與普通宗祠無異。一九六八年曾經重修。始建日期則已無可追查了，因壁上牌匾等舊物，重修時已盡行除去。據族人說：大概建於明代中葉。這所文氏宗祠建成以後，歷代以來，一直都是用作教育本族青少年的地方，是新田文族最早的塾館。

（十七）麟峰文公祠

位於新界新田蕃田村。

又名「吐書堂」，是新田文氏的二世祖祠。建於嘉慶丙寅年，即一八〇六年。祠分三進，較文氏宗祠為宏偉。跟文氏宗祠一樣，歷代以來，均為地方上一文化教育的主要場所。

據族人說，新田的家塾、書室一類的古代學舍，

10. 新界新田蕃田村的麟峰文公祠

從前設有不少，但日久失修，多已倒塌，有的也已改建為民房了。

（十八）覲廷書室

位於新界屏山坑尾村。

根據室內大堂台上神主牌所顯示，覲廷是「清郡武生二十一世祖諱朝聘字經猷號覲廷」，他是「鄉進士二十世祖瑞泰公號輯五」的兒子。查鄧瑞泰是清嘉慶九年（一八〇四年）的武舉人。室內存有紅底金字木板大對聯一副，寫著「守東平王格言為善最樂」、「遵司馬公家訓積德當先」，為清代廣東三大狀元之一的林召棠所書寫。查林召棠是廣東吳川人，清道光三年（一八二三年）癸未科狀元。大堂正中，懸有「崇德堂」大牌匾一塊，那是順德梁澄的榜書，還有「光緒十年孟冬穀旦」的題款。光緒十年，是一八八四年，這與林召棠所題贈對聯的時間，似乎相距過遠。因此，照我個人的推斷，這書室大概是建於道光年間（一八二一至一八五〇年），而於光緒十年予以重修。

以書室的建築來說，頗算宏偉。除書室的本身有前後座及兩廡廊外，左邊更有附屋，而附屋又設有閣樓和前後座。由此可以想見當年這書室的規模之盛了。

據說，一八九八年英軍接收新界的時候，香港總督曾以覲廷書室作為總督行轅，凡數月之久。

在新界接收事件平息後，香港總督曾特地派遣英文教師及中文教師各一名，由政府支付薪金，寄駐於覲廷書室，以教導該地學童學習中、英文字。數年後，因那位英文教師不容於鄉人，於是政府便將該兩教師遷至大橋村，設館教學。後來政府又在元朗坳頭建校，是為元朗學校，這是政府在新界地區開設公立學校之始。[8]

歷代以來，覲廷書室即為屏山的主要學舍。民國以後，黃子律秀才曾任教於此。

11. 新界屏山坑尾村的覲廷書室（一九九二年攝）

（十九）述卿書室

位於新界屏山塘坊村。

述卿書室是鄧述卿的兒子鄧均石秀才所興建。根據門上石額的記載，這書室是建於清同治甲戌年，即同治十三年，公元一八七四年。書室共分前後兩座。一九七一年往訪時，前座仍有人家在那裏居住；後座則上蓋已全部倒塌，只留下四壁及石柱，矗立其間，顯得一片荒涼景象。屋基及廊柱，均用花崗石建成，石工極佳。據云所有石料，均定自石龍製造。當時以大木船自屏山載送穀米前往石龍，然後由石龍將做好的石塊運回來。

12. 新界屏山塘坊村的述卿書室（一九九二年攝）

清末秀才黃吉雲、黃子律昆仲，都曾在這書室執教過。

（二十）五桂書室

位於新界屏山坑頭村。

五桂書室又名五桂堂，建於清道光二年，即一八二二年。

（二十一）聖軒公家塾

位於新界屏山坑尾村。

裏面有大牌匾一塊，上書「誼周一體」四字，故這家塾又稱為「一體堂」。約建於清同治年間（一八六二至一八七四年）。

（二十二）若虛書室

位於新界屏山坑尾村。

若虛為鄧氏第十八世祖的名字。若虛書室又名維新堂。約建於明朝末年，一九六三年曾加以修建。

該處的一位父老說，六十年前，有一位深圳人黃子齊秀才，曾經在這書室掌教多年。

（二十三）善述書室

位於新界龍躍頭新屋村（舊名西竹村）。

新屋村的鄧族居民，原於元朝末年由錦田分支而來。善述書室則建於

清道光庚子年（一八四〇年）仲秋，為鄧氏十九世祖雲階公所創建，以教育該族的子侄。

同治三年甲子（一八六四年），該村子弟鄧捷三，名勳揚，鄉試中式，為武舉第三十六名，登甲子科舉人。他所遺練武的鐵關刀、劍、戟、弓箭等武器，一向存於書室內。直至一八九八年，英軍接收新界時，才被繳去。

13. 新界龍躍頭新屋村的善述書室（一九七一年陳煜源先生攝）

民國初年，有鄧卓卿老師，任教於此。民國十九年（一九三〇年）曾經重修。數年前，一度用作幼稚園校舍，近已荒置。[9]

（二十四）養正家塾

位於九龍九華徑村內。

九華徑的曾氏族人，原屬客籍，於清乾隆初年，自廣東惠陽淡水遷徙而來，至此開族。現在，曾氏族人聚居於九華徑的，約有四百餘人。九華徑除了曾族外，尚有吳族人數家，雜居其中。

養正家塾，大抵建於乾隆年間（一七三六至一七九五年），其後歷代數度重修。現在所見的學舍，是兩層高的樓宇，為一九四八年重修時所改建。正門上面有石刻一塊，橫書「養正家塾」四字，則為原學舍的舊物。

民國初年，秀才楊國瑞老師，荃灣楊屋村人，曾在這裏任教。一九四一年太平洋戰事發生前，陳慶棠（荃灣上葵涌人）、何傳耀（後為新界太平紳士）、曾大本（畫家）、梁天培等老師均曾在此執教，有學生百人左右。第二次世界大戰後，改為養正學校，接受政府津貼。到了一九七一年九月，養正新學舍建成，學生便搬往新校址

14. 九龍九華徑村的養正家塾（一九七一年陳煜源先生攝）

上課。這所古舊的學舍，便被荒置下來。[10]

（二十五）龍津義學

位於九龍寨城內。

龍津義學，建於清道光二十七年（一八四七年）。在當時，這是一所有名的建築物，規模壯麗而軒敞，款式像從前的「貢院」一般。門前有小廊，從石級上去，左右是石柱、石凳；門上有石額，刻著當時新安縣知事王銘鼎所寫的「龍津義學」四個字；門的兩旁鑴有

15.九龍寨城的龍津義學。一九四九年東頭村大火，義學被焚，留下敗瓦頹垣（梁彪先生攝）

門聯：「其猶龍乎，卜他年鯉化蛟騰，盡洗蠻煙蛋雨；是知津也，願從此源尋流溯，平分蘇海韓潮。」裏面共分三進，在那前進的左壁中，鑲嵌著〈九龍司新建龍津義學敘〉碑，敘文也是新安縣知事王銘鼎所作；中間是曠地，後進是講堂。當時，學舍的對面還有一座大照壁，橫寫「海濱鄒魯」四個大字，每字約有丁方五尺大小。旁邊有一座魁星閣，共兩層，高兩丈多，是清光緒二十三年（一八九七年）的建築物。[11]

九龍寨城，亦稱九龍城，是從前官富寨城的舊址。以官富寨日久牆圮，到了清道光二十三年（一八四三年），始行重建，並改設九龍分司，和設置巡檢一員，去負責治理。其後，巡檢許文深，為了提倡鄉學與培育人才，便在城內興建龍津義學一所，選擇那些優秀的生徒，在此就讀。在開始的時候，由巡檢許文深、副將黃鵬年、通判顧炳章、大令喬應庚等幾位官員，各捐銀若干，又從地租歲收方面補助一些，以資生徒們及義學的經費。

從王銘鼎的〈九龍司新建龍津義學敘〉中，我們可以看出，一八四二年，香港因鴉片戰爭失敗而割讓給英國後，清政府便在一八四三年動工興建九龍寨城，設立九龍司，這顯然是有意將這地方作為一個對付「外夷」的邊防要地了。在這裏，除了對付外夷，辦理夷務事情外，還有意想向外

夷們顯示一下大清帝國的風度，是一個重文輕武的禮義之邦。當時，興建這所具有相當規模的龍津義學，就是這個意思。是以，在這敍文中，我們可以讀到了這樣的內容：

> 道光二十三年，夷務靖後，大吏據情入告，改官富司為九龍分司。近量宜於遠，築城建署，聚居民以實之。雖備內，不專為禦外。而此中稟承廟謨，計安海宇，誠大有濟時之識於其間，而非苟為勞民而傷財也。

> 嗟乎！此真即事求治，能以無形之險，固有形者也。今國家民教覃敷，武功赫濯，無遠弗居。九龍民夷交涉，人情重貨寶而薄詩書。有以鼓舞作興，則士氣既伸，而外夷亦得觀感於弦誦聲明，以柔其獷悍之氣。所為漸被邊隅者，豈淺鮮哉？

當時香港島已割歸英國了，滿清的官吏，還在夢想著：要在「民夷交涉」中，以「詩書」、「作興」、「弦誦」去伸張「士氣」，藉此而可以柔化「外夷」的「獷悍之氣」。他們的想法是這麼天真，他們真的在說夢話了。

中國古代，對於那些遠處邊地的民族，一向是很歧視，稱之為「夷民」，或「夷族」，含有鄙視其文化低落的意思。最初，滿清對於英國人，也用「外夷」、「英夷」的字眼去稱呼，其後為英人所反對，於是在咸豐八年（一八五八年）的《中英續約》第五十一款中，便給明文規定下來：「嗣後各式公文，無論京內外，內敍大英國官民，自不得提書夷字。」這樣一來，連說話的自由也給別人限制住，其他的問題，也就可想而知了。

龍津義學的學舍，在當時，除用以辦學外，還彷彿是九龍城的鄉公所，一切九龍司的鄉眾事務，都到這裏來集議商量。

民國以後，九龍城人士，曾利用這學舍來辦過「九龍城公立高初兩等義學」。

一九七一年七月三十一日，為了一睹龍津義學的真貌，便約同友人，帶著攝影機，進入寨城。經過一番找尋以後，到達義學的門首，看到了門上「龍津義學」的石額和兩旁的石刻門聯，字體雄俊，筆力遒勁。本想把它拍入鏡頭，可是門前可以轉動的空位，只有十來方尺，結果還是無計可

施。學舍門首，除了留空這座出入的大門口外，階前的空地及大門內外左右兩旁，均已架起兩層高的木屋，簡直沒法看出這座義學的本來面目。我伸足踏進門去，往內窺望，只見裏面到處都是黑黝黝的亂木間板、床架和破爛的布幕等；有幾個孩子和老婦人在走動著。這裏已是一個骯髒的貧民窟了，我們只好匆匆離開。

一八九八年，英國再向清廷租借九龍半島界限街以北至深圳河的「新界」地方時，清政府堅持這「九龍寨城」地方保留不讓；同時，在條約中還訂明，清政府在城內設有官吏，保有這寨城內的管轄權。然而，多少年來，中國政府根本已沒有派遣官吏在這裏管理過了。因此，九龍寨城，很早便已成了一個「三不管」的地帶。這是一塊棄而不管的國土，也是一個藏污納垢的淵藪。

在我國的鄉村傳統習慣中，教育學童的地方，除了那些正式為教育下一代而設立的書塾、書室一類的學舍外，各村各族所興建的祠堂，在古代，差不多都是用作興學育才的地方。尤其是那些人口較少，或是未有建立正式學舍的鄉村，祖宗祠堂，除了用作公眾事務、村民聚會或喜慶活動外，便是一所最現成的學舍了。


## 附注

〔1〕參閱王崇熙纂：《新安縣志》，卷之十三，〈防省志〉。

〔2〕見〈重建周王二公書院記〉，一九六五年七月二十四日立碑。

〔3〕一九七一年十一月，作者親赴新界大埔頭村，訪問該村村長鄧翕燊先生。

〔4〕一九七一年十一月七日，作者親往新界泰亨村，訪問泰亨村公立學校校監兼村代表文卓茂先生。

〔5〕一九七四年三月二日，作者得新界上水鄉鄉長廖海量先生及廖東海先生的幫助，前往訪問上水鄉鄉務委員會主任委員廖柱梅先生，並承指引參觀該鄉各舊學舍。

〔6〕一九七一年十一月七日，作者親往新界沙頭角上禾坑村，訪問該村的李新旺先生，李先生時年八十歲。

〔7〕一九七一年十一月七日，作者親往新界沙頭角南涌村，訪問該村前任村長李其能老先生，李先生是時已八十三歲。

〔8〕一九七四年七月二十五日，由屏山達德學校校長張世強先生的帶引，得以參觀區內各學舍。張校長在屏山達德學校掌教垂二十餘年，對當地教育，認識至深。

〔9〕一九七一年十一月七日，作者親往新界龍躍頭新屋村，訪問鄧家林老先生。

〔10〕一九七一年十一月七日，作者親往九龍九華徑村內，訪問曾慶屏先生。

〔11〕見黎晉偉主編：《香港百年史》，第三章，八十八頁。

## 第四節　本區域的歷代科第人物

### 科舉取士制度

　　我國自古以來，即以考試方式甄選賢能，拔擢人才，以為公用。可惜這種制度，到了後來，漸漸被統治帝王們利用之以為統治天下讀書人，消磨讀書人精力的工具，這便是科舉制度。科舉制度，使一般士人學子，過分重視科名，專為考取科舉而讀書，輕視實學，整日都在詞章聲韻之中下工夫，致令士風頹敗，教育萎靡。

　　科舉取士的制度，肇自隋、唐，至明朝而大備，迄清代為尤盛。

　　隋煬帝大業年間（六〇五至六一七年），始建進士科，取士以詩賦策論為主，凡屬士人皆得投牒赴試。唐、宋時代，皆有增益改革。明朝時候，漸趨完備。到了清朝，則以明代制度為藍本，繼續發展，而走上科舉制度的黃金時代。

　　清代的科舉制度，考試程序，分為院試、鄉試與會試三級。院試，為各州、縣的初級考試，參與考試的考生，一律稱為「童生」，不限年齡；凡考試及格的，稱為「生員」，即所謂「秀才」。其次是鄉試，每三年一屆，於八月舉行。參與考試的，為「生員」與「監生」。鄉試中式的，便稱為「舉人」；而名列榜首的，即第一名的，則稱為「解元」。在鄉試舉行後的翌年，便是會試之年。這是一種最高級的考試。全國舉人，都到京城來參與會試，由禮部主持。在會試中考取第一名的，稱為「會元」，及格的，統稱為「貢士」。這些在會試中及格的，都有資格參加由皇帝在太和殿親自主持的殿試。殿試完畢，在出示榜文的時候，則將各考生成績分為一甲、二甲、三甲三等。一甲第一名的稱為「狀元」，第二名為「榜眼」，第三名為「探花」，謂之「賜進士及第」。二甲若干人，第一名的稱為「傳臚」，謂之「賜進士出身」。三甲又有若干人，謂之「賜同進士出身」。總之，殿試中及格的，統稱為「進士」。這些經由國家甄別出來的天下英才，朝廷將分別給予官職和厚祿，這是可以肯定的意中事了。從前的讀書人，經過「十年窗下」的苦功，所要達到的目的，也就是這個了。

　　在科舉時代，考上了秀才的人，是以應鄉試中舉人為正途的。但是，

並非所有的秀才都可以考上舉人的行列，其中有些由五貢出身的，亦歸正途銓選，得入仕途。在府、州、縣的生員之中，那些學行優異的人，往往被薦舉而得以參加選拔考試，因而考取入仕的，有所謂副貢、拔貢、優貢、歲貢、恩貢等科名，叫做「五貢」，統稱為「貢生」。這是生員以上進一步的功名了。

又凡生員之給予廩祿的，稱為廩膳生員，簡稱「廩生」。各縣的廩生，皆有一定的名額，遇有出缺，然後援例授予的，故亦稱為「例貢」。而那些無額可補而增廣的，則稱為「增生」。又於額外增取，附於諸生之末的，稱為「附生」。這些例貢、增生和附生，與五貢相比較，自然又遠遜一籌了。

本區域從宋代開始，新界各地（新界的名稱，是在一八九八年以後才開始的），已漸有科第人物的出現。如沙頭東涌的黃石，龍躍頭的鄧炎龍等，即其著者。

惟鄧符協的曾孫鄧元亮，[1] 又名銑，嘗出仕為贛縣令，[2] 有聲於時，自然他是當時的一位出色的科舉人物；然而，對於他的科第出身方面，卻沒法追查。〈東莞武山鄉支派源流〉裏面，也只說：「七世祖元亮，宋封君，承直郎，一名銑，乃言瑞公次子也。配孺人文氏，生一子名惟汲，娶皇姑趙氏。」鄧元亮是一位天性忠孝，慷慨有為的人。南宋時候，適值金兵南下，宋室播遷，宋高宗建炎元年（一一二七年），勤王詔下，元亮即於贛縣集兵勤王，救護隆祐太后。及後，其子惟汲，娶宋朝宗室趙氏為妻，即後來所謂的皇姑，而惟汲也因此而得追授稅課院郡馬。新界鄧族人對此，至今傳為美談。

到了元朝時候，以蒙古族入主中國，漢族人備受歧視，種族界限極其森嚴，待遇也非常不平等。蒙古人，當時自視為最高級的民族，色目人次之，漢人又次之，南人的地位最為低下。至於服官方面，更規定百官皆以蒙古人為首長，漢人和南人，地位卑微，極少擔任重要職務的。於是中國的文人士子，對於元朝，皆表憎恨，不願與之合作。其次，在南宋末期，宋室不斷南遷，流離失所，陸秀夫、張世傑等曾拚死擁戴二王，在本區域內建立過極其短暫的海上行朝，故其滅亡史實，香港地區人士，最為熟識，亡國之痛，深入一般遺民及士子的心中。兼且，元朝氣運不長，故有

元一代，本區似乎少有顯著的科第人物產生。

明代，雖然本地區沒有產生獲登甲科的人物，然於鄉試中式，或以薦辟入仕的，也大不乏人，且較前代為多。

在培育人才，發展社學方面，明代至為重視。所謂社學，這是明朝用以教育民間子弟的一種學制。洪武七年（一三七四年），詔告天下，使立社學；洪武八年（一三七五年），詔有司立社學，延師以教民子弟；洪武十六年（一三八三年），詔民間立社學。正統元年（一四三六年），令各處提調官及各府州縣官，嚴督勸課，其有俊秀，得補生員。成化十九年（一四八三年），布政使陳選，大興社學。弘治十七年（一五〇四年），令府州縣各立社學，凡民間幼童十五歲以下的，遣入讀書，以發展民間教育。嘉靖元年（一五二二年），提調官魏校倡議將神祠佛宇改建為社學。崇禎十四年（一六四一年），本邑知縣周希曜，編次禮、樂、射、御、書、數六社，考取民間俊秀，肄業其中。[3]

由於當時的提調官魏校，曾經發出了專文去通告各郡縣，使委任專門官吏，親至各民間坊巷，實地指導，以便盡量利用各地的神祠、佛宇、廟堂等，改建為社學，故廣東方面，不但民間的教育得以順利推廣，容易解決學舍的問題，同時，在破除民間迷信邪惡方面，也收到了一定的效果。從思想和實際行動而論，於當時的社會中，可說是一項非常開明而進步的做法。我們試引讀他的〈檄郡縣立社學文〉，裏面說：「廣東淫祠，所在布列，煽惑民俗，耗蠹民財，莫此為甚。社學教化，首務也，久廢不修，無以培養人才，表正風俗。怵然於衷，合行委官，親詣各坊巷，凡神祠佛宇，不載於祀典，不關於風教及原無勅額者，盡數拆除；擇其寬敞者，改建社學。仍量留數處，以備興廢舉墜。其餘地基，堪以變賣。木植可以啟造者收貯，價銀工料在官，以充修理之費。實為崇正黜邪，舉一而兩便者也。」[4]其次，本邑方面，又有知縣周希曜的努力推動，是以明代本邑社學的發展，一定頗為可觀。

明代的社學制度，影響所及，到了清代，省府州縣的大鄉巨堡，均各置社學。且生員之為社師的，還可免其差役。社學的制度，一直到了民國以後，才廢除。

清朝中葉，新安縣裏的著名社學，據王崇熙所纂的《新安縣志》，卷

之九〈經政略二〉裏面，就載有下列的幾間：

（一）梯雲社學　在城外恩德鄉中市鋪。明朝嘉靖四十五年（一五六六年），參將湯克寬及東莞知縣舒應龍所建。

（二）青雲社學　在城外恩德鄉崇鎮鋪。明朝萬曆二十三年（一五九五年），為參將彭信古所重修。

（三）登雲社學　在西鄉村。

（四）固戍社學　在固戍村。

（五）榕山社學　在歸城下村。

（六）碧溪社學　在碧頭村。

清代，對於科舉制度，較前代尤為重視。各地教育日形發展，學舍的設立也日多。以本區域來說，學舍的設立既盛，學子日眾，科舉獲選人物，亦隨而增加，迥非往日所能比擬的了。

## 本區域歷代科第人物

茲就研究所獲的資料，將本區域內歷代的科第人物，分類舉述於後：

（一）獲薦辟入仕的人物

1）鄧通叟　字彥通，屏山村人。明朝洪武十五年（一三八二年），應選科，授直隸寧國府正。鄧氏的為人，孝友端潔，才能素裕，在元朝的時候，他卻斂鋒匿跡，潔身自愛，是一位富有民族氣節的人。到了明太祖洪武十五年壬戌六月，勅符下郡求士的時候，當時的東莞縣令葉仁卿，乃極力舉薦通叟往應選科。通叟赴京後，便獲授直隸寧國府正的官職。他蒞任後，以利物濟人為己任，高風亮節，聲譽極佳。他常恐兒子們會玷辱他的高潔行為，因此，頻頻寄詩回去勗勉。曾說：「縱饒遠別五千里，敢忘臨行一兩言。」又說：「勉強持家輸敝賦，懇勤教子立清門。」他為人品格的高尚，由此可見。[5]

（二）獲登甲科的人物

1）黃石　沙頭東涌人，即今新界沙頭角附近地方。或謂，黃石是深圳福田區沙頭村附近的東涌人。到底這「沙頭東涌」，是現今新界沙頭角

附近的東涌，還是深圳福田區沙頭村附近的東涌？暫且存疑，以備進一步去研究。

近年，深圳彭全民先生研究的發現至為寶貴。他根據一九八六年第六次重修的《下沙村念恭堂黃氏家乘》中所記載：南宋初期，有江西黃氏遷入粵之寶安，數代後傳至黃默堂，已在沙頭東涌定居，是為沙頭下沙村的一世祖。黃默堂生四子：信孫、順孫、仲孫、善孫。黃石是二世祖順孫之子。

黃石，號秋厓，宋朝理宗淳祐十二年（一二五二年）以《禮記》領鄉薦（中舉人）；又於開慶元年（一二五九年）己未科周震炎榜，登第三甲進士。授迪功郎，任梅州程鄉主簿。

時逢宋末，黃石追隨宋帝，保衛皇室，抵抗元軍，為國盡忠；他將自己的兒子黃敏政，送回家鄉盡孝，還寫下〈勉子〉詩篇，勗勉兒子，其愛國愛家之情，溢於言詞：

> 親在從來不遠遊，除非不已坐沙頭。
> 北堂更冷頻調養，南麓春回過早秋。
> 我去只知為國計，爾歸宜為處家謀。
> 一門忠孝須全在，莫學盼賢習下流。

至於黃石的生卒日期，已無可考了。[6]

2）鄧文蔚　字豹生，錦田人。清朝康熙二十四年（一六八五年）乙丑科，獲中陸肯堂榜第三甲進士。本地區在清初獲登進士的，以鄧文蔚為第一人。文蔚少時，家頗貧苦，但能力學，且文思敏捷。曾混跡於漁樵之中，以謀生活。雖然如此，仍能克盡孝道，以博父母的歡心；兼且行吟不輟，常常聽到他的諷誦之聲。順治丁酉（一六五七年）科舉於鄉後，獲薦北上應試，不幸落第，即回到家鄉，陶情於山水之間，凡二十年之久。到了壬戌年（一六八二年），再度上京，任館於冠軍將軍倪公的家裏，當時都下的名士們多和他從遊。著有《燕臺新藝》一書，極為蔡公升元所欣賞，除了為他的書作序外，還替他付梓印行。至康熙二十四年乙丑科方得成進士。獲授浙江龍游縣知縣，可惜到任不久便逝世了。現在，錦田永隆圍大門的左壁上，還懸掛著鄧文蔚所立的「康熙乙丑科會試中式第六十八名進士」的牌匾。[7]

3）江士元　字參宋，大步涌（即大埔頭）人。清朝乾隆十九年（一七五四年）獲中甲戌科莊培因榜進士。早歲嘗就讀於廣州粵秀書院。嘉慶《新安縣志》卷十九〈人物志・行誼〉中，稱他「倜儻不群，過目成誦，制藝尤雄渾，有古大家風格。當其肄業粵秀時，嶺以南，知名士，靡不重其品，而傳其文。惜未仕而卒」。

（三）獲鄉試中式的人物

1）鄧炎龍　龍躍頭人，即今新界粉嶺聯和墟以東地方。宋朝理宗寶祐六年（一二五八年）戊午科舉人。是鄧惟汲郡馬與趙氏皇姑的長孫，大國舍林公（號南山，字翁邑，為宋郡馬公的長子）的兒子，甚為皇姑所珍愛。長於群經詞賦。寶祐六年，應賦漕舉後，景定二年（一二六一年）辛卯科，賦漕再舉。炎龍本身為國戚而有時望，任架閣官的職位。[8]

2）鄧廷貞　錦田人。明朝成化七年（一四七一年）辛卯科，以《書經》中式，被保舉為孝廉。任江西萬安縣教諭，後升任廣西藤縣知縣，可惜未到任便已逝世。[9]

3）何靈運　大莆人，即今大埔。清朝順治八年（一六五一年）辛卯科，以《易經》中式。曾任廣東茂名縣教諭及惠州府學正。靈運為明初東莞伯恭靖公何真的後裔。為人高風厚德，質實淳愨，坦易和慈，與物必誠，不設城府，極為人所推崇。初任茂名縣教諭時，捐俸課士，多所調護；及秉鐸循州時，將學田所入，恒分之以周濟寒士；其後，又轉任國子監學正；不久又升入兵部督捕司務。到後來，方以年老告歸，以詩酒自娛。[10]

4）鄧與璋　字宜升，錦田人。清朝乾隆元年（一七三六年）丙辰科，鄉試以《書經》中式第二名。其為人，仁厚坦直，學問淹博，居鄉處朋儕，必誠必信。選授為德慶州學正。到了乾隆十七年（一七五二年）壬申，再赴京會試，卒於京師。[11]

5）鄧晃　又名鄧正晃，字耀斯，錦田人。乾隆二十七年（一七六二年）壬午科，以《書經》中式，舉於鄉。博覽群書，淹通經史，工詩文。為廩生時，邑令汪鼎金，因仰慕他的學問，於乾隆十二年（一七四七年），特延聘為邑城文岡書院山長，主講其間，並且常相與論文，而成為

忘年交。邑中的學子們，也多藉他的指導，得以栽成；因而人文蔚起，盛極一時。[12]

6）侯倬雲　金錢村人。於乾隆五十三年（一七八八年）戊申科，以《詩經》中式。嘗擔任廣東靈山縣教諭。[13]

7）廖有執　字守暢，號義山，上水人。嘉慶十二年（一八〇七年）丁卯科登張翱榜，中第六十一名舉人。生於乾隆五十一年（一七八六年）丙午二月初二日。有執生而智慧，自小即有神童的稱譽。兩歲即能言及對句；七歲時，其家廖瑤公出句說：「上水孩童七歲」，給有執作對，有執未假思索，即衝口而對說：「北京天子萬年」，在座各人，均為之驚倒；十一歲即能成文；十七歲，參加嘉慶癸亥府試，得第二名；翌年，以第五名入縣學；於丁卯科中舉人時，年才二十一歲。可惜英才早謝，於中舉那一年的農曆十月廿二日，即以壽終。[14]

8）廖汝翼　字輔宸，號荃巖，上水人。清道光二十九年（一八四九年）己酉科鄉試中式第三十六名舉人。資質敏慧，學問深醇。年二十歲，蒙邑侯考取為古學冠軍；四十二歲取中鄉闈。一生廉介自持，性安淡薄。平素以提倡教育為己任，嘗設教於邑城寶安東路，文風賴以大振，當時的顯達者，很多出自他的門下。曾著有《周易輯注》、《鳳山吟詩稿》、《珍帚軒詩稿》等。這些書雖未付梓，然亦曾傳誦一時。[15]

（四）獲中武舉的人物

1）鄧飛鴻　屏山人。清乾隆四十四年（一七七九年）己亥恩科，獲中武舉人第八名。

2）鄧英元　錦田永隆圍人。乾隆五十四年（一七八九年）己酉恩科，中武舉人。生平正直誠樸，最工書法，鄉邑建築題額，多為英元所書。

3）鄧瑞泰　屏山人。嘉慶九年（一八〇四年）甲子科武舉人。

4）鄧大雄　錦田人。嘉慶十八年（一八一三年）癸酉科武舉人。

5）鄧鳴鸞　錦田人。嘉慶二十五年（一八二〇年）進武庠，明年即中武舉人。自少即以膂力過人見稱。

6）鄧捷三　名動揚，龍躍頭新屋村人。於同治三年（一八六四年）甲子，鄉試中式為武舉第三十六名，登甲子科舉人。

（五）獲選為貢生的人物

1）何振麟　大莆（即今大埔）人。清康熙二十九年（一六九〇年）庚午科，鄉試中式，獲選為副榜，准為副貢生。

2）江鍾靈　大步涌（即今大埔）人。清嘉慶六年（一八〇一年）辛酉，獲選為拔貢。充實錄館謄錄議敍教諭，未任而卒。

3）鄧紹周　錦田人。清乾隆元年（一七三六年）丙辰，獲選為恩貢。歷署連山、仁化、陽山教諭，授韶州、英德教諭。

4）廖鰲　上水人。清乾隆十七年（一七五二年）壬申，獲選為恩貢。

5）文絞　泰亨人。清乾隆五十年（一七八五年）乙巳，獲選為恩貢。

6）李麟　元朗人。清嘉慶四年（一七九九年）己未，獲選為恩貢。

7）鄧良仕　錦田人。明萬曆三十八年（一六一〇年）庚戌，獲選為歲貢。

8）鄧湛露　龍躍頭人。明朝時的歲貢。

9）鄧肇基　龍躍頭人。清雍正六年（一七二八年）戊申，獲選為歲貢。任歸善訓導。

10）袁鑑　羅湖人。清雍正十三年（一七三五年）乙卯，獲選為歲貢。授長樂訓導，歷署平遠、海豐、陸豐教諭。

11）鄧炳　龍躍頭人。清乾隆五年（一七四〇年）庚申，獲選為歲貢。任廣寧訓導。

12）鄧宗樹　龍躍頭人。清乾隆三十年（一七六五年）乙酉，獲選為歲貢。

13）江永材　大步涌（即今大埔）人。清乾隆五十五年（一七九〇年）庚戌，獲選為歲貢。

14）廖有容　字饒暢，號謙谷，上水人。清道光二十年（一八四〇年）庚子，獲選為歲貢。

15）鄧翹嶽　屏山人。清宣統二年（一九一〇年）庚戌，獲選為歲貢生。

（六）獲選為例貢的人物

1）鄧瓊賞　　錦田人。清康熙年間獲選。

2）鄧汝諧　　錦田人。清雍正年間獲選。

3）廖士昌　　上水人。清雍正年間獲選。

4）鄧與瑋　　錦田人。清乾隆年間獲選。

5）鄧遇秀　　　錦田人。清乾隆年間獲選。

6）鄧遇紫　　　錦田人。清乾隆年間獲選。

7）鄧朝聘　　　錦田人。清乾隆年間獲選。

8）鄧綱　　　　龍躍頭人。清乾隆年間獲選。

9）鄧國韜　　　錦田人。清乾隆年間獲選。

10）鄧思謨　　　龍躍頭人。清乾隆年間獲選。

11）鄧文鉉　　　龍躍頭人。清乾隆年間獲選。

12）鄧汝詠　　　錦田人。清乾隆年間獲選。

13）鄧文欽　　　龍躍頭人。清乾隆年間獲選。

14）鄧文鎬　　　龍躍頭人。清乾隆年間獲選。

15）鄧春魁　　　錦田人。清乾隆年間獲選。

16）鄧慶及　　　龍躍頭人。清乾隆年間獲選。

17）鄧敢　　　　龍躍頭人。清乾隆年間獲選。

18）鄧必魁　　　錦田人。清乾隆年間獲選。

19）鄧鳳書　　　錦田人。清乾隆年間獲選。

20）鄧枝芳　　　屏山人。清乾隆年間獲選。

21）鄧日煜　　　屏山人。清乾隆年間獲選。

22）鄧兆麟　　　屏山人。清乾隆年間獲選。

23）鄧龍文　　　錦田人。清乾隆年間獲選。

24）鄧喬錫　　　錦田人。清乾隆年間獲選。

25）鄧甡　　　　龍躍頭人。清乾隆年間獲選。

26）鄧如琇　　　龍躍頭人。清乾隆年間獲選。

27）鄧拔魁　　　錦田人。清乾隆年間獲選。

28）鄧廣緒　　　廈村人。清乾隆年間獲選。

29）鄧翩　　　　屏山人。清乾隆年間獲選。

30）鄧招　　　　廈村人。清乾隆年間獲選。

31）鄧元捷　　　龍躍頭人。清嘉慶年間獲選。

32）鄧芝蘭　　　屏山人。清嘉慶年間獲選。

33）文啟新　　　新田人。清嘉慶年間獲選。

34）鄧大鏞　　　輞井人。清嘉慶年間獲選。

35）廖鴻　　　上水人。清嘉慶年間獲選。

（七）獲選增生或附生的人物

1）鄧與琮　　錦田人。清雍正年間獲選。

2）鄧瓊賞　　錦田人。清雍正年間獲選為附生。

3）廖九我　　上水人。清雍正年間獲選為增生。

4）鄧麟　　　屏山人。清乾隆年間獲選為增生。

5）鄧朝榮　　錦田人。清乾隆年間獲選為增生。

6）鄧英華　　錦田人。清嘉慶年間獲選。

上述本區域各地的科名，僅就所知，摘錄下來，當然未能齊備。然在有清一代，就此濱海一隅之地來說，人才可算不弱。而在本地區之中，人才與文物之盛，又以錦田、大埔、上水、龍躍頭這些地區為最著。

談到這裏，我不妨指出一點：香港的中文教育，在開埠以前，歷代相傳，均為中國人士所注意培養，不斷發展，且已有相當的規模和基礎了。

### 附注

〔1〕鄧符協生子陽、布二人。陽生子珪；布生子言瑞。言瑞生子元禎、元亮、元和。

〔2〕贛縣在今江西省南部。

〔3〕參閱王崇熙纂：《新安縣志》，卷之九，〈經政略二・書院〉。

〔4〕參閱前書，卷之二十四，〈藝文三〉。

〔5〕參閱前書，卷之十九，〈人物志・鄉賢・鄧通叟條〉。

〔6〕參閱前書，卷之十五，〈選舉表・甲科〉。參閱近年出版的《深圳掌故》第一集，彭全民著：《深圳最早的進士 —— 黃石》。據羅香林教授的考證，「梅州」即清代的「嘉應州」；「程鄉」即今「梅縣」。

〔7〕參閱前書，卷之十九，〈人物志・行誼〉。

〔8〕參閱前書，卷之十五，〈選舉表・鄉科〉，及錦田《鄧氏師儉堂家譜》。

〔9〕參閱前書，卷之十五，〈選舉表・鄉科〉。

〔10〕參閱前書，卷之十九，〈人物志・鄉賢〉。

〔11〕同前書。

〔12〕參閱前書，卷之十九，〈人物志・行誼〉。

〔13〕參閱前書，卷之十五，〈選舉表・鄉科〉。

〔14〕參閱《廖氏宗親總會自置會所開幕專刊・歷代先賢史略》，一九六○年八月七日出版。

〔15〕同前書。

# 第三章　啟蒙時期
## （一八四一——一八五九年）

### 第一節　初期的中國傳統學塾

**最早期的港島人口**

　　一八四一年一月二十六日，英國已實際的佔領了香港島。照當時的估計，島上的中國人，約有二千人左右，多數散居在漁村裏或小艇上。根據一八四一年五月十五日出版的《香港政府憲報》第二號所披露，在當年的第一次人口統計中，香港島上人口的總數已增至七千四百五十人。當時島上人口分佈情形如下：

| 甲、鄉村居民 | |
|---|---|
| 赤柱（首府、大都市） | 2,000 人 |
| 香港圍（大漁村） | 200 人 |
| 黃泥涌（農村） | 300 人 |
| 公岩（打石廠、貧民村） | 200 人 |
| 石凹（打石廠、貧民村） | 150 人 |
| 筲箕灣（打石廠、大村） | 1,200 人 |
| 大石下（打石廠、小村） | 20 人 |
| 群大路（漁村） | 50 人 |
| 掃桿埔（小村） | 10 人 |
| 紅香爐（小村） | 50 人 |
| 柴灣（小村） | 30 人 |
| 大浪（小漁村） | 5 人 |
| 土地灣（打石廠、小村） | 60 人 |

| | |
|---|---|
| 大潭（小村、近大潭灣） | 20 人 |
| 索鼓灣（小村） | 30 人 |
| 石塘咀（打石廠、小村） | 25 人 |
| 春坡（荒廢的漁村，無人居住） | —— |
| 淺水灣（荒廢的漁村，無人居住） | —— |
| 深水灣（荒廢的漁村，無人居住） | —— |
| 石牌（荒廢的漁村，無人居住） | —— |
| 合計 | 4,350 人 |
| 乙、船上漁民 | 2,000 人 |
| 丙、流動性的勞動工人及小販等 | 1,100 人 |
| 總計 | 7,450 人 |

　　我們從上述的人口統計數字看來，知道當時的調查工作，並不精密，只是指示出一個約數罷了。因為各村落的人口，決不可能是三百、二百、一百或是五十這樣完整的數字。雖然如此，我們總可以看出當時的港島上，一般人民聚居及生活的情形。至於在這七千四百五十名的居民中，兒童與成人所佔的比率如何？我們不得而知，不過，我們卻知道一個事實，那是當時除了島上原有的居民外，在英人佔領了港島以後，才到島上來謀生的，他們絕大多數都是不帶家眷的單身男人。在開埠初年，普通中國人在港島上的工作，大致以捕魚、打石、築路、做小買賣及一般苦力工作居多。那時候，因設備簡陋，瘟疫、風災等，不時發生，故此，來港謀生的人，多少要帶著點冒險的精神。由此，我們便可想像出，在七千四百五十位居民中，男性的成年人，必較女性的成年人為多；兒童的數目一定不大，十歲左右的學齡兒童就更少了。

　　教育的對象主要是那些學齡兒童，在只有三、二十人的小村落裏，居民的生活又困苦不堪，實在不可能在那裏延師開館，教育兒童。至於赤柱，是本港當時的首府，稱為大都市，及在那些較大的村落裏，聚居的人數較多，兒童也有相當的數目，一些簡陋的蒙學和私塾形式的學校，是會存在的。不過開設的數目一定很少，就讀的學童也不會多。

　　根據記載，在一八四二年三月，照當時的估計，香港的中國人，已超

逾一萬二千餘人，他們大部分為勞工和技工等，都是被這裏較優厚的工資所吸引而來的。在港島上，這時，許多較大型的建築物已在興建中；中環街市經已開張；皇后大道已建築完成；其他道路也陸續開築，環境逐漸改善；教堂和商店等也次第開設。[1]到處顯現著一片新氣象。

又據一八四二年三月二十四日在香港出版的一份《中華友報》(*The Friend of China*)所刊出的一則新聞，其中登載一些有關維多利亞城地區調查統計的數字，説：

| | | | |
|---|---|---|---|
| 有煙舖 | 24 家 | 僱用職工 | 31 人 |
| 水果店 | 3 家 | | |
| 魚舖 | 3 家 | | |
| 米舖 | 1 家 | | |
| 飯館 | 3 家 | | |
| 藥舖 | 6 家 | | |
| 木器店 | 17 家 | | |
| 縫衣舖 | 14 家 | | |
| 當押舖 | 1 家 | | |
| 娼寮 | 23 家 | | |
| | | 共僱用 | 439 人 |
| 掌教（校長） | 2 人 | 僱用工役 | 10 人 |
| 磚匠 | | | 500 人 |
| 工人 | | | 1,366 人 |
| 小販 | | | 600 人 |
| 西人所僱用工役 | | | 200 人 |
| 失業者 | | | 500 人 |
| | | 合計 | 3,646 人 |

《中華友報》是當時流通於本港西人社會中的一份英文報刊。上述的統計，雖然是單指維多利亞城而論，而且列出來的數字，也只是一個約數，並不怎樣準確，然而，從這些數字中，我們總可以看出，當時香港居

民所從事的行業和他們工作生活的大概情形。現在看來，也是頗有參考價值的。

由英人佔領香港島的時候開始，在最初的十年內，人口逐年增加，綜合各方面歷年所調查記錄的數字，我們便可以看出它的增長情形：

| 年份 | 中國人 | 非中國人 | 總數 |
|---|---|---|---|
| 1841 年 1 月 | 2,000 人 | —— | —— |
| 1841 年 5 月 | 7,450 人 | —— | —— |
| 1842 年 3 月 | 12,361 人 | —— | —— |
| 1844 年 | 19,009 人 | 454 人 | 19,463 人 |
| 1847 年 | 23,872 人 | 618 人 | 24,490 人 |
| 1850 年 | 31,987 人 | 1,305 人 | 33,292 人 |

從上述的數字中，我們把一八四一年五月的七千多人，與一八五〇年的三萬一千多人（中國人）相比較，只增加了四倍多，增長的速度並不太快。原因是開埠之初，香港島上，商業尚未發達，除了捕魚、打石、開山、築路及小買賣等苦力工作外，實在沒有甚麼工作可做，也沒有較理想的生活可過；況且瘟疫和颶風等災害，時而侵擾，因而普通中上階層的人，對於這個地方，還是裹足不前。直至一八五四年太平天國革命事起，廣東各地人民，為了逃避時亂，才紛紛進入港島。香港的人口，也隨之而大為增加。廣東各地遷居香港的居民，又以寶安、東莞、惠陽、梅縣、潮州、四邑、南海、番禺、順德、香山等地為多。

## 中國傳統式的塾館教育

由於聚居在香港島上的人口日多，教育的需要日大，教育工作便漸漸開展起來。

最早在港島上設立起來的教育，是中國傳統式的塾館教育。

在從前，我國教育制度還未有正式建立起來以前，自古以來，一般人所接受的，大抵以傳統的塾館教育為主，這是民間教育的主體。

所謂「塾」，是一種專為教學而設的地方。《爾雅‧釋宮》：「門側之堂謂之塾。」《禮記‧學記》：「古之教者，家有塾，黨有庠。」

所謂「館」，也是私家教學授徒的地方。唐人張籍的詩句裏面曾說：「家貧相遠住，學館入時疏。」

塾、館，又稱為學塾。由私家所設立的學塾，稱為私塾或家塾；有些私人學塾，非專為某一家而設的，往往也稱為書塾或書館，也有稱為書屋、書室、學堂的。雖然稱謂有所不同，但其作用與意義，則是大致沒有甚麼差別的。那些由官款或是地方公款設立的塾館，免費教育地方上貧寒子弟的，則稱為義塾或義學。

其在塾館中主持教學的人，通稱為塾師、掌教或老師。

我國這種傳統的塾館教育，一直維持下來，到了二十世紀初期，才由現代學校教育所取代，而漸歸淘汰。現代「學校」的出現，是在民國開始以後的事情。

「學校」的名稱，早在《孟子‧滕文公章句上》已有提及：「設為庠、序、學校以教之。庠者，養也；校者，教也；序者，射也。夏曰校，殷曰序，周曰庠，學則三代共之，皆所以明人倫也。」可知，「學校」是指訓練學生的教學場所，也是教學場所的一個總的名稱。所謂校、序、庠等等，都是古代學校的名稱。

歷代以來，各時代有各時代教育的特色，也有各時代學校的名稱。

即以清代來說，清代的學校，那些專為滿清宗室及八旗子弟而設的，稱為「官學」，例如景山官學，盛京官學等；普通民間學校，則有書院、義學、家塾等；其後，為了接受西方學術，同治年間（一八六二至一八七五年），乃有同文館及各類學堂的設立。


## 香港島上早期的中國傳統教育

香港島上最早期的教育，除了教會學校以外，可以說，完全是中國傳統式的教育。

中國傳統性的學塾，確然很早便在港島上建立起來了。一八四四年，香港政府第一次公佈本港學校數字時，便已經提及，港島上已有中國傳統

式的中文學塾七間之多。[2] 這些學塾，學生們直接向塾師繳交學費；教育的主要內容，只局限於對中文經典的背誦，和講述孔子及古代聖賢的道理。班級教學，在那個時候來說，大概並不存在。

根據一八四五年，一位華民政務官（Chinese Secretary）郭士立（Charles Gutzlaff, 1803–1851）所陳述，那時候在港島上，共有中文學塾八間。其中兩間由外國人士所支持，全部都是設在非常簡陋的屋舍中。當時，他向政府建議：如果每月給予每間學塾十元的資助，這樣一來，將使中國人士對本港政府當局，感恩不淺。同時，理雅各博士也提議：政府應設立一間免費學校，以招收中國學童就讀，正如在檳榔嶼和新加坡所實施的一樣。爹核士總督（Sir John F. Davis, 1795–1890）原則上接受這些提議，並將之轉呈英國政府處理。英國殖民地部對於這事也表同情，不過，認為必須要對這等學校及其課程、教學法、師資和人事任命方式等，作進一步的了解，方可定奪。

在英國，一八三三年的時候，政府曾以一筆二萬英鎊的款項，去補助英國國教和非國教的教育團體（The Anglican and Nonconformist Education Societies），作為建築校舍之用。從此，由於政府對地方和志願團體的實際資助，遂使英國教育制度得以萌芽起來。英國政府在考慮香港方面這項請求的時候，恰巧英國教育制度的本身，亦因分配津貼給各宗派學校的問題，而充滿了宗教的爭論和派系的互相妒忌。殖民地部大臣祁里（Earl Grey, The Secretary of State for the Colonies）因而特別小心地處理此事，預防有可能會動用了公款，在香港支持了有宗派性的教育團體。

殖民地部常務次長（Permanent Under-Secretary）史提芬爵士（Sir James Stephen），認為在殖民地教育方面，傳教團體是最有效能和最不可缺少的幫助者。於是，他便向英國各傳教團體提出徵詢，有關他們對香港教育的計劃。但是到了一八四六年，各傳教團體仍未有作出任何明確的表示。這時，史提芬爵士認為對於公共教育的援助，不容忽視，乃同意了香港方面的請求。他決定：在中文學塾中，那些「資助要求適度的」、「沒有宗派爭論發生的」，和「沒有任何偶像崇拜偏見的」，而又獲得爹核士總督信任的，一共選擇了三間，一間在維多利亞城，一間在赤柱，一間位於香港仔。這幾間學塾，由一八四七年八月起，每間每月可接受十元的資

助費用。[3]

在郭士立建議給予中文學塾資助的同時，史丹頓牧師也要求對他所辦理的英童書館，給以同樣的資助，但為祁里所拒絕。殖民地部大臣認為英國學童的家長，是有能力負擔起孩子們的學費的。

對上述的資助決定還未有發表之前，早在一八四七年初，總督多核士爵士即邀請了幾位極有地位的知名人士，他們是：香港區主任牧師（Colonial Chaplain）史丹頓（Rev. V. Stanton, 1817–1891）、首席裁判司（Chief Magistrate）禧利（Hon. C. B. Hillier）和註冊總署署長（Registrar General）英格里斯（A. L. Inglis）等，成立了一個「調查小組」，以便去負責將當時香港的中文學塾，作全面的調查研究，從而考慮將政府資助金作出適當的分配。他們經過了認真的調查以後，將調查所得，做了一個詳細報告，於一八四七年十一月十一日呈遞給輔政司靳威廉（Major William Caine）。這大概是本港最早的一項教育調查報告，是一個非常有歷史價值的紀錄。有關當時維多利亞城、香港仔和赤柱三個主要地區的學塾情形，都可從這報告中看得出來。不過，當時那些由歐籍人士捐助慈善金來支持的書館，則不在調查之列。

現在讓我們看看當時這些學塾辦理的實際情形。下面所記錄的，便是從上面所說的報告中引述出來。[4]

在維多利亞區，有三間頗為實際的學塾：

1）由徐盛祥（Chuy Shing-cheung）老師主持的學塾。位於太平山東邊街，有學童二十八名。

2）由梁省山（Leung Sing-shan）老師主持的學塾。位於上環，據說有學童十八名。

3）由麥梅燦（Mak Muy-chun）老師主持的學塾。也設在上環，據說有學生二十一人。

上述三間學塾，共有學童六十七名。

香港仔區有學塾兩間，共有學童二十七名。

1）由蘇秉峰（Soo Ping-foong）老師主持的學塾。有學童七名。據說在漁汛期前，則有學童十七名。

2）由程沃田（Ching Yeok-teen）老師主持的學塾。有學童四名。

據說在漁汛期前，亦有學童十名。

赤柱區有學塾三間，可是實際上只有一間是有學童的，其餘兩間，據說在漁汛期開始前，即告停課。

　　1）由盧亞創（Lo A-cheong）老師主持的學塾。有學童六名。

　　2）由莊邊高（Chong Tseen-ko）老師主持的學塾。據稱於漁汛期前有學童十名。

　　3）由莊瑞貴（Chong Suei-kuei）老師主持的學塾。有學童十三名。

赤柱區內共有學童二十九名。

上述三個地區，合計共有學塾八間，學童一百二十三名。這些學塾的組織、教導方法、上課時間和出席情形等，大致相同。

學童在入學的初期，只注重讀和寫的學習；即使有算術一科，也很少練習筆算。為了商業方面的需要，學童的家長，往往要求教授中國珠算以代替筆算。

教學用書方面，最初是教授《三字經》一類的書，後來進而《四書》、《五經》。這些書本，經過學童的重複背誦與抄寫後，幾乎都可以完全銘記於心。儘管學童已把書本背得爛熟，不過，卻是不求甚解的，很少注意它的真確意義。即使有些教師向學生講解經典，也只是根據朱熹及其他注釋者的意見，照唸出來。此外，便是對於散文和詩的學習，這方面的練習，一般都表現得頗為熟練的。

上課時間，除了上午八時吃早餐和中午十二時用午飯的時間外，便一天到晚，由日出以至日落，整日不停的連續下來。

學童每日的學習，是一種沒有變化的重複背誦與書寫工作。那些程度稍高的，上課時，則有義理的解釋。每一位學童，均須分別朗讀和背誦自己所學習過的功課。普通並沒有班級的界限。

每年於農曆年底便開始放假。過了新年以後，不久，便又開學了。在其他中國曆法所規定的歡樂節日中，家長是可以隨意任由學童曠課的。

學童在學的年齡，並未有硬性規定的。入學的遲早與就學時期的長短，乃視乎學童家境的貧富和家長對學童教育負擔的能力而定。因此，在同一學塾之中，就當時調查所知，年紀最大的學童是十八歲，最小的只有六歲。

在學童最多的學塾之中，一位老師，約教導二十五人至三十人左右。每位學童每年繳納脩金，由二元至六元不等，都是按年繳交，極少按月的。

農曆九月至三月，是捕魚的季節。各村落中，漁民的孩子佔了大部分，在捕魚的季節裏，他們都隨同父母出海。因此，漁民子弟，實際只有半年的時間接受教育。少數雜居在各村落中的客籍人家，他們的孩子，也只好隨之而停課了。教師方面，在有學童上學的時期，留在學塾裏；在漁汛期中，都回到中國內地的老家去了。當時，由本地人執教的學塾，事實上只有一兩間。

這個調查報告，除了敍述當時一般中文學塾的狀況外，還提出了若干寶貴的建議。

報告書認為：在當時的情形之下，對這些學塾作任何干擾，均屬不智；更毋須用宗教的偏見，去與華人的習慣相抵觸。因為事實證明，中國人對於宗教信仰，是極少偏見的，他們非但容許子女們接受宗教義理的教導，而且，他們本身，也一樣樂意接受。那些中國塾師，大致上還算不錯。倘若在教授中國經典等科目以外，對於學童知識的灌輸、推理才能的發展及教授的方式等方面，予以改進，則效果一定更佳。

報告書又建議：由政府設立一個委員會，以便監督那些接受政府資助的學塾。這是一項最有建設性的提議。同時，為了提防將資助金作出不適當的分配，報告書還進一步提出了一個具體的管理辦法。辦法的大意，共分六點：

1）學塾資助金，應交由委員會去分配給位於維多利亞城、香港仔及赤柱的中文學塾。

2）塾師每月薪金，不作硬性規定，但容許其招收更多學童。該等學童將獲得補助全部或部分費用。當然，資助費的支出，也是有一定限額的。

3）教師對於讀、寫、算三科，均須教授。

4）每月，教師必須向委員會呈報學童的姓名和數目，且標明那些學童是接受政府的全部資助，那些是接受部分資助。

5）委員會對於各學塾，須視察其辦理的優劣，以便決定政府應否繼續給予資助。

6）在課室的顯著位置，懸掛這些規例，以便利委員會或政府人員，

隨時到場視察。

　　上述的條例，雖然非常簡單，但卻包括了學校資助的範圍、教師的薪金、教學的內容、學童人數的統計、學校的視察與管理等等。可以稱得上是本港最初和最早的一份教育則例。

　　初期在香港島上興辦的中文學塾，教學的內容，我們可以肯定的説：全是以講授孔子的道理為主。我們再根據歐德理博士的紀錄，一八四七年的時候，這類學塾，一共已有九間之多。[5] 這些學塾，對當時本地的中國兒童教育，已盡了很大的力量。

## 附注

〔1〕參閱 *Europe in China*, 1895, p.186。

〔2〕參閱 G. B. Endacott: *A History of Hong Kong*, 1964, p.142。

〔3〕參閱同前書 p.136。

〔4〕參閱 Rev. W. Lobscheid, "A Few Notes on the Extent of Chinese Education", 1859。這裏所列舉有關學塾老師的姓名，乃根據英文紀錄譯出，因考證困難，故此，難免與塾師本來的名字有所出入。

〔5〕見 *Europe in China*, p.247。

最早期的教會學校

## 早期教會團體對香港教育的影響

英國本身是一個老牌的民主國家，人民崇尚自由，愛好自主。政府雖然重視教育，卻仍然保持著一貫的民主精神，任其自由發展；政府只是從旁積極的鼓勵私人或團體去興辦學校。英國政府對於推進香港教育的態度，亦復如此。是以香港早期的教育，也循著自由發展的路線前進。

香港島上早期的教育，從一八四一年開始，可以說，是發自志願團體和熱心人士的努力。香港教育，在開始的時候，便受到了兩種不同傳統的影響。一種是中國的傳統，其次是英國的傳統。關於中國的傳統，我們在上一節中，已談過了。至於英國方面，英國本土初期的教育，原是一種志願團體的事業，任由社會人士去自由努力，慷慨經辦。初期，教會開始建立學校，是以他們的宗教信條去教導那些貧童，作為他們對社會的一項布施工作。

基督教會隨著英國人的佔領香港，便立即展開他們的傳教工作。教會工作的主要目標，自然是以宗教信仰的傳播為主。因而一方面設立書院或神學院，以訓練中國牧師；一方面設立學校以宣傳教義，廣收教徒。佈道與教育並重。無可置疑，教會是為了自己的宗教事業而對教育感到興趣的。不過，由於他們的努力，才使近代教育，得以在香港島上萌芽、生長，後來還開出美麗的花朵來。

香港早期所設立的教會學校，對香港後來的教育事業，影響很大，貢獻也多。

我們知道，當時由教會或是外國人士設立的學校，除掉極少數專為歐洲學童而開設的以外，差不多都是以中文為主，或是中、英文並重的。沒有中文講授，或輕視中文的學校，往往不為中國人士所歡迎。到了後來，因為政治與商業的理由，英文教育有其實際的需要，才逐漸的發展起來。

由一八四一年香港正式開埠，以至一八五八年中、英《天津條約》的簽訂這一段時期內，在香港興辦教育的教會團體，主要有下列幾個：

1）馬禮遜教育協會（Morrison Education Society）

2）美國浸信會（American Baptist Board of Foreign Missions）

3）倫敦傳道會（London Missionary Society）

4）美國公理會（American Board of Commissioners for Foreign Missions）

5）英國聖公會（Church of England Missionary Society）

6）羅馬天主教會（The Roman Catholic）

（一）馬禮遜教育協會

最先在香港島上興辦學校的基督教團體，是馬禮遜教育協會。這是一個為了紀念第一位基督新教傳教士羅拔・馬禮遜博士，而於一八三五年，因獲得公眾捐款贊助，在廣州成立的團體。

馬禮遜（Robert Morrison, 1782–1834）原是英國倫敦傳道會的牧師，於一八〇七年一月三十一日，由倫敦啟程，經大西洋至紐約，改乘帆船屈利亥登號（Trident）而至中國。原擬在澳門登陸，當時，因澳門方面天主教教士對他的嫉妒，乃折往廣州。[1]於嘉慶十二年（一八〇七年）九月七日抵達廣州，在那裏展開傳道工作。馬禮遜除了在廣州傳教外，同時，並在海外華僑地區，設立學校，提倡教育；他還設法調查中國教育情況和將西方學術思想傳入中國。他是一位偉大的學者兼傳教士。早在一八一八年，他便創辦了一所英華書院（The Anglo-Chinese College）於馬來半島的馬六甲，由米憐博士（Dr. William Milne, 1785–1822）擔任校長，以培育中國傳道人才，及溝通中西文化為目的；其工作並包括翻譯基督教《聖經》，出版、印刷書籍，研究中、英語言文學，而以傳播福音為旨歸。中國第一位宣教師梁發，即曾追隨米憐博士在馬六

16. 基督新教傳教士馬禮遜博士（Dr. Robert Morrison, D. D., 1782 - 1834），與其華人助手從事《聖經》的翻譯工作

甲服務；第一位牧師何福堂，亦為該校的學生。

一八三四年，傳教士郭士立的夫人溫施黛（Wanstall）女士，在澳門開設了一所書塾，專門教授女生。[2]同年，馬禮遜博士在廣州逝世。未幾，廣州及澳門教會中人士，為了紀念馬禮遜博士，即發起組織馬禮遜教育協會。當時已有二、三十人簽名贊助，很快便收集了約五千元的捐款了。[3]於是，便在該書塾內設立附塾，兼收男生，以為將來設立馬禮遜書塾的預備；並酌撥經費，以資補助。我國早期留學美國的著名人物容閎，便是這個時期馬禮遜書塾的學生。其後，中國政府為了禁止英國商人輸入鴉片，中、英兩國局面，日益交緊，這書塾因而停辦；各師生遂亦星散。

馬禮遜教育協會於一八三五年，正式發起在澳門設立馬禮遜書塾（Morrison School），至一八三九年十一月一日成立開課。被邀聘主持校務的，是一位美國人勃朗牧師（Rev. S. R. Brown）。勃朗先生於一八三二年，畢業於耶魯大學，於一八三九年二月二十三日，偕同夫人到達中國，旋赴澳門，為馬禮遜教育協會開辦學校，以其生平經驗，從事教育工作。學校開辦伊始，有學童六名。校中教授的科目，為初等算術、地理、英文及中文等。英文科在上午教授，中文科目則列在下午。[4]

馬禮遜教育協會經由教會人士，主要是外籍人士，組織起來以後，一面在廣州徵集圖書，成立一所頗有規模的公共圖書館；一面又在澳門開辦書塾，推廣文化教育工作。後來，還成立一個董事會，以專責管理馬禮遜教育協會的有關事宜；以英商顛地（Lancelot Dent, 1799–1853）為會長。其實，當時的主要會務，都是由裨治文牧師（Rev. E. C. Bridgman, 1801–1861）去負責推動。

及至英國正式統治香港以後，顛地以馬禮遜教育協會會長的名義，於一八四二年二月二十一日，寫了一封信呈給香港總督砵甸乍爵士（Sir Henry Pottinger, 1789–1856），要求香港政府撥給一塊適合的地段，以便該教育協會可以在香港興辦教育。

當時，砵甸乍爵士對於顛地的要求，非但感到莫大的興趣，且還希望和馬禮遜教育協會的代表，直接商討，以便安排一切。董事會於四月五日，派遣了一個三人代表團，包括裨治文博士、馬達信（A. Matheson）和李思理（W. Leslie），晉謁港督。在敍談中，砵甸乍爵士表示，他非常樂

意給予馬禮遜教育協會以一切可能的協助；並且考慮將這協會當作為一種社會的公共事業看待，俾可獲得政府方面經常的經濟援助。

建校的地段，很快便確定下來，而建築計劃和合約等，則至一八四二年八月五日，才獲得批准。同時，董事會對於這項建築工程的費用，也作出權宜的預算，認為應以三千元左右為適宜。

選擇作為建築校舍的地點，可說非常理想。這地段位於一個山坡上，北面為海港，東面為黃泥涌山谷，南面為皇后大道，西面與政府已劃定撥給醫療傳道會（Medical Missionary Society）的一塊地段相連接。以那時候來說，這地點，大概是介於本港城市東西兩端的中途，是一個地位顯著而又幽雅的地方。人們到了這裏，可以俯視海港全景，頗有心曠神怡的感覺。

校舍建築計劃的大概情形是這樣的：整座校舍，包括有正座和兩翼，全部都是平房式的建築。正座前面，長 63 呎，深 55 呎；分成六個房間，每個房間的面積是 20 呎乘 25 呎。兩翼的長度各為 63 呎，寬 24.5 呎。東翼是計劃作為學生居住的宿舍，足夠容納 20 個男生和兩位中國教師之用。每人居住一個房間，房間內部，裝置有一張床和一張寫字枱，這些都是包括在建築合約之內的。其他一翼，有房間兩個，長闊各為 21 呎乘 25 呎；此外，尚有一個 10 呎乘 21 呎的貯物室。這兩個大房間，其中一個的設計，是作為馬禮遜教育協會的圖書館；另外的一個，則為教學用的課室。[5]

馬禮遜書塾於一八四二年十一月一日，由澳門遷到香港來，繼續辦理。[6] 香港開埠以後，外地學校遷來香港發展的，以馬禮遜書塾為最早。

在一八四一至一八四二年的一年中，馬禮遜教育協會的那些最佳的支持者當中，很多已離開中國，返回英國去了，包括會長顛地在內。於是改由裨治文博士填補會長的職務；勃朗校長則代理約翰‧馬禮遜（J. R. Morrison）擔任會議紀錄的工作。因約翰‧馬禮遜的大部分時間，都跟隨著英國遠征隊，前往中國東北沿海一帶服務，而無暇顧及教育協會的會務工作了。[7] 馬禮遜教育協會搬到香港後，因得到總督砵甸乍爵士任贊助人，乃得以積極推進工作，大力發展會務。這是馬禮遜教育協會歷史上，工作發展的一個新時代。

馬禮遜書塾遷港前，在澳門，原有學童十七名；於離澳遷港時，其中有六名學生的家長，不願意自己的孩子離家太遠，因而只有十一名學生隨校來港就學。在香港新建的馬禮遜書院，規模宏大，自然跟澳門的情形大不相同了。不過，當勃朗校長帶同澳門方面的學童，到達香港之時，馬禮遜書院的建築工程，還未完成，只有兩個房間和一間小貯物室可用。於是全體人員，包括勃朗校長的家人、學生等，均住宿於這些房間內。初期的擠迫情形，可以想見。

一八四三年四月七日，馬禮遜書院正式開設英文部。而學生對於中文方面的學習，仍然依舊保持下來，以不受到妨礙為原則。英文部的工作，由勃朗先生親自主持；中文部則由一位本地的中國老師主持，成績頗為可觀。[8]

一八四三年十一月，馬禮遜書院的全部工程完成。這是香港島上的一所規模最大，聲譽最隆的學府。前往申請入學的人很多。

一八四三年，即清朝道光二十三年，為了安排清廷欽差大臣耆英，到香港作第一次的官式訪問，而先行來港接洽的廣東布政使黃恩彤，在他所寫的《撫遠紀略》中，記述了香港當時開埠初年的情形，也提到了這所馬禮遜書院。他說，當時的香港島上，「有二砲台，俱在平地，開一直路約二十餘里，可以馳馬行車。（按：此路即為最初的皇后大道）有天主堂一、書院一，規制狹隘。書院稱馬公書院，蓋馬禮遜（按：即香港開埠初年擔任華民政務官的約翰‧馬禮遜）之老父馬禮遜，頗通漢文，在粵最久，曾充副使，進貢入京，英人推為文學之士，故書院乃假其名也」。黃恩彤所說的馬公書院，便是馬禮遜書院了。「摩利臣」即為「馬禮遜」的別譯；現今所說的摩利臣山（Morrison Hill）亦因馬禮遜書院在此建立而得名。從香港教育史上看，這是一個富有意義的名字。

馬禮遜書院在香港開辦的初期，頗受各方面人士的重視，故此，初期的發展，非常順利。一八四四年，根據官方第一次公佈的教會書館狀況當中，曾指出馬禮遜教育協會所辦理的馬禮遜書院，是當時的一所規模最大的書館，共有學童三十二名。

可是，好景不常，自從一八四四年，首任香港總督砵甸乍爵士任滿離開香港以後，馬禮遜教育協會便失卻了一位最有力的支持者，而竟然交上

了一個化解不開的厄運。

　　事情的起因大概是這樣的：回溯一八四二年春季，港督砵甸乍爵士撥了一幅官地給馬禮遜教育協會興建學校，到了翌年十一月，馬禮遜書院新校舍便告落成。當時，倫敦傳道會，也仿照馬禮遜教育協會的辦法，向政府申請官地，以便辦理一間類似他們在馬六甲所辦的英華書院一樣。但是這項要求，卻為砵甸乍爵士所拒絕。砵甸乍爵士認為：在香港島這樣的一個小地方上，設有兩個差不多同樣性質的教育機構，實嫌太多，預期於今後若干年內，對於學校與書院，並不怎樣急需；同時，他以為最好還是先看看馬禮遜教育協會的成就如何，再作打算；他又提議倫敦傳道和馬禮遜教育協會這兩個機構，應該聯合起來，而前此給予在馬六甲英華書院作為訓練翻譯人才的那筆補助費，也應該轉移給這新的馬禮遜機構去接受。

　　砵甸乍爵士所提出的建議，自然不為倫敦傳道會所同意。在這情形下，倫敦傳道會為了本身的利益設想，迫於無奈，不得不採取必要的行動，於一八四三年十二月，向砵甸乍爵士提出索款的要求。砵甸乍爵士只好撥支一千二百元，作為馬六甲英華書院一年的補助費。

　　及至一八四四年，砵甸乍爵士離開香港後，倫敦傳道會便向殖民地部大臣史丹利勳爵（Lord Stanley, The Secretary of State for the Colonies）提出上訴。史大臣隨即命令當時的新總督爹核士爵士查究此事。因而新任總督爹核士對於馬禮遜教育協會，一開始便不表同情了。他在一八四五年的報告中，曾直截地說：馬禮遜教育協會已完全受美國傳教士的影響，且拒絕與倫敦傳道會合併，又不肯招收其他的非中國兒童，故提議不再給予支持。[9]

　　這裏所謂「拒絕與倫敦傳道會合併」，大概是指財政上與權力上的歸併來說。事實上，馬禮遜博士本人，在來華傳教之前，也原是英國倫敦傳道會的牧師，而這個為紀念馬禮遜博士而組織起來的馬禮遜教育協會，除有其本身的獨立性外，與倫敦傳道會是仍然有著密切的關係的。不過，在申請官地建校的問題上，由於當時砵甸乍爵士的處置不當，致使倫敦傳道會與馬禮遜教育協會之間，產生了很大的誤會。至於爹核士總督不喜歡這個團體受美國傳教士的影響，這卻是事實。不但協會的會長裨治文牧師是美國人，而主持馬禮遜書院的勃朗牧師也是美國人。

正當馬禮遜教育協會處於不利地位的時候，一向努力不懈地為馬禮遜書院服務的勃朗先生，也於一八四七年一月，離開馬禮遜書院，返回美國。他們夫婦倆帶同一子一女和三位馬禮遜書院的學生黃勝、容閎、黃寬等，回到美國紐約，後來並幫助這三位學生在美國或英國完成學業。在勃朗先生離開以後，這所馬禮遜書院即由該校的一位教師馬思先生（Mr. William A. Macy）主持和教導。馬思是於一八四五年三月才由美抵港，應聘到校任教的。[10]

由於馬禮遜教育協會，受到官方和教會的雙重壓力，便連累到這間建立在摩利臣山的馬禮遜書院，在辦理了六年後，終於在一八四九年的春季，只好宣告結束了。

馬禮遜書院結束後，馬禮遜教育協會雖則繼續存在，並設法補助中國兒童的教育，可是，到了一八六七年，又因寶順洋行（Dent & Co.）的倒閉，致使它的大部分基金，也隨之喪失。它的圖書館，則於一八六九年，兼併於大會堂計劃之內。一八七三年，馬禮遜教育協會曾經提出，將一筆款項交給政府，以設立一項獎學金。但其提出的條件，則不為政府所接納，於是不久，這團體便不復存在了。[11]

談到寶順洋行，這是一間英商洋行，由英人顛地所開設。顛地與馬禮遜教育協會的關係，至為密切。馬禮遜教育協會由開始組成以至一八四二年，會長一職，一直由顛地擔任。故馬禮遜教育協會的結束，乃直接受寶順洋行的倒閉影響所致，可知其關係的重要了。查清朝末年，鴉片戰爭前，這位洋商顛地和他的寶順洋行，是以專門販運鴉片著名的。滿清政府在林則徐禁煙期間內，對於這位洋商的行動，非常注意而予以監視。[12]

我們檢討馬禮遜教育協會失敗的原因，第一，是因為它的計劃和野心太大，招致別人對它的妒忌；其次，是因為它是一個非宗派的團體，徒然依靠一些商行的資助，那是不足以作為一種永久保障的。反觀其他的教會團體，它們都有自己的宗派和實力基礎，用以支持自己的宗派學校，以作為傳道和推廣教育工作的一種方法。這樣，它們的基礎就穩固得多了。

（二）美國浸信會

一八三五年，叔未士牧師（Rev. John Lewis Shuck, 1812–1863）夫婦，奉美南浸信會傳道部之命，來華傳教。一八三六年九月，抵達澳門，他是

浸信會來華傳教的第一人。叔未士夫婦在澳門蟄居六年，一面學習華語，一面傳教和辦理教育工作。

英國正式宣佈佔領香港後，於一八四二年三月，叔未士夫婦即由澳門遷來香港，在上環百步梯，設立「宏藝書塾」，從事宣揚基督教義。這所宏藝書塾，雖然名為「書塾」，其實並非一個普通教學授課的地方，只是一所傳播基督教義的講堂罷了。[13] 叔未士是一位年青有為的牧師，這時才二十九歲，叔夫人尚未足二十五歲。當時，叔牧師在港，除了傳道以外，為了解決經濟上的困難，便兼任在港島上出版的《中華友報》的編輯和監督印刷等事務，所得薪金，以資補助。因此，他的工作非常繁忙。

一八四三年，叔牧師在皇后大道創立第一座浸信會堂，命名為「皇后道浸信會」；並在禮拜堂內開設女塾一所，由叔牧師夫人何顯理（Henrietta Hall, 1817–1844）女士主持。有人說：「何顯理女士是香港居民中第一個西籍婦女，而且也是香港第一所女校的創辦人。」其初，到女塾來學習的，都是一些歐籍軍人的女子，後來兼收中國女子就讀。叔夫人於每日上午，親自任教英文，下午則由華籍教師教授中文。每日下午，叔夫人並抽空教授針黹及手工等科目。每晚八時起，另在塾內增設聖經班，專門教導那些日間無暇入學的女子。

叔未士牧師夫婦於工作繁忙中，有一點最值得我們敬佩的，是他們那種勤奮好學的精神。一八四二年，有一位名叫楊慶（又名楊紹林）的老師，原籍廣東香山縣人，自小在澳門居留，天資聰穎，知識廣博，對於中國古文典籍等學問，造詣很深。在叔牧師夫婦留澳期間，即與稔熟。此時，他被邀擔任叔牧師夫婦的華文教師，並常於叔牧師寓所，為其他攻研中文的西籍教士，講解中文及中國歷史諸問題。他對於當時西籍教士等對中文方面的研習，幫助極大。到了一八四四年，羅孝全牧師（Rev. I. J. Roberts, 1802–1871）前往廣州設立教會，楊慶老師乃被邀請轉赴廣州，協助傳道；其後，他更成為第一位的浸信會華人牧師。

當叔牧師夫婦在港創立浸信會禮拜堂，開設女塾的時候，美國浸信會又派遣包爾博士（Dr. Dyer Ball, 1796–1866）夫婦，到港傳教。於一八四三年，包爾博士便和一位屬於同一教會的端牧師（Rev. W. Deane），在上環街市附近開設了一間中國禮拜堂；同時，還開辦了男書塾和女書塾各一

所。當時，由於職務上的關係，包爾夫人和叔未士夫人來往很密，還成了莫逆之交。

不久，叔牧師夫婦所辦的塾館，學童人數激增，由十五人增至五十人。原有的學舍已不敷應用了。叔夫人為謀學館的進一步發展，乃印了一紙傳單，在香港的西人社會間，詳述她建校的計劃。結果頗得熱心人士的資助，各社團先後響應，捐款源源而來。於一八四四年九月，新學舍即告建成，而且很有規模。新校址的位置約在今天荷李活道中央警署的對面。校舍面積，長五十五呎，寬約為長度的一半，樓高兩層，內有教室、飯堂、廚房、男生宿舍和教員臥室等。校內所備的書桌、椅、凳等，均用木製，並髹以白漆。地板則為深棕色，校門和窗框等都漆成綠色。校內高懸桃木時鐘一座，倍形壯觀。

這所浸信會書館舉行獻校典禮之日，全港各教會書館員生：有馬禮遜書院全體師生數十人；英華書院教師及學童十八人，由理雅各博士領導；另由包爾先生所帶領的一間書館學童若干名，均於是日一同到浸信會新校舍，參與盛會，情況熱烈。

浸信會書館共有男生二十人，女生六人。學童均接受中、英文教育。

正當他們的書館校務蒸蒸日上的時候，可惜叔師母何顯理女士竟於這時積勞成疾，於一八四四年十一月二十七日，與世長辭。何顯理女士是一位熱心推廣教育工作的人，她是美國浸信會派遣來華的第一位女教士，也是香港第一所女校的創辦人。她的逝世，真是當時香港教育上的大損失。

叔未士夫人逝世後，叔牧師因兼負教養兒女之責，在港逗留不久，即相率返國。皇后大道浸信會及其在港所辦學館，亦因乏人主持，遂告中輟。[14]

（三）倫敦傳道會

馬禮遜博士在一八一八年創設於馬六甲的英華書院，至一八四○年，由倫敦傳道會牧師理雅各博士接掌校務。理雅各博士是一位著名的漢學家，此後，對於香港教育及中西文化的溝通方面，貢獻至巨。一八四二年，中、英締結《南京條約》，英人開始大力經營香港，理雅各乃於一八四三年十一月，將英華書院遷來香港辦理。初在荷李活道與士丹頓街、依利近街與鴨巴甸街之間的倫敦傳道會會所內，先開設一所預備書

館，至翌年秋季，才正式開辦神學院，以訓練中國牧師。[15] 這時期的學生中，著名的有唐廷樞（景星）、何崑山、梁柱臣等。校舍除用以上課外，兼作禮拜及教徒聚集之用；並於校內設置印刷場，自製銅模活版，印刷《聖經》。今日尚可找到的明字《聖經》，便是同治三、四、五年（一八六四、一八六五、一八六六年）間，在該書院所印刷的。當時，英華書院在香港，實際上負起了教育、傳道、翻譯與出版等工作。

鴉片戰爭後，在香港出版的第一本中文月刊《遐邇貫珍》（*Chinese Serial*），創刊於一八五三年八月一日，便是由當時設在香港的馬禮遜教育協會出版，由香港中環英華書院印刷的。每期印刷三千份，每份售價，僅收回紙墨錢十五文，在香港或賣或送，並寄往廣州、廈門、寧波、福州、上海各處，出版經費幾乎全部來自在華經商的英、美商人的捐助，或從馬禮遜教育協會基金中提取。

《遐邇貫珍》所報導的內容很廣，有關中國內外的政治、經濟、文化和社會活動等，均有所涉及，而且以相當超然的態度去加以刊載，眼光寬闊，對當時中國社會的知識分子，確有啟導的作用，就如該刊在創刊號上的〈序言〉中所説：「非欲藉此以邀利也，蓋欲人人得究事物之巔末，而知其是非，並得識世事之變遷，而增其聞見，無非為華夏格物致知之一助。」如此看來，這班來華傳教的人士，對於協助華夏社會之改進，確有語重心長之深意。至於其他部分，在宣傳基督教義方面，自屬當然。

最初創辦和主編《遐邇貫珍》的是英國基督教傳教士麥都思博士（Dr. W. H. Medhurst, 1796–1857），其後有禧利（C. B. Hillier）和理雅各博士相繼擔任主編。他們都是精通華語，對於出版華文書刊富有經驗的人。

《遐邇貫珍》由創刊開始，經過三年，一共出版了三十三期，終因人力不繼而於一八五六年五月停刊。

一八四六年，倫敦傳道會更創辦了一所女校，名為英華女學。創辦人是理雅各夫人，與理雅各博士那所只收男生的英華書院，堪稱為兄妹書館。理雅各夫人在那時候，竟然在香港提倡女學，其目光的遠大與信心的堅強，誠令人佩服。女學開始時，只有學生七名，一八五〇年增至十三名。全部學生均在校內住宿。學科則中、英文俱備。一直到了一八九八至一八九九年間，承倫敦傳道會撥出西摩道的校址，該女校才建築起一所正

17. 創刊於一八五三年的《遐邇貫珍》中文月刊，由香港中環英華書院印刷

式校舍來。[16]

（四）美國公理會

美國公理會，又稱為綱紀慎會（Congregational Church）。於一八三〇年，即已派遣第一位使者裨治文牧師，到達廣州傳教了。裨治文精通中文，曾經是馬禮遜教育協會和馬禮遜書院的得力支持者，後來，更活躍於外交事務方面，成為中、美關係的重要人物。

根據一八四四年本港官方第一次公佈的學校數字中，曾提及有美國公理會設有免費書館一間，教授中文、英文、歷史和地理等科目，並有一些寄宿學童，每人每月收費一元五角。

從當時另外的一篇報導中，又記載著說：一八四四年，美國公理會設有書館一間，有學童六名。[17] 大抵這和香港政府所公佈的，是屬於同一間書館。不過根據記載，到了一八四八年的時候，這間書館便早已不存在了。

美國公理會雖然很早便在本港展開教育的工作了，可惜沒有較詳細的記載；同時，對於上述書館設立的地點，也是語焉而不詳，於今已無法再行考據了。

（五）英國聖公會

一八四三年十二月，英國派遣了第一位香港區主任牧師史丹頓到達香港。

史丹頓早在一八三六年已來華傳教，居住於廣州的東印度公司。他的

職務是一位「自由傳道」的牧師。一八三九年，中、英戰事爆發，他隨即逃往澳門，但為清政府所逮捕，而將其拘留於廣州，約有一年之久。釋放後，他回到倫敦，立志將來要在中國設立一所學校，便設法籌募款項。結果，得款超過了一千英鎊。[18]

此次，他到港就任香港區主任牧師的職位後，除於一八四五年開設了一所專為英國兒童而設的英童小學外，於一八四九年春季，即創辦了一所專以訓練本地牧師的書館，命名為聖保羅書院（St. Paul's College），最初設於中環。史丹頓有著一項雄心萬丈的計劃，一面又在政府撥給的鐵崗地段上，興建校舍。新校舍是與會督府合而為一的，直至一八五一年在第一任會督史密夫（Bishop G. Smith, 1815–1871）的任內方才落成，遷入上課。聖保羅書院，在開始的時候，即以英文為主，中文為輔，教導學生。當中經過多次改革，規模日大。我國著名外交家伍廷芳博士，即為該校最初期的學生。

（六）羅馬天主教會

羅馬天主教的裴神父（Fr. Antonio Feliciani, 1804–1866）於一八四三年六月，在威靈頓街與砵甸乍街之間，新建成的天主教堂內，開設了一所訓練本地聖職人員的神學院。

那時候，裴神父覺得香港需要有天主教書館的開設，於是他便向喇沙修士會（De La Salle Brothers）提出，希望他們能來港辦理教育工作。可是，裴神父的要求，未為喇沙修士會所接受；當時他們表示接獲這類的要求很多，而且有很多地區的情形比香港更為重要與急需。因此，教會方面只好設法利用教堂內的地方做臨時的課室，以教導天主教的兒童。

一八四五年，當英國聖公會的史丹頓牧師開設了一所英童小學的時候，天主教宣道會（The Propaganda Society）在競爭的情況下，也設立了一間類似的，專為歐籍天主教兒童而設的書館。不過，僅僅辦了兩年，至一八四七年便不再繼續了。[19]

在一八四八年的時候，天主教共有書館三間，一間為歐籍男童而設，以英語和葡萄牙語教學；一間為歐籍的女童而設，由慈善團的女修士辦理；其餘一間，則專收中國學童。顯然，當時的教會書館，仍未有大量的吸收中國學童。

於開埠最初的數年內，天主教的工作發展很慢。到了一八五○年，有一間天主教神學院設立於皇后大道，教授拉丁文和中文；兩間天主教書館，專為葡萄牙人而開設。

一八五三年，天主教共有書館五間，其中兩間，是專為中國人而辦理的。這時期，天主教會在學校教育方面的表現，才漸漸活躍起來。

香港自從開埠以後，治安日佳，經濟逐漸發展，居民的生活，也趨安定。海上漁民紛紛到來聚居；從廣州及鄰近各縣移居而來的，也與日俱增。英國政府對於各地的移民，極表歡迎。在初期移居的人口中，以客籍人數最多。於維多利亞城一帶，也招徠了好些高尚的中國人，不過，他們通常都是把家眷留在中國內地的。照一八四七年香港註冊總署公佈，香港島上的總人口，已達到二萬三千八百七十二人，其中六百一十八人為歐籍人士，當地的駐防軍隊，則未有計算在內。人口的聚居日多，教育工作也就日益需要。

## 早期教會工作在港島上停滯不前的原因

這時期，在香港這個華洋雜處的社會中，正是中西文化初度匯流的時候；一般中國人士，本身有自己民族的傳統文化，對於新來的西方文化，則所知不多，或全然沒有認識。他們對於新來的東西，既然認識不夠，信心不大，於是一般家境較富裕的人，習慣上都將子弟送回廣州或自己的鄉下去讀書。有錢人家的子弟都不在這裏受教育，他們對本地的教育，自然絕少關心了。本地教育，只好讓一些志願團體去為貧苦階層的孩子們服務。這種情形，不但影響了本地教育的發展，且有礙於西方文化形式的課程在本港滋長。

另一方面，人們對於那些西方人士辦理的書館，初期印象，也不甚佳。著名的馬禮遜書院、英華書院和聖保羅書院，有些學生，不時在本港法庭的違法事件中出現，弄得聲名狼藉。因此，在社會人士的觀感中，認為中國青年接受外國教育，即使是由教會主持的，也沒有受到良好德性的薰陶，反而養成了邪惡的品格。於是那些一向支持教會書館的商人團體，都紛紛對教會失去同情而不予信任，甚而表示極端的厭惡。

一八四九年開始，一般的教會機構，多以經費不敷，普遍呈現著凋萎的狀態。在這一年中，馬禮遜書院於春季結束，史丹頓牧師的英童書館倒閉，郭士立牧師的福漢會（Chinese Union）於十月停止活動。一八五〇年十月，倫敦傳道會醫院（The London Missionary Hospital for Chinese）因多年來得不到民眾的同情而停辦。一八五一年五月，倫敦傳道會在皇后大道開設的小禮拜堂，只是偶爾有些門診病人光顧。由於傳教士們的工作，受到商界人士的猛烈抨擊，到這時，傳教士們已視香港這地方為他們來華傳播基督教及西方文化進程中的一個障礙物。

這時期，由教會志願團體所經辦的各類書館，顯著地陷於衰退的狀態。一八五六年年底，英華書院，學生人數由八十五名降至三十名不等，深感效果不如理想，已證明沒有繼續的必要，乃停止辦理。雖然這書院曾經為商行訓練過一些有用的文員，然而，從傳教與教育的觀點上而論，則是失敗的。理雅各博士於是果斷地將之關閉。

當時，總督鮑寧爵士（Sir John Bowring, 1792–1872）從政府方面的尺度去衡量聖保羅書院的過去，認為也同樣地失望。他曾說：「在過去的六年中，經國會議決，每年以二百五十英鎊給予這所會督的書院（按：即聖保羅書院），指明作為訓練六位公職人員的經費。可是，從未見有哪一位能幹的公職人員是由這書院訓練出來的，即使是在一個最不重要的部門中擔任傳譯員的職責。當然，我絕不懷疑會督的熱誠和希望藉國會的補助而有所表現。目前，我所需要的是傳教士們的積極幫助。不過，他們有自己的特殊目標，故此，不一定會適合去進行普通一般性的教育工作。」[20]

在這一階段中，教會工作在港島之所以進展不開，是和當時的客觀環境有密切關係的。事實上，當時生活在香港的中國人，他們甚少對基督教有較深入的認識，甚至對宗教簡直沒有多大的興趣。熱心的基督教會，在香港展開傳教工作以來，收穫未有像他們所預期的圓滿，這大概與中國人心中所存有的深厚底中國文化觀念，頗有關係。其次，當時教會書館和教會傳教工作之所以凝滯不前，是與當時香港島上的惡劣環境有很大的關係，特別是連年瘟疫的流行：一八四三年五月至十月間，因衛生不良，外商及士兵死亡極眾；一八四四年，疫癘盛行，英國官員中有人上書港府，主張放棄香港；一八五〇年，大熱症流行，死人甚眾，英陸軍士兵

五百六十八人中，一百三十六人不治；一八五四年，熱病及痢疾盛行，駐港英兵死七十三人；一八五九年，眼炎流行。當時，除了瘟疫的威脅外，還經常有風災、水災等影響。再其次，各教會方面，從外來接濟的經費不多，而本地經濟尚未發展，籌措不易，故各教會書館，多感經費不敷，有的因而停辦。

各教會團體，經過了一段時期的慘淡經營之後，到了一八五八年，中、英及中、法《天津條約》訂立，規定英、法兩國在華的特殊權益，除了得到賠款、通商、領事裁判權等利益外，還可以自由傳教和遊歷內地。於是教會人士，大為興奮，開始加強活動，預備由香港這基地，向內地作進一步的發展。由是，香港的教會團體及教會書館，便又表現得朝氣勃勃地，開始踏入一個新的階段，展開他們的新工作了。

## 附注

〔1〕見容閎著：《西學東漸記》，第一章。又海恩波著：《傳教偉人馬禮遜》一書，即將 Trident 譯為「三叉號」。

〔2〕郭士立為德國傳教士，一八三三年與夫人溫施黛女士定居澳門。一八三四年郭氏繼馬禮遜博士遺缺，任職於東印度公司，來往於廣州、澳門之間。郭夫人則於一八三四年在澳門設立一所書塾，專教女生。其後該書塾因故停辦，郭夫人亦攜同三盲女前往美國。

〔3〕見 *The Chinese Repository*, "Library Notice", June, 1835。

〔4〕參閱容閎著：《西學東漸記》，第一、二章及 *The Chinese Repository*, "Journal of Occurrences", Jan., 1847。

〔5〕參閱 *The Chinese Repository*, "The 4th Annual Report of the Morrison Education Society", Sept. 28th, 1842。

〔6〕見同前書：Mr. S. R. Brown's "Annual Report", 1843。

〔7〕同〔5〕。約翰‧馬禮遜乃羅拔‧馬禮遜博士的兒子。

〔8〕見同前書："The 5th Annual Report of the Morrison Education Society for the Year Ending", Oct. 1st, 1843。

〔9〕參閱 *A History of Hong Kong*, p.134。

〔10〕見 *The Chinese Repository*, "The 8th Annual Report of the Morrison Education Society for the Year Ending", Sept. 30th, 1846。

〔11〕參閱 *A History of Hong Kong*, p.134。

〔12〕參閱魏源：《道光洋艘征撫記》。

〔13〕見徐松石編：《華人浸信會史錄》第二輯，〈港澳地區〉。

〔14〕見《香港基督教的先驅》，浸信會出版部，一九五五年八月初版。

〔15〕見 *Europe in China*, p.190。

〔16〕見劉粵聲編：《香港基督教會史》。

〔17〕見 *The Chinese Repository*, "Journal of Occurrences", Sept., 1844。

〔18〕參閱《聖保羅書院校刊》（1968–69）（*A Short History of St. Paul's College*）。

〔19〕參閱 *Europe in China*, p.190, p.247。

〔20〕參閱同前書，p.281, p.347。

## 第三節　教育委員會的努力

### 教育委員會的設立

　　香港島上，中國傳統性的學塾，在自由發展的情況下建立起來以後，隨即受到了政府當局的注意。香港政府對於這些學塾，經過了詳細的調查研究以後，根據調查小組的建議，在資助中文學塾的問題上，終於作出了決定。一八四七年十二月六日，《政府憲報》正式發表，給予位於維多利亞城、香港仔和赤柱的三間學塾，每間每月十元的資助。

　　當時，政府挑選這三間辦理較佳的中文學塾，給予資助，由政府接辦，不收學費，其目的是在幫助部分貧苦學童，免費就讀。

　　政府在憲報上發表決定資助三間學塾的同時，還任命了一個「教育委員會」，由原任調查小組委員：香港區主任牧師史丹頓、首席裁判司禧利和註冊總署署長英格里斯等三人組成，負責監督那三間接受資助的中文學塾，及管理該項資助金。這是本港有公眾教育制度的開端。[1]

　　基於信仰自由的原則，香港政府並不強迫或干預基督教教義在各政府資助的學塾中傳播。但是，由於教育委員會是由基督教主管人士所主持，當然，他們不會放棄在政府資助的學塾中傳播教義的機會。我們從教育委員會對各資助學塾教師的指示中，可以清楚地看得出來。

### 監督受政府資助的學塾

　　教育委員會對政府資助學塾教師的指示：

　　　有關學童入學條例，應經常張貼於學塾門前，便利公眾知曉。

　　　塾師須探查當地學童之適當入學年齡，務使家長明瞭教育之重要。於勸其遣送子女入塾就讀時，更須明言：學童入學，毋需繳納脩金。

　　　塾師應於每日早課時，向學童誦讀《祈禱文》，祈求上帝對當日工作，加以幫助；並利用半小時，向學童解釋《聖經》要理，勸導學童學習，使其品德有所改進，死後得到快樂。

逢星期日，學童只學習《聖經》及有關宗教書籍。

學塾所用書籍，須經批准；塾師不得擅自隨意轉換。經准許之教學用書，中文書本，有《三字經》、《四書》及《五經》；由外籍人士著作或翻譯之書本，有《聖經》、巫歆氏之《地理》及《算術》（Murhead's *Geography and Arithmetic*）。

倘任何家長反對其子弟學習《聖經》，塾師應向其解釋，從《聖經》內所獲之知識恩惠，至為重大。而基督教亦非來自英國，乃源出東方，而為世人所信仰者。經解釋後，倘依然反對，則該學童可免予學習，並著其停學回家。不過，塾師仍須隨時勸導其家長，冀其終於允許該學童學習此充滿真理之書籍。

勿令學童徒然強記書本課文。學童若能完全明瞭課文內容，然後再行背誦書寫，此學習方有意義，且易於領會。

在上述教育委員會對教師工作的指示中，其主要的精神，完全放在基督教教義的傳播上，這是一點也沒有說錯的。當發覺有等家長反對其子弟學習《聖經》時，教師說之不服，便要著令退學。當時教育委員會中的教會人士，這樣急進地在政府資助的學塾中推行宗教教育，從整個教育來說，非但沒有好處，相反地，對正在發展中的教育，增加了一種阻礙和窒息的作用，殊屬不智。

一八四八年，本來在英國下議院委員會的一份報告書中，還認為中國語文教育，應該在香港的本地居民及外國人士中，予以提倡和推廣，但是，很可惜，當時的港督般咸爵士（Sir S. G. Bonham, 1803–1863），則與此意見相左，不以為然。

至於政府所資助的學塾，在當時，其實際狀況如何？教師對於上述的指示，奉行情形怎樣？我們從教育委員會一八四八年八月九日呈給港督的報告中，可窺見一二：

政府資助學塾與私人學塾的授課進度，大致相同；教師資格亦沒有很大的差別。我們主張學童於研習中國計算方式後，應學習算術。在學習開始的時候，教師應倍加留意那些要背誦或抄寫的詞語，給予詳細解釋；否則，在教學的方法上，將無所改進。

給予學童最嚴重的妨礙，是家長們對金錢的重視，他們不願意放棄子女們去操作賺錢的機會。政府幫助的對象，應該是那些無力交付學費的學童。教師因有固定的薪金，於是對於設法增加學童數目這方面，便顯得不感興趣和漠不關心了。[2]

政府所資助的學塾，經過教育委員會有目的有計劃的督導，自然許多方面都有所進步，這是無可否認的事實。

根據教育委員會的第一個年報披露：在政府監督和資助下的三間學塾，一八四八年共有男學童九十五名，其中在維多利亞城的有四十一名，在赤柱的有二十四名，香港仔有三十名。第一間學塾，曾經每月視察一次；其餘兩間，則未作有效的監督。無可置疑，這種幫助，是值得重視和有實際裨益的。一八四九年，黃泥涌區的華人，懇求政府給予同樣的資助；一八五一年，在小香港，近香港仔的一所中文學塾，也列入補助名單之內。這樣，接受政府資助的學塾，便一共有五間了。

政府對這些學塾的管理，是直接通過那位接受資助的塾師，由他負責供應課室，及支付所有的臨時費用，使學童可以自由地在學塾裏接受教育。教育委員會執行政府的教育政策，原則上不干預傳統性的中文課程和教法，只在志願的基礎上介紹一些基督教的教義。當時發覺所任用的塾師，並不令人滿意。當一八四九年赤柱的塾師提出辭職時，教育委員會即以一位中國基督徒去接替，這樣，希望本質上比較他的前任有更佳的表現。翌年，香港仔的那位塾師，又因為行為不檢而被辭退；而在維多利亞城的那一位，則因證實不能令人滿意而遭免職。到了這一年的年底，全部塾師均由委員會所任命，同時，他們全部都是基督教信徒了。

一八五三年，教育委員會因增加了理雅各博士和一位聖公會的歐德禮牧師（Rev. M. C. Odell）為委員，而加強了力量。當時，受政府資助的學塾，改進得很慢；管理方面，也頗嫌不夠。教育委員會希望有新式的校舍，以便代替當時那些住宅式的房間。當時的課室，既狹窄又骯髒，全部均不大適用。一八五三年，有兩間新校舍落成，坐落於維多利亞城和黃泥涌區。但不幸得很，在維多利亞城的那一間，於翌年，即因豪雨關係，引致山泥倒塌而遭受破壞。

學童到校上課的情形，極不正常。香港仔和赤柱的兒童，在幼小的時候，便被帶往捕魚和擔當工作了。一八五〇年的教育報告中，就曾沮喪地指出過：雖然中國學童的家長，喜愛子女接受教育，但在他們來說，這只是一種次要的東西罷了。

受政府資助的學塾數目和學童人數，增加也很緩慢。從一八四八年的三間九十五人，到一八五二年，才增至五間一百三十四人。在這一年中，委員會為了維持學童的人數，便使用方法去刺激教師。倘若學童數目下降而少過三十人的，便削減學塾的補助費。但是，後來隨即發現，這種方法所產生的效果，只是招致教師們虛報出比實際數字更多的出席人數罷了。[3]

## 傳播基督教教義

維多利亞城被宣佈為英國教區之一，一八四九年即興建一座新教堂，定名為聖約翰教堂（St. John's Cathedral）；於同年十月十五日，並由英國大主教任命一位維多利亞會督（The Lord Bishop of Victoria），以取代香港區主任牧師的職位。新會督史密夫於一八五〇年三月二十九日到港蒞任，他所統轄的教區，包括香港和整個中國在內。

一八五〇年，委員會推薦聖公會會督史密夫，應有監督學校的權力。一八五二年，教育委員會於是重新改組，由會督擔任主席，禧利（Hillier）和一位倫敦傳道會的代表為委員；隨後，又增加了一位聖公會的牧師。這樣的一個委員會，必然會有興趣於基督教教義的傳播了。會督的來臨，正暗示出政府的政策，在提高基督教和聖公會對政府資助學塾的影響。在一八五三年，學塾的半日，專從事於學習《聖經》和那些「在外國人監督下編寫成的書本」；其餘半日，則是中國經典的學習。

史密夫會督希望政府所資助的學塾，供應學生到他的聖保羅書院去讀書。於是，勸導政府學塾的學生們，前往參加入學考試，以便於取錄。聖保羅書院，原由史丹頓牧師所創立，自他離港後，史密夫會督便成了這書院當然的監督了。同時，聖保羅書院也成為一所教區的學府。會督立意要招收一些中國學生，目的是以便將來派到聖公會去服務；此外，也藉此提

供一種較高等的教育形式。當時，許多學生渴望進入聖保羅書院讀書，差不多都是貪圖經濟上的方便，以學習英文；而那些從事商業的人士，他們也懷著一種信念，認為學習英語是獲得商業上的豐富學識的不二途徑。

## 教育委員會的貢獻

　　一八四七年十二月，教育委員會成立以後，香港才有一個正式的教育機構去計劃和管理香港的教育事宜。雖然，這教育委員會的權力不大，管理的範圍也不廣，似乎只限於幾間受政府資助的學塾。然而，在它的努力下，影響所及，是有其一定的貢獻的。我以為，對於當時的學塾來說，最少會產生下列的作用：

　　（一）教學方法的改良。教育委員會曾多方面強調，不可令學童徒然背誦和強記書本的課文，先明瞭課文的內容，然後誦讀書寫。這樣的學習，才有意義。

　　（二）教學內容的充實。學塾中，除了中國傳統的學問以外，還增加了英文、算術、地理和基督教義等科目，使兒童的學習範圍擴大，知識的領域更為廣闊。雖然，我們在上面批評過，基督教教會方面，在政府資助的學塾中推行宗教教育，過於急進；但他們並未有反對教師向學童灌施孔子的道理和中國傳統的思想、學問。因此，倘能適量地介紹學童們認識中國以外的思想、文化，實有助於學童思想的開展。

　　（三）師資的提高。香港開埠初年，絕少真正有學問的正式教師到香港島上來開館教學，要之，大都是一些江湖術士、騙子或是亡命之徒，借教學以為寄身餬口。他們的工作，一向無人干預，學生家長更極少理會。今由教育委員會規定他們的工作，那些不稱職的塾師，在適當的機會下便受到淘汰。這樣，師資便逐漸提高。不只政府學塾的師資提高，其他私塾的塾師，有些肯上進的，也有標準可尋，有樣可學，以資改進。

　　（四）環境的改善。一般學塾，由於學童人數不多，大都是因陋就簡的，在一些住宅房間中開館教學。因而學童學習的地方，便顯得既狹窄又骯髒，根本談不上有甚麼衛生設備。教育委員會在這方面的督導，必定有所改善。因為受到政府的監督，各學塾對於環境的清潔，自必倍加注意。

從一八四七至一八五四年的幾年中，政府學塾在教育委員會的努力之下，只是建立起一種公眾教育制度的雛形罷了，還談不到有甚麼發展。政府學塾的顯著發展，我以為還是一八五四年以後的事情。讓我們在下一節中，再作詳細敍述。

## 附注

〔1〕參閱 *The Yellow Dragon*, Vol. XI, No. 8, May, 1910, p.363；及 *A History of Hong Kong*, p.136。
〔2〕參閱 *A History of Hong Kong*, p.377。
〔3〕參閱 *A History of Hong Kong*, pp.136-138。

## 鮑寧總督熱心教育事業

鮑寧爵士接替了般咸爵士而為香港總督，任期由一八五四至一八五九年。在他的任期內，正當是教會學校陷於衰退的期間；然而，政府所主辦的學校，卻有極顯著的發展。我以為促成這種發展的主要因素，大概有下列幾點：

（一）人口的大量增加；

（二）社會人士對教會學校失卻信心；

（三）鮑寧總督熱心教育的發展；

（四）設有專任監督經常視察輔導。

一八五四年七月，廣東方面的太平軍黨羽，攻陷佛山，廣州人心惶惶。九月，清軍與太平軍在九龍城展開拉鋸戰，廣州附近一帶的難民，聯群結隊逃進港島。

其後，太平軍運動在廣州失敗。清軍為了對付太平軍而幹出的滅絕人性的行為，確實令人結舌。一八五五年一年內，在廣州城門一帶，因涉嫌私通太平軍而遭殺害的老百姓，即約有八萬人之眾，弄至血流遍地；甚至一日之內，被斬首的，也有七、八百人。於是廣州一帶，千千萬萬的人，深怕生命財產受到損害，都趕緊逃亡。根據以往的情況，凡遇有亂事發生，都是對富者不利的。人們在這處境中，便覺得香港正是他們獲得安定生活的天堂。故此，從一八五四至一八六〇年這期間內，廣州一帶的居民，那些家境較富裕的人家，都紛紛逃避，搬到香港來居住，希望獲得保障，而過著安定的生活。是以這幾年內，香港人口大大的增加起來。[1]

鮑寧總督是一位有思想而沒有偏見，同時又熱心於發展教育事業的人。一八五四年，他在寫回英國的文件中，曾這樣說：「這是十分令人吃驚的，一項撥給警察的費用是八千六百二十英鎊……比對之下，給予人民教育的開支，卻只有一百二十英鎊。」他不是一位英國國教徒，且反對以任何企圖去斷絕本地人民的宗教信仰或習慣；他頗有主見，是一位世俗主義者（secularist），認為學校應由世俗人去辦理。

香港自開埠以來，公眾教育，一向由教會去經辦。教會所推行的教育，是以教育為手段，而以宣傳基督教義為目標的宗教教育。在本港提倡「世俗教育」（secular education）的，當以鮑寧爵士為第一人。他在非宗教的基礎上，所作出的教育革新計劃，對香港教育的改進，至有貢獻。

## 政府學校的產生

教育委員會在一八五四年的報告中，對新總督的見解，反應良好，強烈地批評當時的制度。報告書指出：五間由政府辦理的學塾，只能容納一百五十人，而估計當時香港的兒童，則超過八千八百人。政府教育在這時，「差不多陷於最低潮，既沒有適宜的校舍、適合的教師，也缺乏適當的管理」。於是提出了四項建議，以資改善：

（一）應供給適合的校舍；

（二）應採用見習教師的制度；

（三）所有能夠擴大的書館，應設有能教授英文的助理教席；

（四）應任命一位監督，以處理及每周視察所有政府書館事宜。[2]

一方面，由於鮑寧總督對教育問題的重視；其次，是教育委員會對管理下的書館，有力求改進的意向。於是將那些由政府資助的學塾，完全歸政府辦理。這時，在政府管理下的學塾，已不再是資助的性質，而是由政府直接主辦的「皇家書館」（government schools）了。這些書館，當時稱為「皇家書館」、「皇家館」、「國家義學」、[3] 或稱「政府書館」，是本港歷史上最早的「官立學校」。

一八五五年，在教育委員會管理下的皇家書館，共有十間，學童總數為四百人。[4]

一八五七年一月，一份政府報告說：一八五六年，皇家書館共有學童四百二十名；到了五月，學童的數目便增至六百七十五名了。

鮑寧總督於一八五六年，曾意圖將香港教育問題，作一次全面性的檢討。他於是任命了一個由首席裁判司禧利所領導的調查委員會（Commission of Enquiry），去對香港教育問題進行查究和提出報告。可

是，由於其中兩位委員，因事離港，而「亞羅號事件」（Arrow Dispute）又跟著發生，[5]結果，這委員會便未有展開工作。

## 羅傳列監督學院的努力與政府學校的發展

一八五七年五月十二日，一位一向在本港服務的德國傳教士羅傳列牧師（Rev. W. Lobscheid），被任命為皇家書館的監督（Inspector of Schools），當時也稱為「監督學院」。羅牧師精通粵語，曾在香港法院（當時也稱為臬署）任通事職務。一八五七至一八六〇年間，擔任香港首任「監督學院」職位。[6]他著作頗豐，其中以一八六九年在本港出版的《漢英字典》（A Chinese and English Dictionary），最為著名。

羅傳列牧師接任為皇家書館的監督學院以後，便立即展開工作；首先是確立一種視察皇家書館的制度，他並且經常與各教育委員聯袂前往視察。與此同時，他對於力求增設皇家書館方面，也是不遺餘力。在鮑寧總督的任期內，由一八五四至一八五九年，領取政府補助費的書館數目，由五間增至十九間；學生出席人數，也由一百零二名增至男生八百七十三名，女生六十四名；每年的教育經費，亦由一百二十五英鎊增至一千二百英鎊。[7]從上述的發展看來，我們可以說，這是香港公眾教育發展中的第一次大躍進。

羅傳列牧師經常到各皇家書館中去巡視。根據視察的結果，他便定出了一套《皇家書館則例》（Rules and Regulations for Government Schools）來。經過鮑寧總督的批准以後，即印發給各皇家書館，付諸實行。[8]這可算是本港最早的一份「學校教育則例」了。該則例的內容是這樣的：

《皇家書館則例》

皇家書館之設立，乃為教導中國兒童，使能學以致用，且有良好前程。要達到此目的，教師教導學童時，須嚴格遵守下列規例：

（一）本港華人子弟，均有進入皇家書館，接受中、英文教育之權利。教師及任何人等，均不得向學童索取任何費用。

（二）教師鳴鑼上課，學童必須依時齊集。教師對遲到或曠課之學童，應循循善誘；並使其家長明瞭準時出席之重要，約束子弟，以

收管教之效。

（三）學童應注重整潔；對書本要愛護，不可任意塗污或撕毀。如有故違，教師應負責糾正之。

（四）教師應按照學童程度編班，同一班級之學童，進度須一致。能力較差之學童，宜編入程度較低之班級。每班所採用之書本及範圍，得於監督學院到校視察時指定之。

（五）教師應著重於字義之教授，務使學童能明瞭其所閱讀課文之內容。

（六）每班應有一上課時間表，列明所授科目及時間，由監督學院編定後，懸掛於教室內適當位置，教師須確切遵行。

（七）遇有任何歐籍人士，特別是政府官員，蒞臨參觀，進入教室，教師須令學童肅靜，起立致敬。參觀者如欲考驗學童學業，教師應立即命令彼等將全部功課放於書桌上，以便進行。

（八）教師須備有完整之學童名單、出席登記表及教學紀錄，以便監督學院隨時到來查閱。

（九）每學期舉行學期考試，勤勉向學之學童，將給予獎賞。

（十）由皇家租用之學舍，除教師及其家屬外，不准借予卜巫星相者或閒雜人等使用。違者，將呈請港督，予以革職，或喪失該月份之房屋津貼。

一八五七年，皇家書館已一共有十三間，發展極佳；出席人數和管理方面，均大大的改善。反觀那些私立的書塾或義學等，學童人數日益縮減。一八五七年三月，署理輔政司必列啫士博士（Dr. W. T. Bridges, 1820-1894），在參觀了皇家書館以後，他表示：正當一般都陷於低潮的日子裏，皇家書館在本地教育中所表現的蓬勃氣象，真可以稱得上是一枝獨秀了。[9]

一八五八年，政府對於教育工作，興趣甚濃，在政府憲報中，曾公開通知學童家長，說明政府已在港島上，設有免費義學，內有初級中文、中國經典及地理等科目，還有英語一科，則由合格教師教授。學童每月除交付堂費兩個銅仙外，毋須繳交任何費用。[10]

當時，有三間書館是專門收容客籍兒童的。在維多利亞城中，共有書館五間。一八五八年，維多利亞城的皇家書館，開始兼收女生，隨後不久，便有純女塾的開設。在維多利亞城的一間大型書館中，學童人數增至八十名，於是增添了一位助理教席。一些較大的書館中，也著手增加英語科的教授。教育委員會在一八五八年的報告中，對中國塾師的品德和智能方面，仍舊表示不滿。[11]

當時所增設的書館，大部分都在鄉村地方，規模很小，一般都很落後，這樣也就明顯地增加了管理上的困難。

在香港仔和赤柱的皇家書館，我們從羅傳列監督的敍述中，便可知道，那時候他費了很大的精神，也不容易把那裏的情況弄好。

羅傳列監督形容那時候的香港，是一個充滿騙子和流氓的地方。同是一個人，今天是一位廚師，明天可能是苦力，隔上幾天以後，他又可能以某州縣科舉銜頭的資格出現了。他們詭計多端，往往不容易被人發現。香港居民，主要是從內地各地麇集而來，唯一能使他們偶爾組合起來的，便是享樂與迷信的場所。逢場作興以後，節日一過，他們即各自回家，或各走各路的作鳥獸散了。

香港仔的居民，有本地人和客家人，他們很少在海岸居住，也極少送子弟進入皇家書館，這並非由於基督教的關係，主要是因為那裏的教師資格不好。至於居住在海岸的漁民，他們也設有三數間私塾，可是就讀的學童，卻只有三、五個。少數漁民的孩子是就讀於皇家書館的，不過，他們往往只讀上幾個月，便又要隨家出海去了。

羅傳列監督曾經兩次聘任了認為能幹而可靠的教師，到那裏去任教，但結果使人非常氣餒，他們向政府報到以後，竟未有到任，便自行跑掉了。

一八五八年，又聘請一位教師到那裏任教，同時，還特別注意他在那裏的安全保障。那兒經常有二十九名至三十三名學童。然而，不幸得很，適逢霍亂症流行，各村父老，紛紛命令子侄回鄉躲避，全部學童即告星散。此次霍亂症，半月之內，竟然被病魔抓去了二百人。當地的地保，於兩日之內，掩埋了二十七具被棄置路上而無人認領的屍體。在這情形下，全校只有一位勇敢的學童敢於上學。後來，老師也被順德方面的族人，命

令回鄉去了。義學於是停頓下來。

那時，香港仔的一所新校舍，剛好落成，為了鼓勵部分學童回校完成此一年的學業，合格教師又跑掉了，只好就地聘請了一位醫生，擔任教授，直至年底為止。新校舍落成後，羅傳列曾親自到各主要商店去通知店戶們，表明他準備聘請一位有資格的教師，到此教導學童。後來由香港村的一位老師，亦即前任的香港仔地保，寫信到內地去，邀請他的一位朋友，前來任教。據說，這是一位大名鼎鼎的老師，可惜羅傳列牧師的紀錄裏，沒有寫下他的名字來。這位老師到任以後，隨即介紹給香港仔的居民認識，並促請他們送子侄入學。果然，這教師的工作表現，非常成功，非但學童的數目經常在三十六人以上，而且還令到本地人與客家人之間和睦相處。在這情形下，即使在漁汛期內，也不愁學童數目大量下降了。不過，可惜得很，當這教師第二次回港執教以後，因健康情況日差，而至沒有魄力再管理這所書館，只好由另一位教師去接替他的工作。

其次，談到赤柱方面的情形。赤柱的居民，分成兩個勢力集團，互相攻訐、憎惡，仇恨重重；同時，這地方也是海賊和強盜的託庇所。於此情形下，在這地方建立起一所好的政府書館，實屬必要。

起初，聘請到那裏執教的，是一位受過良好教育而有學問的人，不過，也是一位吸食鴉片的癮君子。他對學童的功課，漠不關心，致使村民不願送子弟入學。後來，更發現這教師又是一位富於掩飾和善於作偽的人。有一次，當羅傳列監督到該處視察時，發覺這教師竟把學舍中的一間又大又舒適的課室，作為自己的住所。於是當即請他遷出，以應教學之用。其後雖經歐德禮牧師不斷地對他勸導，而工作仍無改善，只好把他辭退。

隨後，聘請了一位由別處逃難到港的人擔任。他與家人一起在那裏居住，品格高尚，頗為村民所稱道。他服務勤謹，學童人數由七人升至二十人。到了年底，在五個月之內，便擴展至有男學童三十一人，女童六人。當地一位有地位的人物，起初不讓子女進入皇家書館，及後，發現這書館的成績，較一般私塾更為優良，於是，他不但把自己的和親友的孩子送來入學，更且成為皇家書館和公眾教育的大力支持者。

女孩子在書館裏學習中文和教理等科目，進步極佳。她們是由那位教師的妻子所負責教導的。當教師教導男學童時，女童們便到後面的走廊去溫習。一八五八年十二月三十一日，政府教育委員會秘書，邀請了一群歐籍婦女，到港島各處視察。當他們發現書館中有女學童時，非常興奮，並予鼓勵。中國農曆新年那一天，赤柱書館的教師，夫婦兩人，帶領了一些女學童，到太平山觀光，看看一些從外國運來的東西；同時，她們還驚奇地看到了一些書本上所熟知的事物。

赤柱的村民，都渴望有一間女學在那裏建立起來。於是由地保及十四位居民聯名簽署了一封請願書，遞給羅傳列監督。他們表示：如果當局允許資助一間女學塾，他們將答允送女孩子入學。不過，他們以為，如果由一位男教師去教導女學童，是不大適宜的，應該找一位女教師去教導。這件事後來因故未有實現，至感遺憾！

當時，維多利亞會督，發現有兩位就讀於赤柱的學童，進步頗佳，他們是當地一位地主的孩子。這位地主表示渴望他的兒子，能有機會接受最好的教育。因此，這兩位學童，便被送往維多利亞城，接受進一步的考試。結果他們進入了聖保羅書院肄業。這位地主和赤柱村裏的商戶們，都為這事而感到非常的高興。赤柱地方的孩子，能夠進入書院求學，那是一件天大的喜事。他們還特地致送了一件紀念品給政府，以表示他們的謝意。

自從那位新教師夫婦在赤柱村任教以來，該村的教育情況，即有了很大的改變，極為一般村民所稱道。

香港的皇家書館，在最初幾年內的發展，並不怎樣理想；後來，經過鮑寧總督的提倡，教育委員會的努力，和羅傳列監督的熱心指導，才有較佳的表現。

一八五九年，羅傳列在辭退監督學院職務之前，曾將自己在本港任職以來所體驗的事實，和港島教育的實際情形，摘要記錄下來，寫成一本小冊子，交由《德臣西報》（*China Mail*）印行。這小冊子的內容，分為兩個主要部分，第一部分是〈有關中文教育擴展情形的一些紀錄〉（"A Few Notes on the Extent of Chinese Education"），第二部分是〈有關港島上皇家書館的一些紀錄〉（"A Few Notes on the Government Schools of the Island"）。

這是香港早期教育方面的一份重要的文獻。這本小書出版以後，一直未有被人注意，到了一九一〇年左右，才有人從教育司署的書架上把它發現，那已是一本封滿厚塵、脫掉封面、顏色焦黃的冊子了。原來這是一本由作者特別題贈給理雅各博士的本子，上面還清楚地寫著「送給理雅各博士，羅傳列持贈」（To Dr. Legge, with W. Lobscheid's Compliments）的字樣。隨後，這些紀錄的一部分，曾摘要在當時的皇仁書院校刊《黃龍報》（*The Yellow Dragon*）上發表出來。我在上面所敍述的部分資料，也是從這份紀錄中摘錄出來的。[12]

從一八五七至一八六〇年這幾年間，羅傳列對政府公眾教育方面，確然作出了很大的貢獻；非但書館的數目和學童的人數，大大的發展起來，同時，教育的質素，也提高了不少。不過，到了一八六〇年以後，香港教育又有了顯著的變化，教育委員會跟著改組，羅傳列也辭退了監督學院的職務。自此，香港教育，又踏進了一個新紀元。

香港的政府書館，即我們在上面所說的皇家書館，由一八四七年開始，至一八五九年的這一階段中，它的發展情形，我將之歸納起來，列成下表，當有助於大家更清楚的了解。

### 1847 至 1859 年香港政府學校發展表

| 年份 | 書館數目 | 學生人數 | 備註 |
|---|---|---|---|
| 1847 | 3 | | 十二月六日憲報發表政府資助義學有維多利亞城、赤柱及香港仔等三間，並成立教育委員會以資管理。 |
| 1848 | 3 | 95 | |
| 1849 | 4 | | 增加黃泥涌資助義學一間。 |
| 1851 | 5 | | 增加小香港資助義學一間。 |
| 1852 | 5 | 134 | |
| 1854 | 5 | 150 | 教育經費每年 125 英鎊。 |
| 1855 | 10 | 400 | |
| 1856 | | 675 | 五月份的學生人數。 |
| 1857 | 13 | | 羅傳列牧師擔任監督學院職務。 |

| 年份 | 書館數目 | 學生人數 | 備注 |
|------|---------|---------|------|
| 1858 | | | 維多利亞城的皇家書館開始兼收女生。 |
| 1859 | 19 | 937 | 男生 873 名，女生 64 名，教育經費每年 1,200 英鎊。 |

## 附注

〔1〕參閱 *The Yellow Dragon*, Vol. V, No. 4, Dec., 1903, Mr. Machell, "A History of Hong Kong"。

〔2〕見 *A History of Hong Kong*, p.138。

〔3〕參閱一八六五年正月二十一日出版的《中外新聞七日錄》，一八七九年三月五日出版的《香港轅門報》（*The Hong Kong Government Gazette*）及一八九四年出版的《香港雜記》。

〔4〕見 *The Story of a Hundred Years*, 1959, p.30。

〔5〕一八五六年九月八日，有一艘在香港註冊的中國船亞羅號泊於廣州。當時，中國官兵因要拘捕在該船上的著名海盜李明泰（Li Ming Tai），登船搜查，卸去其英國旗，並捕其船員及中國人多名，因而引致香港英國駐軍進攻廣州的嚴重問題。

〔6〕羅傳列牧師開始被任命為政府書館監督學院的日期，據 *Europe in China* 的記載為「一八五七年五月十二日」；而 *A History of Hong Kong* 的記載則為「一八五六年五月」。現依前者所説。

〔7〕見 *A History of Hong Kong*, p.138。

〔8〕見 *The Yellow Dragon*, Vol. XI, No. 8, May, 1910。

〔9〕見 *Europe in China*, p.348 及鄭棟材著：*The Education of Overseas Chinese: A Comparative Study of Hong Kong, Singapore and the East Indies*, p.97。

〔10〕參閱 *Hong Kong Triennial Survey by the Director of Education of the Years 1958-61*, Part I。根據一八六四年 *H.K. Govt. Gazette* 的記載：*"One Penny = Two Cents"*。

〔11〕參閱 *A History of Hong Kong*, pp.138-139。

〔12〕見 *The Yellow Dragon*, Vol. XI, No.9, June, 1910。

# 第四章　培植時期
## （一八六〇──一九〇〇年）

教會學校的活躍

### 傳教士們再度活躍的原因

一八六〇年開始以後，傳教士們在本港的教育工作中，重新又顯露出他們的興趣和前進的衝勁來。

外國的傳教士們，來華傳教，他們最大的興趣，自然是中國內地。他們到達香港，只不過是藉機在此學好華文、華語，認識中國，作好準備進入內地的條件，然後俟機行動。故此，香港是他們來華傳教的一個跳板和橋頭堡。《天津條約》未有訂立以前，雖然已有不少傳教士進入中國內地傳教，不過他們的工作，簡直是困難重重，到處受到中國當局的限制。是以十多年來，許多傳教士都縮在港島上，鬱鬱不得志，苦悶萬分。在當時來說，香港島上地小人稀，實在不是他們遠道而來的好目標。一八五八年中、英《天津條約》的訂立，傳教士不但可以自由進入中國內地傳教和遊歷，且還到處受到保護和享有種種特別權益；一八六〇年，中、英又訂立《北京條約》，割讓九龍半島界限街以南的地方，歸英國統治。這兩項條約的簽訂，使傳教士們活動的範圍，大大的擴展開來，怎不使他們感到興奮雀躍呢！

### 基督教學校的發展

在基督新教方面，一八六〇年的時候，一間名為拔萃女學（Diocesan Native Female Training School）的書館，由史密夫會督夫人籌款建成，設於港島西營盤第三街，專以教育華人女子為宗旨。至一八六九年，所收學

童，即不論種族，不分男女。迨一八九〇年，這學校改為專收男生，另設女學以專收女童。一九二四年，因學童日眾，校舍不敷，乃擇地於九龍何文田一小山之上，建設新校，成為一所著名的學校。

聖保羅書院，這時候，亦在傅蘭雅（Mr. J. Fryer, 1839–1928）的督導下，而表現出新生的氣象。

一八六一年，白思德小姐（Miss Jane Baxter）在各階層人士中，尤其在中國婦女界，對於傳道工作，成績斐然。她是一位熱心的女子教育先驅者。她著力於本港歐亞混血兒的教育；在回教寺台（Mosque Terrace）和士丹頓街（Staunton Street），分別設立學館。其後，又將之合併於般咸道白思德館（Baxter House）。[1] 在同一時期，一位麥嘉拉小姐（Miss Magrath）亦向類似的目標努力。而理雅各博士的女兒理小姐（Miss Legge），和巴陵孤兒館（Berlin Foundling House）中的一群熱心教育的婦女，則獻身於中國女童的教育事業。[2] 德國巴陵會同時還在西營盤高街，開設伯士大書院，以造就傳道及醫學人才。王亮疇（寵惠）先生之尊翁王煜初牧師，即曾一度在此掌教。第一次世界大戰時，德國為英國的對敵國，香港的德籍教士離境，該校即從此停辦。

崇真會的黎力基牧師（Rev. Rudolph Lechler, 1824–1908），向在汕頭等地傳教，精通潮語和客語。一八六一年重臨香港，即在西營盤開堂傳道。一八六六年，黎牧師夫婦於西營盤崇真堂，創立女學一所，自任教授。當時，適有駱潤滋牧師來華，因他長於教育，遂由駱牧師負責主持學務。直至一八九一年，該女學乃隨同教會人士，遷往寶安縣的浪口，繼續辦理。

一八七六年，聖公會為紀念白思德女士，於過去之募款創辦女學的功績，乃於荷李活道聖士提反堂內，設立白思德紀念書館，這是本

18. 位於香港中環鐵崗的聖保羅書院，於一八五一年落成（一九七一年陳煜源先生攝）

港聖公會小學中,最早設立的一間。有一塊紀念白女士的碑石,現仍嵌於荷李活道校中。

早在一八六○年,因荷蘭傳教士約翰夫婦來港傳教,浸信會教務,才得振興起來。不過,至一八六五年,約翰夫婦以香港機會不佳,旋又轉往潮州等地。其後,約翰牧師在潮州病逝,約翰夫人於一八八○年,又再度來港。在荷李活道租賃樓宇一所,創辦女學,聘陳觀博的兒子時珍,主任教席並兼負傳道工作。

美國公理會於一八三○年,已派遣第一位使者裨治文牧師,到達廣州傳教。一八八三年,又派喜嘉理牧師(Rev. C. R. Hager, 1851–1917)到港,與溫清溪合作,租賃必列者士街二號全樓,為佈道所,並開設華文日學及英文夜學,聘任宋梓榮和宋毓林為教師。星期日則以學校為佈道崇拜之所。在初期所招收的信徒中,有宋毓林、陸中桂(皓東)、唐雄及國父孫日新先生等。

巴色會駐港德籍傳教士婁士牧師,那時候,因感深水埗一帶,尚未有女學的設立,於是在深水埗福州街,購地三千餘呎,建二層樓校舍一座,於一八八五年完成啟用,稱為巴色會義學,免收學費。其後,又改稱為崇德女學;再後又改為崇真會學校。曾在該處任教的老師,一八八六至一八八九年,有洪有登老師;一八九○至一八九七年,有黃啟真老師;一八九八至一九○五年,有吳逢生老師;一九○六至一九○八年,有陳敬思老師夫婦;其後,相繼任教的,則有鍾德卿、陳永和、黃文初、陳本珍、劉順恩、梁佩芬、蘇恩送等老師。

一八八六年,聖公會教友創辦飛利女學於西營盤,以贊臣女士(Miss Jenson)任校長,學童以基督徒居多。嗣以辦理完善,非基督徒子女,亦紛紛來學,人數大增。這所女學,後來經過數度搬遷發展,遂成為今日位於九龍馬頭角的協恩女子中學。

一八九○年,巴色會婁士牧師,又以九龍土瓜灣一帶居民,客籍人士甚多,傳道機會極佳,即在土瓜灣一小阜上,購地建堂,以為宣道辦學之所。至一九一一年,學校成績極佳,學童人數已達百名以上。

一八九六年,聖公會諸聖堂,在上海街榕樹頭側,租舖戶一間為講堂,聘莫壽增為講師。舖分三層,上層為學校及住所,中層為女義學,下

層為講堂。由莫先生宣講福音，莫夫人教授義學。可惜僅及四載，至一九〇〇年，因主持人他調，學務遂告停頓。

## 天主教學校的發展

在羅馬天主教方面，這時期亦為了重振教育工作而努力。高神父（Fr. T. Raimondi, 1827–1894）於一八五八年蒞臨本港，瞬即在天主教教育界當中，獲得了崇高的地位，一如理雅各博士之在基督新教中的地位一樣。

19. 法國育嬰堂書館的中國書法班

在高神父到港前，本來已有一些須繳費的天主教書館設立，專門訓練本地商行一些說英語的葡籍文員；同時，在育嬰堂（L'Asyle de la St. Enfance）內，[3] 有一間八名學童的天主教中文書館，和一間專收中國女童的孤兒院，那是當時本港唯一的天主教慈善機構。

高神父到達香港後，在他的推動下，天主教人士都加倍努力。剛到達的意大利修女們，於一八六〇年五月，開辦一間收容歐籍及中國籍女童的女學，校址設在香港堅道。這便是後來本港的嘉諾撒聖心書院（Sacred Heart Canossian College）了。

教會的工作，除了傳教以外，是要配合社會的需要而進行的。那時候，香港島上，出現了許多無家可歸的兒童。有些是失去了父母的孤兒；有些則是在一八四八年以後，那些路經香港，前往馬來亞、爪哇、加利福尼亞州和澳州等地尋金的人，遺留下來的孩子。這些無人照顧，從來也沒有機會接受任何良好教育的孩子，其中一部分，很容易便墮入了罪惡的深淵。安博神父（Fr. Ambrosi, 1829–1856）有見及此，便設法成立一所感化院（reformatory）以教導他們。這項工作，後來也在高神父的主持下得以完成。

20. 西環養正院（感化院）的男童

　　一八六三年，在距離教堂不遠的威靈頓街，找到了一間中國式的屋宇，雖則地方不大，但可用作開辦感化院之用。開始時，有男童十二名，他們全部都是曾經被警方以一項或多項罪名拘留過的。他們在院方的指導下學習木工、裁縫和做鞋的工作。每個人的訓練，都得到了意外的成功。其後，又收容了一些未有犯過罪的流蕩兒童。總數便達到了三十人。

　　本港正按察司於一八六四年到該院參觀，對於這種工作，非常賞識，因為這是首次對本港少年犯罪者所作的真正的教育。參觀完畢，他讚不絕口的說：「這是一種偉大工作的開始。」另一位重要人物到該院參觀的，便是總督羅便臣爵士（Sir Hercules Robinson, 1824–1897）。參觀以後，他覺得那裏的地方太小，於是便在西環撥出一塊地方，以為興建新院舍之用，這便是後來眾所周知的那所「西環感化院」（West Point Reformatory）了。當時，這一所感化院，也稱為「養正院」，不過，這名稱並不為人們所熟知。在那裏地方很大，包括一個大花園在內，於是增加了一項園藝科；不久，印刷和裝釘書籍的科目，也跟著開設。這感化院的發展，非常成功，經過了六年以後，高神父對於這項成就，曾引以為榮的宣稱過：經這感化院訓練過的孩子，無論他們以往有過甚麼紀錄，決沒有哪一位，會使當局再有麻煩的了！

　　早在一八五七年，安博神父曾經計劃過，希望將教堂擴大，並設立一所有住宿的書館，以招收來自澳門及菲律賓的學生。當時設立在教堂內的

書館，有中國學童四十名，教授以中文及英文為主。雖然班數少，學生也不多，但卻非常成功。他們經過訓練以後，都在政府及商行任職，而承擔著使用兩種語文的職務。

現有的書館，顯然地，是不足以供應社會對於這類人才的需求。高神父為了改進這些書館的狀況，他便將教堂內葡籍學童學習英文及商業科目的班級，一律搬往士丹頓街的一間小房子內，讓那些中國學童的班級，則繼續留在教堂內。他的意思是希望將來再將這些班級合併起來之時，能發展成為一所以商科為主的書館。

到了一八六四年，卜神父（Fr. Borgazzi）在菲律賓募得一筆款項，才在教堂側的威靈頓街，建起一所新校舍，名叫救主書院（St. Saviour's College），當時又稱為羅馬堂書院。這校舍並有一入口通向砵甸乍街。書院以英語及葡萄牙語為主要語文。課程內設有中文、法文、意大利文及西班牙文，同時還設有通才教育（liberal education）的一般通常科目，和美術、聲樂和樂器訓練等等。一八六五年，當書院開辦的第一個年度結束時，還舉辦了一個公開的學業成績展覽會，由當時的護督慕沙（Mr. W. T. Mercer）親臨主持揭幕。

這書院對本港的中國學童來說，是不足以適應他們的需求的，因為只有極少數的學童，有足夠的英文程度可以趕得上，跟班學習。因此，在開設新的商科班的時候，便改用中文教授，英語教學便成為學習的第二語文，其他的學習也全部以中文指導。

救主書院開辦的第一年，全港的天主教書館，便擁有男女學童一共六百人。

那時候，天主教救主書院所發出的證書，成為在香港找尋職位的憑證；而西環感化院的文憑，也是在香港工場中獲得工作的一項保證。[4]

天主教書館的發展，在高主教的領導下，頗有可觀。一八七四年有書館十八間，學童七百二十三人。

一八七五年十一月十五日，天主教修士們，重新改組救主書院為聖約瑟書院（St. Joseph's College）。到了一八七六年底，有學童一百六十五人。[5]改組後的聖約瑟書院，便成了一所純粹的英文書院了。

西環感化院，後來也發展成為聖類斯工藝學院；原有的地點，已變為

今日的聖類斯中學（St. Louis School）。

　　隨著感化院與救主書院的成功辦理和昭著聲譽，天主教嘉諾撒的修女們也鼓勇而前，建立起她們在婦女教育方面的貢獻。一九〇〇年以前，嘉諾撒修女所開設的學校，除了聖心嘉諾撒書院外，計有：一八六九年，堅尼地道的聖方濟各嘉諾撒書院（St. Francis Canossian College）；一八八六年，西貢鹽田仔的澄波小學；一八八七年，九龍柯士甸道的嘉諾撒聖瑪利書院（St. Mary's Canossian College）；一八九一年，筲箕灣的嘉諾撒修院學校（Canossian Convent School）；一八九七年，香港仔的培德女校等。

　　前面所敍述的，是香港教會學校發展的大概情形。

## 香港教會學校發展概況表

　　茲將一九〇〇年以前，本港基督教及天主教學校的發展表列如下：

### （一）香港基督教學校發展表

| 校名 | 創辦年份 | 所屬教會 | 校址 | 備註 |
|---|---|---|---|---|
| 馬禮遜書院 | 1842 年由澳門遷港 | 馬禮遜教育協會 | 摩利臣山 | 1849 年停辦 |
| 浸信會女學 | 1843 | 美國浸信會 | 皇后大道浸信會堂內 | 由叔未士夫人主持 |
| 英華書院 | 1843 年由馬六甲遷港 | 英國倫敦傳道會 | 荷李活道與士丹頓街，依利近街與鴨巴甸街之間的倫敦傳道會內 | 1856 年停辦 |
| 美國差會男書館 | 1843 | 美國差會 | | 由包爾博士主辦 |
| 美國差會女館 | 1843 | 美國差會 | | 由包爾夫人主辦 |
| 聖保羅書院 | 1843 | 英國聖公會 | 初在中環後搬鐵崗 | 由史丹頓牧師創辦 |
| 浸信會書館 | 1844 | 美國浸信會 | 荷李活道 | 叔未士夫婦創辦 |

| 校名 | 創辦年份 | 所屬教會 | 校址 | 備註 |
|---|---|---|---|---|
| 英華女學 | 1846 | 英國倫敦傳道會 | 西摩道 | 由理雅各夫人主持 |
| 巴陵會書館 | 1849 | 德國巴陵會 | 摩利臣山下 | |
| 中華公理會女學 | 1853 | 中華公理會 | | |
| 拔萃女學 | 1860 | 英國聖公會 | 西營盤第三街 | |
| 白思德女館 | 1861 | 英國聖公會 | 香港回教寺台 | 其後兩館合併於般咸道白思德館 |
| 白思德女館 | 1861 | 英國聖公會 | 士丹頓街 | |
| 巴陵孤兒館 | 1861 | 德國巴陵會 | | |
| 伯士大書院 | 1861 | 德國巴陵會 | 西營盤高街 | |
| 西營盤崇真堂女學 | 1866 | 香港崇真會 | 西營盤第三街 | |
| 荷李活道白思德紀念館 | 1876 | 英國聖公會 | 荷李活道聖士提反堂 | |
| 約翰夫人女學 | 1880 | 浸信會 | 荷李活道 | |
| 美部會書館 | 1883 | 美國公理會 | 必列者士街二號 | 1898 年以前停辦 |
| 巴色會義學 | 1885 | 巴色會 | 深水埗福州街 | |
| 飛利女學 | 1886 | 英國聖公會 | 西營盤 | 為協恩女子中學前身 |
| 土瓜灣巴色會書館 | 1890 | 巴色會 | 九龍土瓜灣 | |
| 諸聖堂義學 | 1896 | 聖公會諸聖堂 | 上海街榕樹頭側 | |

（二）香港天主教學校發展表

| 校名 | 創辦年份 | 校址 | 備註 |
|---|---|---|---|
| 天主教神學院 | 1843 | 威靈頓街與砵甸乍街之間的天主教堂內 | |

| 校名 | 創辦年份 | 校址 | 備註 |
|------|---------|------|------|
| 天主教中文書館 | 約 1848 年 | 威靈頓街天主堂內 | |
| 天主教神學院 | 1850 | 皇后大道 | |
| 天主教育嬰堂書館 | 1858 年以前 | 灣仔晏頓街 | |
| 天主教女學 | 1860 | 堅道 | 收容歐籍及中國籍學童 |
| 感化院 | 1863 | 威靈頓街（後搬西環） | 其後為聖類斯中學 |
| 救主書院 | 1864 | 威靈頓街 | 一八七五年改名為聖約瑟書院 |
| 聖方濟各嘉諾撒書院 | 1869 | 香港堅尼地道 | |
| 聖約瑟書院 | 1875 | 威靈頓街 | |
| 澄波小學 | 1886 | 新界西貢鹽田仔 | |
| 嘉諾撒聖瑪利書院 | 1887 | 九龍柯士甸道 | |
| 嘉諾撒修院學校 | 1891 | 筲箕灣教堂里 | |
| 培德女校 | 1897 | 香港仔舊街 | |

　　上列的基督教和天主教學校發展表中，那些純為歐籍學童而開設的學校，未有列入，因為它們與中文教育的發展無關。其他有中國學童的書館，都有中文課程的設立。雖然，在上述的學校中，現在，許多都已不再重視中文科了，然而，在當時，大都重視中文課程，一般都採取中、英文並重的方式。中、英文並重的教學，是香港初期教育的一大特點。

　　教會工作的目標，是為了傳播教義。他們從事教育工作，往往是以辦學為手段，而以傳教為目的。他們對教育的興趣，是和傳教工作相輔相成，息息相關的。為了宣揚教義，傳教士們遠涉重洋，不顧一切的為宗教服務，為教育努力，貢獻出他們對人類社會的泛愛和啟蒙作用。這種偉大的犧牲精神，真值得後人敬佩。

　　根據紀錄，一八七一年，本港的教會學校只有十三間；十年後，增至三十七間；而十五年後，則已有一百零一間了。[6] 教會學校的擴展，正是教會力量和工作發展的主要表現。

## 附注

〔1〕即今般咸道八號警署的位置。

〔2〕見 *Europe in China*, p.391。

〔3〕這育嬰堂的地點，據說是在今日的灣仔晏頓街（Anton St.）與軒尼詩道交界
　　處的「Sailors and Soldiers Home」的地方。後遷銅鑼灣而為聖保祿嬰堂（St.
　　Paul's Convent）。

〔4〕參閱 Catholic Truth Society (H.K.), *The Story of a Hundred Years*, 1959, Chapter 4。

〔5〕見 *A History of Hong Kong*, p.512。

〔6〕見 *The Story of a Hundred Years*, Chapter 8。

## 第二節　理雅各的教育革新計劃及其中國經典翻譯

### 理雅各的教育革新計劃

我們剛談過了有關教會書館在這一時期內的蓬勃發展情形。至於政府書館方面，由一八六〇年開始所進行的革新計劃，對本港的整個教育制度，更有其巨大而深遠的影響。

鮑寧總督的繼任者羅便臣爵士擔任總督以後，仍根據鮑寧的教育計劃而進行改革。一八六〇年一月二十一日，《政府憲報》公佈，將教育委員會重新改組而成為「教育局」。這教育局，仍由史密夫會督擔任主席。雖然史密夫會督名義上保留著主席的名銜，但自此以後，這教育局實際上已由理雅各博士一手所控制；正如歐德理博士所形容的一樣：「他像是一位具有特權的天生會督似的，輕易地支配一切。」

羅傳列牧師於一八六〇年的夏季，辭掉了監督學院的職務。當時，許多人都相信，這完全是受了理雅各博士的。在會督缺席期間，而又得到羅傳列監督的辭職後，這新的教育局便順利地於一八六〇年七月三日，即進行理雅各博士的革新計劃。將視察書館的職務，合併於一間大型的中央書院掌院的身上。這大書院後來便成為世俗教育的中心，而將政府學校從聖保羅書院及會督的束縛中轉變過來。本質上，這是一種非英國國教徒的轉變計劃，他們寧願將世俗主義引進到聖公會的教義中去。[1]

同年九月，教育局乃將理雅各這個新的管理制度呈遞給香港總督。有關這個《教育革新計劃》的內容，茲引用理雅各博士自己的話，以資說明：

> 以前，任命一位歐籍監督學院管理書館的制度，誠然是一種很大的改進……
>
> 不過，在目前的制度下，卻難以獲致良好的效果。現在大概有二十間書館，分佈在港島上。大多數的學童都很窮苦，他們的上學狀況是不規則的……教師在職務上，大致都沒有特殊的資格。英文教師都是年青人，他們只有一些基本的英語知識。監督學院的本身並不

21. 革新香港教育及翻譯中國經典的理雅各博士（Dr. James Legge, D.D., 1815－1897）

直接教學，他的職務只是監督教師，達成任務，和運用勸導的方式以幫助他們而已。我們絕不能期望他每月能給予每一書館超過兩三個鐘頭的時間。

本人謹推薦下列的新計劃，以代替現行政策：

第一：在維多利亞城興建一座書館，將目前分佈在太平山、上環及中環市場、回教寺和摩羅廟附近等書館的學童，集中起來，以便進行分班教學。

第二：在校舍中，供應一處住所給一位歐籍掌院（按：掌院，即現時的校長），他將負責組織和管理一些英文班級；而且，只有在這種學童集中的書館中，才有英文課程教授。

第三：這位歐籍掌院，在教育諮詢委員會的協助之下，監督香港仔及港島各村落的書館。

此計劃保留著現行視察制度的優點，同時，還可能產生一種目前尚未獲致的，真正的效果。

理雅各是一位有計劃和有理想的人，他認為這新計劃可有下列幾點好處：

第一點，政府將因此而有一位有效率地從事於教育工作的官員。

第二點，英文科教學在掌院的監視下進行，將比現行的更為有效；而且，他更可以將那些學習上有進步和感興趣的學童，編入自己的班級，使他們獲得真正的學識。

第三點，許多在中國內地受過良好教育，又和本港的中國商行及家屬有聯繫的中國青年，將有機會進入英文班就讀。

第四點，中文教育將在學童集中的書館（concentrated schools）中獲得推進。教師們在監督的直接及逐日的視察之下，可望勤懇而熱心

地促進學童的學業；而且這種影響將會傳播到各村落的書館中去。[2]

## 中央書院的創辦

理雅各博士的整個革新計劃，概括來説，是將所有位於維多利亞城的皇家書館停辦，把全部學童集中於一間新的中央書院，由一位歐籍人士擔任掌院。理雅各還希望有一所大型的特別設計的書館建築物，去代替那些經常受到各方責難的、設備簡陋的學舍，好讓那位受過訓練的掌院，實際從事教育工作，以便把教育的水平提高。他更認為這所新的中央書院，應該用英語教學，以符合各著名地方應有的措施。由於要求學習英文的人很多，故應准予收取學費，只讓那些接受普通中文教育的繼續免費。該書院的掌院，在教育局的統屬下，同時，還須要負責視察各偏僻地區的書館。實際上，這計劃是犧牲各村落書館，而企圖在維多利亞城得到一間有實際效果的書院。或許，以當時的情況而論，也只有出此，方屬上策。

理博士這項革新計劃，曾經在鮑寧總督任內提出過，但未為鮑寧所接納；此次再提，卻得到了羅便臣爵士的支持。

一八六一年一月九日，羅便臣總督批准了理氏的計劃；三月二十三日，立法局也通過了這計劃的方案，並授權教育局以不超過二萬零五百元的價目，購買位於歌賦街第七十八號地段的美國浸信會的一座樓宇；同時還認可將該樓宇加以擴充及改裝的工程，並於六月招商承投。這地點，當時是位於皇后大道中對上的斜坡上，後來曾經是庇理羅士女校的校址；第二次世界大戰後，曾改建為荷里活道官立小學，現在則為東華三院黃鳳翎中學校址了（按：現遷至沙田馬鞍山）。

一八六二年二月，農曆新年過後，中央書院即開始接收中環市場、上環市場及太平山等處書館的學童。[3]

一位名叫史釗活（Mr. Frederick Stewart, M. A., 1836–1889）的英國人，在理雅各博士的大力推薦下，由英倫應徵而來，擔任中央書院的首任掌院兼政府監督學院的職位。

史釗活於一八三六年在蘇格蘭出生，在鴨巴甸大學（University of Aberdeen）的英皇學院（King's College）受教育，得文學碩士學位，畢

業考試成績極佳，智能及精神科學（Intellectual and Moral Sciences），考獲一級榮譽（first class honours）。一八八〇年獲授榮譽法學博士學位。一八六一年當他接受香港的聘任時，正擔任英國南部漢普郡（Hampshire）花礪文法學校（Fareham Grammar School）的助理校長。[4]

　　一八六二年三月，他到達香港履任時才二十五歲。當他第一天踏入中央書院的校門，置身大堂之中，那裏有三位教師帶領著大約三百個學童在歡迎他。在那三百個學童中，大概有半數是來自中環及上環市場書館的；有些是希望進入英文班的申請者；其他的則是一些臨時湊合起來參加的。他們都是真正學童，全體在高聲地背誦著中文篇章。當這位年青的蘇格蘭人進場時，背誦的聲調便提得更高。這位新掌院，當時並不明白，原來這是學童們向他加意取悅和給予深刻印象的一種表示，乃為之愕然片刻。他面對著這種尷尬的場面，於是挺著身子，用英語大聲喝道：「肅靜！」學童們聽到了，誤以為是像那些佈道者的演說一樣，叫他們再「放大聲些」，於是乎欣然從命，約有一百五十把聲音，直提高至吃不消的程度。這使史劍活先生「幾乎為之失望」。他隨即退入一間課室去，在較容易處理的另一氣氛中，與他的年青朋友們相見。

　　這位新掌院深切地了解，如果不能用本地的語言明顯地隨意發佈命令，便不容易維持下去了，於是立即申請和開始學習廣州話。過了不久，他的廣州話果然學得很到家。據說，從過去到現在，外地公務員中，能像他一樣隨意運用廣州方言的，還沒有幾位。在此後的十六年中，史劍活成了理雅各的忠實信徒，努力推行本港的世俗教育，並且把政府的中央書院逐漸演變而為一所高

22. 中央書院首任掌院兼政府監督學院史劍活先生（Mr. Frederick Stewart, M. A., 1838 - 1889）

度平民化的學府。

一八六二年的中央書院附近，那裏還是一個農村地方，四面皆為竹樹叢林，還有一些花園式的精緻別墅。中央書院專為招收中國學生而設，這校舍有左右兩翼，均為單層樓宇，每翼有課室一間，中部由一座大堂連接起來。幾班學童便同時在這些課室裏分班上課。全部學童共分做三班，由於地方不夠應用，每間課室，平均約有一百人，其中擠迫情形，可想而知。此外，似乎沒有多餘的地方，以供課外活動之用。不過，那時候，一般中國學童，對於運動一項，也不怎樣感到興趣。學童們每日步行回校，身穿長衫，頭戴黑色小帽，穿著一對黑色的或刺繡的唐裝布鞋；夏天的時候，手上還拿著一把紙扇，顯得一派斯文楚楚的樣子。其中一些年紀較輕的，不時也會玩玩踢毽子的遊戲。

中央書院初開辦時，全部不收費用，甚而學生所用的課本，連同字典在內，也是由學校免費派發的。

在初時，全校只分做初級漢文班和高級英文班兩種班級；經過幾年以後，便又分為高級班、低級班和預備班三種。

　　高級班：包括第一班、第二班及第三班；

　　低級班：包括第四班、第五班及第六班；

　　預備班：包括第七班及第八班（曾經有過一段時期有第九班的設立）。

根據中央書院的註冊紀錄，有些進入第八班的學童，年齡已達二十五歲。

在最初的幾年，並不強迫學童學習英文。從來，也未有將《聖經》當作課本學習；幾年後，在家長的同意下，才在翻譯科中教授過一些。

學童在參加入學考試中，中文及格，即可進入預備班，學習中文。讀完預備班以後，每日上午便學習中文四小時，願意的話，下午又學習英文四小時。全日上課，由上午六時直至下午四時，中間休息的時間，便是早餐及午膳的時候。雖然下午學習英文，是出於自願，但差不多全部都是參加的。

居住在各個地區的學童，均需早起步行回校，因為那時唯一的交通工

具便是轎子，而能夠坐得起轎子回校的，簡直是鳳毛麟角，沒有幾人。

香港社會對英文的人才，需求日大。有些學童只懂得極有限的英語知識，便離開了書院；相隔不久，在商場上卻已很有名氣了。這是由於早期得風氣之先與碰上幸運機會所致。中產階級家庭的子弟進入中央書院的日多，這證實理雅各博士的看法是對的。於是由一八六三年開始，凡就讀英文班的學童，每月均須繳交學費五角。

由於外界對英文的日益重視，史劍活掌院對中國教師的任用也就日漸困難。一八六五年，他在第一班中挑選了兩位成績最佳的學生，以備訓練作為教師之用；並擬定於兩年內，將該兩位學生每星期輪替著進行學習和施教的訓練。這可以說是本港最早的教師訓練計劃。可是，這兩位成績最佳的學生，畢竟受不住外界商行對他們的利誘，結果，書院還是沒法將他們保留下來。此外，在校任教的幾位中文教師，他們要是能夠教授一點英文的，便去做私家補習教師，或於早晚在商行裏擔任一些職務，以增加收入。由此也可以反映出，當時社會上的英文人才，實在甚為短缺。

一八六五年，中央書院的全部學生均須繳費；英文班每月收費一元，中文班則收費五角。這時，由於入學的人數大量增加，甚至三十歲以上的成年人，也在預備班中出現。於是一座新翼校舍隨即增建起來，以適應當時的需要。跟著，在這一年中，也將英文科定為必修科目。當時，掌院的報告曾說：「自此以後，本校只招收那些打算學習英文的學童。可是有些學童，往往因學習英文而致忽略了他們本身的語文。這種情形，頗為常見，故此設立一種考試制度，以資預防。學童入學，首先要進讀中文班一年，使他們具有某些初級中文書本的知識，經過考試及格，然後於次年才升入英文班就讀。」[5]

同一時期，有一位英國傳教士湛約翰牧師（Rev. John Chalmers, 1825-1899）在廣州主編《中外新聞七日錄》，其中第三號的出版日期為清同治四年（一八六五年）正月二十一日，裏面刊載有一則題為〈香港建學教人〉的新聞，對香港的中央書院，有著頗為明確的敍述：

統計香港皇家有十一間小館，教中國書，約有學生五百餘。以外有一間大書院，兼教英話及算法、地理、天文等藝，約有學生二百

餘。其主席教讀,則有英國先生,監院一位,掌教一位;其主席幫教英話,則有唐先生三位;其主席教中華書,又有唐先生三位。各館先生,非僅教學童朝夕呢唔而已,每年必要將各館學童考試,分別獎賞,論功給賜,俾學童互相鼓舞激勵。如有中國學生欲入大書院肄業,無論遠近,必先習過《四書》始准其入。入後一年專讀《五經》及史傳,若學習一年豁然貫通,方准其上學英語。嘗見唐人努力學番話,迨學得流利,便無心習《四書》及《五經》,故皇家嚴立規條,必先熟讀《四書》、《五經》,然後學番話也。凡習《四書》及《五經》,不取脩金,惟學英語,則要取規銀,前三年每月取銀半元,三年後,每月取銀一元。

我們從上面的敍述中,可以清楚地知道:理雅各博士在計劃開辦中央書院之先,原意是要辦理一所以英文為主的大書院,但開辦以後,因環境關係,教學方面實行中、英文並重;其後,又由於社會對英文的需求日殷,乃再度確立中央書院的宗旨以訓練英文人才為主。但是對於學生的中文程度,仍極注重,學生要有一定程度的中文,方可進入英文班就讀。

中央書院是當時全港最大的書院,故此也稱為「大書院」;又因為它是政府所設立的,所以又稱為「國家大書院」。

以前,對《聖經》一科來說,雖然當局並不主張和不鼓勵學生於上課時間學習,但只要家長不予反對,由中國教師以中文講授一點,或是利用課外的時間去學習,也還可以;可是,從這時候開始,中央書院即再沒有教授《聖經》這回事了。史劍活跟理雅各一樣,是一個務本求實的人,他同時認識到孔子的道理是道德紀律的最佳典範,在中西文化交流當中,有些中國文化與傳統,曾傳播給西方,正如西方亦有許多東西提供給中國一樣。


## 將「教育局」擴大為「教育司」

史劍活除了集中精神在中央書院的發展上以外,還得兼顧其他的政府書館。對偏僻地區書館視察上的困難,依然存在;史劍活常以突擊視察的方式,發覺學童出席人數與學童登記冊上的人數,比對之下,少得可憐,

只有將那些辦理最壞的書館放棄掉。到了一八六五年，皇家書館的數目，乃由二十一間縮為十二間，學童人數為五百九十七名。雖則書館的數目減少了，而政府所辦理的教育，卻站於一個更為穩固的基礎之上。[6]

史剴活深信世俗教育，但在一八六四年史密夫會督退休離港之前，他所能做到的很少。一八六五年六月，當會督的繼任者抵達之前，那時，理雅各博士以主席的身份，提議將政府教育局擴大而為「教育司」，以專責本港的教育事宜。六月二十四日，政府正式任命史剴活為教育司的首長，直接向港督負責。中央書院及其他所有的政府書館，均在他的統轄之下。理雅各採取這種堅決的步驟，純然是為了使政府書館從教會的勢力下轉變過來；史剴活亦因而可以引導一個較有系統的改革，使香港教育得以開展一面新頁。

理雅各博士所領導的教育革新計劃，到此，也可算告一段落了。

我們回顧過去，可以論定：理雅各博士是香港教育史上的偉人。

## 理雅各的另一偉大成就：翻譯中國經典

理雅各博士除了在香港教育方面，有重大的貢獻外，對教會工作的發展，及中文《聖經》之翻譯與大量印行等，均有建樹；此外，他還企圖以他的努力，去溝通中、英兩大民族的文化。實則，他在翻譯中國經典方面的成就，最為偉大。

理氏自一八四三年，遷居香港以後，其間，除一八四五年，曾一度回英休養，及一八六七年曾返蘇格蘭省親外，其餘時日，均與香港休戚相關、苦樂與共，與香港關係的密切，自非其他傳教人士可與比擬。

一八四八年七月二十二日，理氏自英返港，即立志深究中國學術。但不幸得很，其妻突於一八五二年十月十七日病逝，兩位愛女，也同時相繼夭折。理氏受了這重大的打擊，更一心一意在宗教與學術上尋覓慰藉，對於中國學問的鑽研，倍加努力。

他曾迭至廣州，購置圖籍，參觀貢院；又赴華中、華北及山東曲阜，巡視孔林，於孔子的墓園，低徊久之。一八五八年，當理氏參觀廣東的貢院後，曾經感慨地說：「誠然中國之文化與英土迥異，然彼之文明與野蠻

相去甚遠。在吾人心目中，一民族苟能卓然獨立斯世，綿延接傳達四千餘年，當必有其民族之特質也。若亞述、波斯、希臘及羅馬諸文明古國，迭經興替，卒趨滅亡，而中華帝國擁有四億子民，依然存在，其故安在哉？蓋其百姓之中，必寓有偉大之道德與社會力量也。……沒有國家之學術特質若中國之發達，亦無國家若中國之敬重知識也。」理氏深深知道，要想明瞭中國民族的特質，必須鑽研中國經典。自此，理氏對中國經典的興趣與研究信心益增，而翻譯也愈勤了。[7]

　　一八五八年，理博士擬定將中國《四書》、《五經》翻譯為英文的計劃，並且首先製成樣本，各附原文與注釋，又有長篇緒論，分別說明他對這方面的研究所得，寄給有關人士，請為協助。當時，理氏對於出版經費，頗感困難，幸好駐港英商渣甸先生（Mr. Joseph Jardine）及他的弟弟羅拔爵士（Sir Robert Jardine），慨然答應資助出版。所譯《四書》，即《論語》、《孟子》、《大學》、《中庸》，遂於一八六一年，依照計劃在香港出版，稱為《中國經典》（The Chinese Classics）第一、二卷。英文之有《四書》譯本，這是繼一八二八年在馬六甲出版的哥利（David Collie）英譯本後，又一譯作。

　　理氏之翻譯《中國經典》，除了由於他本人的意志堅強，學力豐贍外，亦頗得力於當時在港的中西學人的相與商討幫助。西籍人士如湛約翰牧師、合信醫生（Dr. Benjamin Hobson, 1816–1873）、史劍活博士、麥高溫（Mr. McGowan）、謝扶利（Mr. Jeffrey）、班因（Mr. G. M. Bain）、迷遜（Mr. Dixon）等人；中國學人中，其著名的先有黃勝、羅祥，後為吳人王韜等。

　　黃勝，中山人，與容閎同為馬禮遜書院最早期的學生。後隨勃朗牧師赴美留學，為中國最早期的留學生之一。曾任香港第一位華人非官守議員。

　　羅祥，字向喬，南海西樵人。自小來往於廣州、澳門等地。嘗為馬禮遜博士講解中文，其後在香港教學，香港政府中人，跟隨他研習中文的很多。在當時的情況下，能夠協助理博士翻譯經典的，似非羅氏莫屬。

　　到了一八六二年，一位久寓上海，嘗為西人傭書的王韜，以潛通太平軍的嫌疑，自上海避難到港，由麥都思博士介紹給理雅各為助手。王韜，

23. 中國學者王韜先生（一八二八——
一八九七年）

於清道光八年（一八二八年）生於
江蘇蘇州城外長洲的甫里村，十八
歲考取秀才。本名王利賓，後改
名王瀚，字懶今。三十五歲後，又
改名韜，字仲弢，一字子潛，號紫
詮，又號天南遯叟。在上海時，曾
傭書於西人所設立的墨海書館，由
是得與英國教會人士麥都思博士、
慕維廉牧師（Rev. William Muirhead,
1822-1900）等稔熟。他曾助倫敦會
麥都思博士翻譯《新舊約聖經》，
文辭雅達，聲韻鏗鏘，這便是所謂
代表本的中文《聖經》了。以學問
淵博的王韜，去協助理雅各博士的翻譯工作，真可謂深慶得人了。

　　一八六五年，他將所譯好的《書經》，並附譯《竹書紀年》，於香港
彙印為《中國經典》第三卷。同時又進而翻譯《詩經》、《春秋左氏傳》、
《易經》與《禮記》等。又二年，理氏省親返英，且函約王韜赴英相助。
兩年以後，一同返港，繼續翻譯工作。到了一八七一年，遂將所譯《詩
經》，在香港出版，分上下二部，稱為《中國經典》第四卷。越年，又將
所譯的《春秋左氏傳》，在香港出版，稱為《中國經典》第五卷。理氏研
究《中國經典》，先後凡二十五年，至此，已將中國的《四書》、《五經》
整套翻成英文。這種偉大的事功，真可敬佩！他把中國的文化推向世界的
領域，影響所及，至為巨大。這也是中文教育向外擴大影響的另一種發展
形態。

## 有關中國學術的其他著譯

　　理雅各除翻譯《中國經典》外，有關中國學術的其他著作亦豐：居
港時，曾以中文撰作《擇要答問》及《六合叢談》等書；一八五二年
撰寫〈中國人之鬼神觀〉（"The Notions of Chinese Concerning God and

Spirit"）；一八六七年撰作〈孔子的生平與教訓〉（"The Life and Teachings of Confucius"）；一八七五年撰〈孟子的生平與工作〉（"The Life and Work of Mencius"）；一八七七年五月十一日，於西方差會集會時，宣讀〈孔子學說與基督教之關係〉（"Confucianism in Relation to Christianity"）論文一篇，該文在倫敦刊行；有〈儒教與基督教對人類天職教誨之比較〉（"Christianity and Confucianism Compared in their Teachings of the Whole Duty of Man"）一文，經宗教論叢出版社（The Religious Tract Society）刊行；一八八〇年，於倫敦喬爾福長老會書院，演講〈中國之宗教 —— 基、孔、道的平心比評〉，這演詞，旋即印為專書；一八八六年將所譯《高僧法顯傳》加上注釋，付印出版；一八九一年，將所譯老子的《道德經》、莊子的〈秋水篇〉及〈太上感應篇〉，付印出版；一八九五年，英國皇家亞洲學會《學報》（*The Journal of the Royal Asiatic Society*），刊出理氏所譯的〈離騷〉文稿；一八九七年，去世之前，仍在翻譯《楚辭》。理氏對中國文化的愛好和努力，及那不朽的精神，至使我們敬佩和感動。[8]

一八七六年，理氏出任牛津大學漢學教授。這一位從香港將中國學術文化帶回英國的學者，對中華文化在歐洲的宣揚傳播，有其偉大的貢獻。

理雅各博士，在香港教育方面所領導的教育革新運動，使香港教育得以建立一個好的基礎，從而開展一面新頁，是香港教育史上的大功臣；在學術方面，他將那代表中國傳統文化的中國經典，整套翻譯成英文，又努力於中國學術的研究和著作，終生不懈，在溝通中、英兩大民族文化，和在西方社會宣揚中國學術文化方面，成就卓著，又是一位偉大的漢學家。

## 附注

〔1〕參閱 *Europe in China*, p.392。
〔2〕參閱 *The Education of Overseas Chinese: A Comparative Study of Hong Kong, Singapore and the East Indies*, p.103。
〔3〕參閱 *Gwenneth Stokes: Queen's College, 1862-1962*, pp.16-19。
〔4〕參閱 *The Yellow Dragon*, Vol. VI, No. 8, May, 1905, p.150 and Vol. XXXIX, No. 1, Summer,1938, p.10。
〔5〕參閱同〔3〕，Chapter II。
〔6〕參閱 *A History of Hong Kong*, p.140。
〔7〕參閱《東方雜誌》復刊第二卷第五期，閻振瀛著：〈理雅各與中國經典之翻

譯〉。括號所節引的話，出自理雅各著《中國經典》第一卷，〈作者簡介〉一文，為閻氏所譯。

〔8〕參閱羅香林著：《香港與中西文化之交流》第二、三章及閻振瀛著：〈理雅各與中國經典之翻譯〉一文。

## 第三節　補助學校計劃的施行與教育的發展

### 《輔助書館計劃》（Assisted Schools Scheme）

在中央書院開辦的初期，政府將注意力和金錢都集中在它的發展上面，對於那些小規模的，因陋就簡的塾館，不甚理會。一八六三年，政府教育局方面對西環、筲箕灣、石澳和小香港（香港仔）等地的村落書館，既不滿意，乃提議將這類書館以免租方式，移交給當地居民，好讓各地村民得以自由選擇及支持他們自己的教師；同時並認為此舉將可使中國居民對本身之教育，有所改進。教育局這項動議，極為各地區居民所樂意贊同，於是，此等書館便在居民的支持下獨立辦理。自此以後，政府對這類鄉村小書館的政策是給予協助，而非事事供應了。這樣一來，雙方均感到滿意。

一八六六年，史釗活視察下的皇家書館，共有十三間，學生六百二十三名，包括中央書院的二百二十二名學生在內。在這些書館中，學童的學識，一般水平都很低落。當時還沒有師資訓練這回事。本來史釗活渴望在中央書院選拔一些最好的學生，去充當教師，可是由於外面的職位和優厚的待遇所吸引，他們早就離開書館去了。

大抵一八六四年以前，史釗活的工作非常吃重而且頗為孤單，他除了在中央書院教授三班學生外，還得去視察各鄉村書館。在鄉村書館中，他發現學生們都能背誦孔子的經典，但卻不明白其中的道理。他強調班級教學的重要，並主張要設有固定的學生名冊及上課時間表。可是卻為那些守舊的人所埋怨，認為這是一種不必要的干擾。

被派往鄉村書館的教師，往往是一類資質拙劣的人，他們絕大部分，結果都被辭退。

有一次，史釗活到達大潭篤書館視察，這使他非常震驚，原來那裏的塾師，竟是一位攔途搶劫的強盜，而正被政府所拘控。

一八六七年，在燈籠洲的一位教師，因為私人支用了政府頒給一位領班學生的津貼款項而被革職。當時，鄉民為他求情留任，遭受拒絕，即有半數學童，因而退學。

史剑活以工作繁忙，很少能夠抽空出巡。當他要視察書館時，往往便先行通知一聲，以免向隅。有一次，他巡視一所書館，看見孩子們都端坐在課室裏，每個學童的面前都安放著一本書本。事後，他才知道，原來那些學生都是臨時以七個銅錢一日的代價，請來頂替的。這些臨時學生坐在課室裏，直至史剑活視察完畢，離開書館，方才散去。

在赤柱書館任教的那位教師，他把書館連續關閉多天，未有上課。當事情被發覺以後，他卻詭稱「因為自己是一位基督徒而受到村民的迫害」。查實他所説的全屬廢話。

一八七〇年，在小香港的書館又有麻煩發生了，那是由於當地的地保，強迫村民前往請求任命他自己的兒子為教師。

自從一八六五年六月，史剑活被任命為政府的教育首長後，他的責任更為重大；他面對著當時的教育情況，亟思有所改善及對教育的制度有所改進。

一八六三年，教育局曾試圖將書館以免租方式交給當地居民自己經辦。一八六八年，更嘗試一種新的辦法，以鼓勵當地鄉民設法支持自己本地的書館，使之成為一種新的由政府輔助的鄉村書館，在各鄉村中與政府書館並行發展。在過去，委員會曾容許鄉民去選擇他們自己的教師，這辦法因被鄉人所濫用而予以取締，轉而採用直接任命和直接支薪給教師的方式；同時還設法供應校舍。到了一八六八年，這個新的計劃是有選擇餘地的，鄉民有選擇教師的特權，政府負責支付教師薪金的半數，即每月五元；鄉民則設法支付其餘的一半及供應校舍。可是這制度推行以後，結果並不美滿。史剑活發覺鄉民並不履行他們自己所應負的責任。

一八六八年，史剑活的報告，簡直是一位失意者的記錄，他所能達成的工作，少之又少。在這情形下，他不存任何幻想，唯一的目標，只是設法使兒童能進入書館，接受基本訓練，和建立新的校舍。當時在東區和西區，建築了四間新書館，其他校舍則是租賃的。

## 《補助書館計劃》（*Grant-in-Aid Scheme*）

一八七二年，史剑活在他的報告中指出：《輔助書館計劃》（*Assisted*

24. 刊載於一八七三年
《香港轅門報》(《憲報》)
的《補助書館計劃》

*Schools Scheme*)並未有收到預期的好處，因為教師從政府方面所獲得的一半薪金，那便是唯一的收入了。這樣的情形，顯然是玷辱了教育的尊嚴。

史釗活將政府書館繼續擴充，不遺餘力。一八七二年，有政府書館三十間，其中十五間完全由政府維持，另外的十五間，則由政府輔助，合共有學童一千四百八十人。到了一八七八年，政府書館的數目不變，但學生人數卻增至二千一百零一人。[1]

在香港早期，影響本港教育的意見，大概來自幾方面：政府教育局、監督學院、天主教方面和基督新教方面。而他們對於本港教育的看法，也頗有不同。就以天主教來說，在最初的一段長時期中，天主教書館都是得不到政府資助的，因為政府方面規定，要全部實施世俗教育的書館，方可獲得政府的資助。而天主教卻認為宗教教育，不應禁止。後來，雖然有一項折衷的提議，准許在課餘的時間教授宗教，基督新教的書館，對於這項建議，已同意接受，而天主教方面，對於實行上和原則上，仍然表示反對，寧願不受政府的輔助，在高主教的領導下，堅持他們自己的立場。[2]

一八七一年，史剑活为了促进本港初级教育的发展，向政府当局推荐将一八七〇年八月一日所提出的《科士达教育法案》（*Forster's Education Act of 1st August 1870*），作适当的修正施行。并提出他的《补助书馆计划》，完全以世俗教育的方式出之，以代替科士达的但凭良知的条款；他主张：要将补助费分配给那些愿意每日连续教授四小时纯粹世俗性科目的书馆。至于每年补助费的发给，则是根据考查每一位学童对世俗科目学习的成绩而定。这建议立即受到一些传教士所反对，其中包括欧德理博士在内。欧德理博士是一位德国籍的传教士，后来在一八七九至一八九七年间，成为本港政府教育部门的首长。还有天主教的高主教，也极力提出反对。

　　那时候，政府书馆所采用的中文课本，事实上是含有孔教及佛教的宗教教义的。这一个有趣的问题，当时曾经引起本港《德臣西报》的注意，说：

　　　　究竟以何种标准可以公平地评定，中文书馆的教学，是属于完全非宗教性的而在世俗意义之内？我们必须注意书馆所采用的中文经典，事实上，全部都不是世俗的，而是孔教的。因此，为了供应适当的世俗性的中文教材，一些适合的教材须得重新加以选择……为了解决这一项困难的问题，一连串的初步工作，以从事中文优良课本的撰写，实属必要……[3]

　　为了缓和这些反对意见，一项并不受罗马天主教欢迎的折衷办法，便制订出来。那就是容许接受政府补助的书馆采用含有宗教性课文的中文课本。一八七三年四月十七日，总督委任了欧德理博士担任课本委员会的主席（Chairman of the School Books Committee）。他便依据爱尔兰国家学校用书协会（The Irish National School Books Society）的出版形式，着手编印一套三册，不同程度的读本。[4]

　　史剑活这一项有历史性的《补助书馆计划》，于一八七三年四月二十四日获得立法局的批准，且暂时为基督新教及罗马天主教会所接受，而付诸实行。

　　在当时，那些接受政府补助的书馆，又称为「辅翼义学」（Grant-In-Aid Schools），[5]以别于完全由政府办理的「国家义学」。

一八七三年《補助書館計劃》獲得採用，是一件非常值得重視的事情。政府所要幫助和視察的範圍，也伸展到教會和其他志願團體的書館中去了。

至於補助的標準和辦法怎樣？請看看下面的規定。

一所書館，在管理上，要成為一所公眾的初級程度的書館，應該以不牟利為目的；學生出席人數不少於二十人；經過監督學院的視察，認為組織和秩序都屬滿意；每日有不少於四小時的世俗教育，便有接受政府補助的資格了。同時，政府應允不干預宗教方面的教學。至於教師的任用，則繫於書館當局，只要資格上為政府所認可，這教師便可獲得政府補助費的四分之一，作為私人應得的薪酬。

當時政府所擬訂的《補助書館計劃》，以下列的五類書館為對象：

1）中文教育的書館

2）中文教育而附有英文科的書館

3）西式教育的中文書館

4）西式教育的任何歐洲語文書館

5）西式教育的任何歐洲語文而附有中文科的書館

在上述的五類書館中，又將各科課程，依照學生程度，分成六級。根據教育部監督學院或政府任命的考試官主持的學年考試成績，每位合格的學童，均可賺取如下的政府獎金：

在第一、二類的書館中，考獲第一級的可得二元，第六級可得八元；

在第三、四、五類書館中，最高可得十元；

在第二及第五類書館中，附有第二種語文的，可另加五毫。

每位得獎學童，其出席上課日數，不得少過二百次。

這項計劃的主要辦法，其根據學童

25. 一八七〇年代書齋中的一位中國學者

考試成績而頒給獎金，乃仿效當時英國的教育條例辦理。不過，史釗活避免了宗教色彩的爭論，而以世俗教育為其主要內容。

當時，中文書館的申請比較困難，因為在中文書館中，課本的應用，並未有根據班級而有所規定。

在這新的補助計劃開始之時，本港所有的宗教團體，差不多都為他們的書館申請補助。一八七三年，羅馬天主教會的救主書院、聖公會的聖士提反書館、倫敦傳道會的灣仔禮拜堂書館（Wan Chai Chapel School）、太平山禮拜堂書倌（Tai Ping Shan Chapel School）、維多利亞男童館（Victoria Boys' School）和白思德唐文女館（Baxter Vernacular Girls' School）都參加了補助計劃。這時，參加的書館一共有六間。一八七四年，白思德書館擴充為三間；同時，又得到巴色傳道會書館（Basel Mission School）的加入，一共便增加到九間。及至一八七六年的年底，天主教會對這計劃仍舊感到不滿，認為世俗主義的意味還很濃厚，於是將救主書院從補助計劃中退出。但當時新加入的，卻有聖保羅書院、聖士提反堂書館（St. Stephen's Church School）和維多利亞女館（Victoria Girls' School）等三間。如此，參加政府補助計劃的書館，便一共有十一間了。[6]

在堅尼地總督（Sir Arthur E. Kennedy, 1805–1883）的任期之內，即一八七二至一八七七年，政府視察下的書館，學童人數普遍增加；由一八七二年的一千四百八十名，增至一八七六年的二千九百二十二名。

關於在書館中教授宗教課程的問題，一直都爭論不休。政府為了表明對宗教教育的政策，便於一八七三年，由史釗活加以澄清：「政府對宗教教育的態度，是完全可以理解的，而且證明非常實際可行。這只是一種努力，盡可能地務使每一種教派，無論是基督教徒或異教徒，都立於同一的基礎之上。」一八七五年一月二十日，港督堅尼地爵士在出席中央書院的一項典禮中，曾公開地重複表明政府的態度，說：「很簡單，宗教教育之所以不在本院施行，是因為本院有不同國籍的學生，倘給予宗教教育的措施，將是不可能的。……因此，如以為政府對宗教教育是採取反對態度的，那便大錯特錯了……學生們應該另行在其他方面，去尋求他們的宗教教育。」[7]

一八七七年，軒尼詩爵士（Sir John Pope Hennessy, 1834–1891）接

任香港總督。他是一位愛爾蘭人，又是一位天主教徒。他為了調停本港書館教授宗教科目的問題，與高主教商討。根據當時「教育條例」（The Educational Code）的規定，在上課時間內，是不許教授宗教科目的。軒尼詩爵士特地向英倫提出修改這項條例，以便政府的資助可以適應其他的書館；只要這些書館，每周規定有足夠的時數，以教授世俗科目便可。這提議立刻為英倫方面所接納。自此以後，禁止在上課時間內教授宗教科目的事情，便告終止。[8]

歐德理博士不愧是一位漢學家，同時又是一位史學家。在他所著述的《香港歷史》中，他曾將高神父與理博士相比；他認為高神父在香港天主教教育中的地位，正如理博士之在基督新教教育中的地位一樣。但是高神父對於理博士所提倡的全部世俗教育制度，則是一位最堅決的反對者。他一貫地領導天主教書館，反對世俗主義的教育，甚至拒絕接受政府所給予的資助。

經過了軒尼詩爵士的排解，在書館中教授宗教科目的問題，總算解決了。茲將軒尼詩爵士所修訂的《一八七七年香港補助書館計劃》（Hong Kong Grant-In-Aid Scheme, 1877），[9] 扼要列舉下來，以供參考：

### 《一八七七年香港補助書館計劃》概要

（一）政府對某一書館發給補助之前，須先滿意下列事項：

1）這書館在管理上，是一間公眾的初級書館。

2）這書館不作私人圖利的經營。

3）校舍的衛生設備良好，光線充足，空氣流通，設備適當；室內有足夠的學童活動地方。

4）教師的能力勝任。

5）平均出席人數，不低於二十。

6）教授世俗科目的時間，每日不會少過四小時。

7）學童點名冊能小心保管，並維持適當的良好紀律。

8）有良好的組織，並依照既定的時間表上課。

（二）政府對下列事情，將不予干預：

1）在書館中教授宗教科目。

２）書館依照規定條例，於每日教授四小時世俗科目之前或之後的時間，均可進行宗教指導。

３）聘請的教師，能力勝任。

４）書館所採用的課本，有足夠的世俗教育內容，與目標相符合。

５）書寫的方式，依照提議以粗圓的筆劃書寫歐西文字。

６）本法例規定的條款，毋須於六個月前在憲報上公佈。

（三）下列各項目，如被監督學院告發時，即減少該館應得的全部補助費百分之五，並依照累積的方法計算：

１）教學方面。

２）容額方面。

３）學童點名冊的保管方面。

４）組織方面。

５）紀律方面。

６）書籍儀器方面。

上述各項，均應善為處理。

（四）獲得補助的書館，須注意：

１）隨時任由政府視察。

２）書館以管理人為代表，管理人與教師不同，負責處理一切與政府來往的信件、簽署領取補助費以及供給政府所需要的各種報告。

（五）有些中文書館，不在歐西人士監督之下，如有必要，管理人當由監督學院擔任。

（六）政府發補助費給各書館，其本身不受任何前述條件所束縛，但將就各個別情況而處理，並視乎該金額對教育目標的作用而定。在任何情形下，倘若拒絕發給補助費時，將說明被拒絕的理由。

（七）政府將保留本身對取消或減少補助費的權力。在各種情形之下，對取消或減少補助費的理由，將予說明。於下一回考試舉行之前，補助費不會無端被取消或顯著地減少。考試由考試官主持，並由兩位輔佐人員助理，其中一位由政府選任，另一位則由書館管理人指定。

（八）書館補助費的四分之一，將直接交予教師，作為其個人的薪酬。

（九）書館管理人，每年須將其餘四分之三的書館補助費支銷情形，開列詳細賬目，附以適當單據，呈報政府。

（十）那些推行世俗教育有顯著成績的書館，將獲准發給補助費。

（十一）此項成績，將由監督學院或政府所任命的考試官，從書館的學年考試成績中去評定。

（十二）考試官如非公務人員，對其所做工作，將給予報酬。

（十三）適合獲得補助的書館：

第一類　中文教育的書館；

第二類　中文教育而附有英文科的書館；

第三類　西式教育的中文書館；

第四類　西式教育的任何歐洲語文書館；

第五類　西式教育的任何歐洲語文而附有中文科的書館。

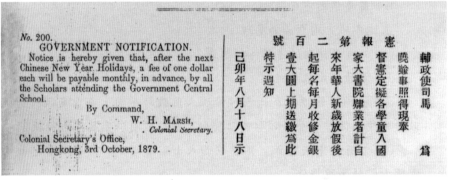

No. 200.
GOVERNMENT NOTIFICATION.
Notice is hereby given that, after the next Chinese New Year Holidays, a fee of one dollar each will be payable monthly, in advance, by all the Scholars attending the Government Central School.

By Command,
W. H. MARSH,
Colonial Secretary.

Colonial Secretary's Office,
Hongkong, 3rd October, 1879.

憲報第二百號

輔政使司馬　僉

曉諭事照得現奉

督憲定擬各學童入國家大書院肄業者計自來年華人新歲放假後起每名每月收修金銀壹大圓上期送繳爲此特示遇知

己卯年八月十八日示

26. 一八七九年十月三日《憲報》第 200 號公佈：國家大書院（中央書院）由一八八〇年農曆新年假期後每月收修金銀壹大圓

## 學年考試獎賞辦法

上述的補助書館計劃條例，經修訂後，由一八七九年一月一日起開始施行。同時，為了誘導學童在教育方面，達到較高水平，乃進一步將學童學年考試獎賞額予以提高。規定第一、二類書館增加五元至十元，第三類增加六元至十二元，第四類增加六元至十六元，第五類增加六元至十六元五毫；並且還准許學童修習更多的世俗科目，以便得到更多獎金。新計劃

的實施，頗能激發本港教育事業的發展，教會方面也和政府一樣，致力於教育的擴展工作。

一八七九年一月二十九日，署理監督學院歐德理於呈給輔政司的報告中，曾將一八七六至一八七八年的三年內，實施補助計劃的各項數字，開列如下：

| 年份 | 補助書館數目 | 學童人數 | 及格百分率 | 支出獎金 |
|------|------------|---------|-----------|---------|
| 1876 | 12 | 390 | 77 | $1,707.00 |
| 1877 | 14 | 459 | 86 | $3,752.90 |
| 1878 | 17 | 557 | 95 | $4,811.53 |

從上列的數字中，我們可以很清楚地看到，史劍活所推行的補助書館計劃，在過去的三年中，無論是補助書館（輔翼義學）的數目、學童人數、及格百分率、獎賞金額等各方面，都有顯著的增加和進步。這表明，這項補助計劃，對香港教育的發展，是有其積極的鼓勵性的。

茲以一八七八年輔翼義學參加學年甄別獎賞考試為例，將其考試結果及獎賞辦法，摘錄下來，以資參考。〔10〕

27. 一八七八年輔翼義學考試獎賞詳情在《憲報》公佈

（一）考試成績

| 書館名稱 | 書館類別 | 應考學童人數 | 應考學童人數 | 及格人數 | | | | | | 不及格人數 | 平均每日出席人數 |
|---|---|---|---|---|---|---|---|---|---|---|---|
| | | | | 第一級 | 第二級 | 第三級 | 第四級 | 第五級 | 第六級 | | |
| 1. 德記拉街白思德女館 | 一 | 13 | 3 | 5 | | | 1 | 4 | 13 | | 22.50 |
| 2. 西營盤白思德女館 | 一 | 25 | 8 | 9 | 4 | 3 | | 1 | 25 | | 27.83 |
| 3. 太平山白思德女館 | 一 | 31 | 13 | 7 | 7 | 2 | 1 | | 30 | 1 | 34.30 |
| 4. 倫敦傳教會水池街男館 | 一 | 51 | 10 | 12 | 10 | 11 | 3 | 4 | 49 | 2 | 62.23 |
| 5. 倫敦傳教會灣仔男館 | 一 | 40 | 8 | 14 | 10 | 3 | 2 | | 37 | 3 | 44.50 |
| 6. 倫敦傳教會士丹頓街白思德女館 | 一 | 48 | 13 | 14 | 11 | 2 | | 2 | 42 | 6 | 51.44 |
| 7. 倫敦傳教會太平山女館 | 一 | 18 | 11 | 3 | 2 | 2 | | | 18 | | 18.43 |
| 8. 倫敦傳教會灣仔女館 | 一 | 14 | 6 | 5 | 1 | 2 | | | 14 | | 20.38 |
| 9. 倫敦傳教會油蔴地男館 | 一 | 11 | 9 | 2 | | | | | 11 | | 19.68 |
| 10. 聖士提反西營盤男館 | 一 | 38 | 12 | 6 | 11 | 8 | | | 37 | 1 | 52.79 |
| 11. 聖士提反太平山男館 | 一 | 99 | 33 | 26 | 22 | 5 | 5 | 5 | 96 | 3 | 120.88 |
| 12. 巴色傳教會男館 | 三 | 31 | 19 | 10 | | | 5 | | 29 | 2 | 42.36 |
| 13. 巴色傳教會女館 | 三 | 44 | 13 | 11 | 7 | 4 | 9 | | 44 | | 45.38 |
| 14. 巴色傳教會筲箕灣男女館 | 三 | 13 | 2 | 9 | | | | | 11 | 2 | 22.38 |
| 15. 日字樓孤子館 | 四 | 20 | 2 | 5 | 5 | 6 | 1 | | 19 | 1 | 29.81 |
| 16. 聖保羅書院 | 四 | 36 | 13 | 7 | 5 | 6 | 4 | | 35 | 1 | 49.50 |
| 17. 威克多理阿書館 | 四 | 25 | 3 | 5 | 3 | 7 | 4 | 2 | 24 | 1 | 36.14 |

（二）獎賞金額

| 書館名稱 | 各級考取獎金 | | | | | | 針黹科獎金 | | | 平均每日出席人數獎 | 獎賞總額 | 補助費分配 | |
| --- | --- | --- | --- | --- | --- | --- | --- | --- | --- | --- | --- | --- | --- |
| | 第一級 | 第二級 | 第三級 | 第四級 | 第五級 | 第六級 | 高級 | 中級 | 初級 | | | 教師（佔¼） | 書館（佔¾） |
| | $ | $ | $ | $ | $ | $ | $ | $ | $ | $ | $ | $ | $ |
| 1. 德記拉街白思德女館 | 15 | 30 | | | 9 | 40 | 24 | 1.5 | | 22.50 | 142.00 | 35.50 | 106.50 |
| 2. 西營盤白思德女館 | 40 | 54 | 28 | 24 | | 10 | 36 | 10.5 | | 27.83 | 230.33 | 57.58 | 172.75 |
| 3. 太平山白思德女館 | 65 | 42 | 49 | 16 | 9 | | 32 | 18.0 | 2 | 34.30 | 267.30 | 66.82 | 200.48 |
| 4. 倫敦傳教會水池街男館 | 50 | 72 | 70 | 88 | 27 | 40 | | | | 62.23 | 409.23 | 102.25 | 306.98 |
| 5. 倫敦傳教會灣仔男館 | 40 | 82 | 70 | 24 | 18 | | | | | 44.50 | 280.50 | 70.12 | 210.38 |
| 6. 倫敦傳教會士丹頓街白思德女館 | 65 | 84 | 77 | 16 | | 20 | 74 | 12.0 | 3 | 51.44 | 402.44 | 100.61 | 301.83 |
| 7. 倫敦傳教會太平山女館 | 55 | 18 | 14 | 16 | | | 36 | | | 18.43 | 157.43 | 39.35 | 118.08 |
| 8. 倫敦傳教會灣仔女館 | 30 | 30 | 7 | 16 | | | 26 | | | 20.38 | 129.38 | 32.34 | 97.04 |
| 9. 倫敦傳教會油廠地男館 | 45 | 12 | | | | | | | | 19.68 | 76.68 | 19.17 | 57.51 |
| 10. 聖士提反西營盤男館 | 60 | 36 | 77 | 64 | | | | | | 52.79 | 289.79 | 72.44 | 217.35 |
| 11. 聖士提反太平山男館 | 165 | 156 | 154 | 40 | 45 | 50 | | | | 120.88 | 730.88 | 182.72 | 548.16 |
| 12. 巴色傳教會男館 | 114 | 70 | | | | | | | | 42.36 | 226.36 | 56.59 | 169.77 |
| 13. 巴色傳教會女館 | 78 | 77 | 56 | 36 | 90 | | 46 | 25.5 | 5 | 45.38 | 458.88 | 114.72 | 344.16 |
| 14. 巴色傳教會筲箕灣男女館 | 12 | 63 | | | | | | | | 22.38 | 97.38 | 24.34 | 73.04 |
| 15. 日字樓孤子館 | 12 | 40 | 50 | 72 | 14 | | 14 | | | 29.81 | 231.81 | 57.95 | 173.86 |
| 16. 聖保羅書院 | 78 | 56 | 50 | 72 | 56 | | | | | 49.50 | 361.50 | 90.37 | 270.13 |
| 17. 威克多理阿書館 | 18 | 40 | 30 | 84 | 56 | 32 | 18 | 4.5 | 1 | 36.14 | 319.64 | 79.91 | 239.73 |

合計　4,811.53

28.《香港轅門報》自一八七九年一月開始，英文、華文並刊，以利華人閱讀；但刊行了三十年後，由一九一〇年一月起，便不復刊華文了

　　由於補助書館計劃的推行，當時，由政府負責管理的書館，便分為皇家書館或稱為國家義學（Government Schools）與補助書館或稱輔翼義學兩種。

　　對於皇家書館方面，政府為了鼓勵學童的勤奮向學，和教師的認真教導，也施行這種學年考試獎賞的辦法。同時，這也是一種「稽查教師職守」的方法。一八八一年正月，中央書院舉行「額外甄別」考試時，軒尼詩總督在其督憲批語中，就曾明確地説出：「按大書院每年歲暮甄別獎賞，該事本亦稽查教師職守若何。」

　　一八八一年一月十一日，總督軒尼詩爵士，請署理輔政司史劍活（當時史劍活博士已轉任署理輔政司）提舉考試官員名單，以司理國家大書院（中央書院）歲暮甄別獎賞事宜。史氏當即提名參贊官歐德理、副按察司士挪頓（Mr. Justice Snowden）、牧師湛約翰、牧師黎力基及當時在湛牧師家中作客的一位印度著名教育家滅遮牧師（Rev. Dr. Murray Mitchell）。軒尼詩總督對史劍活的提議，除照准外，復以該書院學生之中，華童居多，兼以甄別題目，漢文亦屬一藝，乃提議邀請紳士伍敍（伍廷芳）及王韜二人，也加入為考試官。並指明甄別的方法，要遵守補助書館計劃中的規定；而中央書院是歸入「西式教育的任何歐洲語文而附有中文科的書館」

一類處理。

　　一月十八日，考試局成立，以督學歐德理為主席。副按察司士挪頓因病不能參加，乃由士蔑律師（P. R. Smith）補入。經會議決定後，歐德理即與中央書院（當時亦稱大書院）當局商妥，首先甄別英文，繼而漢文及其他科目。這項工作，由一月十八日起，直至二十五日方才完成。〔11〕

　　從上面的安排，我們知道政府對於在書館中推行獎賞計劃一事，非常認真辦理，故效果特佳。

## 教育行政與掌院職務分立

　　自從軒尼詩爵士接任港督以後，他本身又是一位天主教徒，他的教育政策往往與史釗活的主張背道而馳。一八七七年，軒尼詩請求宗教團體提供有關「補助書館計劃」的批評和意見。結果，於一八七九年重新修改補助條例之時，便將「世俗」（secular）二字剔去，而將之改為「教授合乎水準的科目」（instruction in the subjects of the standards）等字去代替。

　　一八七七年，市面上出現了一本以《中央書院可曾履行其本身應負的使命嗎？》（*Does the Central School fulfil its raison d'etre?*）為題的小冊子，

29. 一八七八年擔任政府教育首長的歐德理博士（Dr. E. J. Eitel, 1838 - 1908）

指名攻擊中央書院，而對政府當局一般教育制度，亦普遍攻訐。當時有人相信，這小冊子是表達軒尼詩爵士的見解的。在這情形之下，使史釗活覺得軒尼詩對他，很多時都表現出一種敵對的姿態。

　　在那時，又由於新的補助書館，在管理上，工作繁忙，責任重大；而對於中央書院掌院的職務，又須兼顧，這使史釗活的工作吃重萬分。為著適應當前的發展，行政上的變革，似屬必要。史釗活乃提出要求免除監督學院的職務。結果，便將中央書院

掌院及政府監督學院的兩個職務分開。

一八七八年三月七日，歐德理博士被任命為學院監督（Inspector of Schools），亦即教育部的首長（Head of the Education Department）。[12]

歐德理為德國籍傳教士，生於一八三八年，畢業於圖本根大學（Tubingen University）。一八六二年來港，服務於巴色會，赴寶安傳教，與客籍人士相處，熟習客語，後歸倫敦會，在香港服務。一八七一年，出版了《中國佛學研究者手冊》（Handbook for the Student of Chinese Buddhism），深獲其母校讚許，特授予名譽哲學博士學位。他對廣東語言及中國學術，研究極深，是一位著名的漢學家，著作頗為豐富。[13]歐氏的職位雖為教育部首長兼監督學院，但其職權並不包括中央書院在內。中央書院成了一個獨立的部門。

史劍活離港回英度假，至一八七九年然後回到香港，擔任署理輔政司職務。史劍活博士服務香港教育達十八年之久，他對本港教育的忠誠服務與卓越建樹，特別是在中央書院方面的創建與經營，至為後人所欽敬！一八八九年十月，他於擔任輔政司公職任內逝世。[14]

史劍活博士調任後所遺中央書院掌院的職務，於一八八一年十一月，在理雅各博士的推薦下，由黎璧臣（Mr. George Henry Bateson Wright, M. A., 1853–1935）擔任。他是英國牛津大學的文科碩士，又是一位研究亞述與希伯來的學者。他於一八八二年一月二十二日到達本港。履任後不久，即顯示出他是一位具有大無畏精神與組織天才的人。

歐德理博士擔任教育部首長後，即採取自由發展的教育政策；他熱心工作，卻未有兼顧到教育的全面進展。

## 補助書館與政府書館的發展概況

自一八七九年，補助條例的再度修正，及監督學院與中央書院掌院職位的分立以後，教育上顯然有頗大的進展。一八七八年，有三十間政府書館，學生人數二千一百零一人；十七間補助書館，學生一千零二十一人。到了一八八二年，即軒尼詩總督離任的一年，有政府書館三十九間，學生二千一百一十四人；補助書館四十一間，學生三千零八十六人。在此八十

所政府視察下的書館中，發覺至少有六十四所是只教授中文的，雖然其中一部分補助書館有基督教課程，但亦以教授中文為主；有兩所女子書館，是進行西式教育的中文書館；兩所以葡萄牙語教授的西式書館；六所純英文書館；八所中、英文並重的書館。歐德理的報導說，政府書館的程度已遠比補助書館為低。顯然，軒尼詩對宗教團體所採取的同情態度，因而導致教育在這方面的重大發展。[15]

30. 一八九四年在香港出版的《香港雜記》

根據一八九四年（光緒二十年歲次甲午）南海陳鏸勳（曉雲）著《香港雜記》所記載，其中第十一章述及當時香港一般華、英書塾的狀況甚詳。而最可寶貴的，還是書內所列舉的一些由一八八七至一八九一年，政府書館（皇家書館）與政府補助書館（當時也稱為以獎賞為幫助書館）逐年發展的數字。[16] 從這些數字中，我們可以清楚地見到這兩種書館的發展情形。茲為易於閱讀起見，特將各種數字整理，表列如下：

| （一）政府書館及政府補助書館的數目 |
|---|
| 1889 年 —— 99 間 |
| 1890 年 —— 112 間 |
| 1891 年 —— 117 間 |

| （二）政府書館及政府補助書館的學生人數 | | | |
|---|---|---|---|
| 年份 | 政府書館 | 補助書館 | 合計 |
| 1887 | 1,814 人 | 4,160 人 | 5,974 人 |
| 1888 | 1,933 人 | 4,325 人 | 6,258 人 |

| 1889 | 2,293 人 | 4,814 人 | 7,107 人 |
| 1890 | 2,514 人 | 4,656 人 | 7,170 人 |
| 1891 | 2,540 人 | 5,132 人 | 7,672 人 |

| （三）用於政府書館的教育經費 | |
| --- | --- |
| 1887 年 | 43,070.90 元 |
| 1888 年 | 45,518.93 元 |
| 1889 年 | 44,321.98 元 |
| 1890 年 | 56,081.75 元 |
| 1891 年 | 60,359.10 元 |

在威廉・羅便臣總督期間，防衛經費及工務支出浩大，又適逢時疫流行，教育工作方面，幾陷於停頓。一八九二年十一月，羅便臣在立法局強調，政府的目標在於發展補助書館，將一部分教育重任放到團體的肩上。歐德理也說，發展補助書館，對政府有利，因補助書館的教師，工作效率高。於是於一八九三年，再將補助條例修改。修改後，有兩類書館被捨棄，只餘有下列三類：

1）中文書館

2）西式教育的中文書館

3）以西方語文傳授西方教育的書館

一八九八年，政府管轄下的書館，共有一百一十五間，其中一百間為補助書館，有學生五千八百八十二人；十五間政府書館，有學生一千四百四十五人，而其中又有五百三十九人是屬於庇理羅士（Belilios）女校的。[17]

綜觀政府對資助或補助書館政策的實施，自一八六三年以來，我們可以看出它的變遷可分為若干個不同時期；而往往又因為負責官員的變換而致政策上有所不同，同時，將補助條例，屢經修改，以適應各個時期政策上不同的需要。大致來說，對補助書館計劃的施行，史劍活的努力最多，建樹也最大。

一八九四年，補助條例經修改後，政府準備對補助書館進一步予以校

舍建築費用的補助。這樣可以從基本上去改善學舍的環境和設備。

　　一九〇三年，補助條例的再度修改，已是基本原則的修正了。以前，書館補助費的發給，是根據學年考試的學童成績而以獎賞的方式出之；今後，則是以政府對該書館的視察和督學的視察報告，作為依據。

　　為了使讀者更清楚地看到補助書館（輔翼義學）與政府書館（皇家書館）在這階段內的發展情形，特將各年的發展數字，條列一起，以便參證。

## 補助書館與政府書館發展比較表

| 年份 | 補助書館 | | 政府書館 | |
|---|---|---|---|---|
| | 書館數目 | 學童人數 | 書館數目 | 學童人數 |
| 1872 | | | 30 | 1,480 |
| 1873 | 6 | | | |
| 1874 | 9 | | | |
| 1875 | 9 | | | |
| 1876 | 12 | 390 | | 1,118 |
| 1877 | 14 | 459 | | |
| 1878 | 17 | 557 | 30 | 2,101 |
| 1882 | 41 | 3,086 | 39 | 2,114 |
| 1883 | 48 | 3,517 | 39 | 2,080 |
| 1887 | | 4,160 | | 1,814 |
| 1888 | | 4,325 | | 1,333 |
| 1889 | 99 | 4,814 | | 2,293 |
| 1890 | 112 | 4,656 | 36 | 2,514 |
| 1891 | 117 | 5,132 | | 2,540 |
| 1898 | 100 | 5,882 | 15 | 1,445 |

　　上述的數字，是從一些零星的資料中，湊集起來的，也不很齊全；不過，從總的方面來看，可使我們明確的看得出來，由一八七三至一九〇〇年這一段時期內，補助書館的發展是相當迅速的。反觀政府書館方面的增

長，則瞠乎其後。尤其在一八七八年歐德理繼史釗活為教育首長後，由於補助條例的不斷放寬，更加速了補助書館的蓬勃發展。

歐德理博士於一八七八年繼史釗活為教育首長後，他一方面採取自由發展的政策，一方面又極力放寬補助條例，偏重補助書館的發展，忽視對政府書館的培植，特別是鄉村中小型規模的書塾。一八九三年，他甚至把政府在各區所設立的廉費書塾停辦，而代之以新受政府補助的書館。顯然地，此舉對中文書館的傷害極大。一八九二年，政府的中文書館還有二十八間，可是到了一八九九年，便只剩下七間了。有關補助書館的擴展和政府書館的縮減情形，請參閱本章第三節〈補助學校計劃的施行與教育的發展〉，及其後面的附表，當更為清楚。

無可否認，歐氏修改補助條例，遷就教會書館，結束了長期以來，世俗教育與宗教教育的對立，使本港教育團體，帶來較大的一致與和諧；承認政府書館以外，其他書館的價值和貢獻，從而增強了教育的推動力。無疑這是促進本港教育發展的一種開明的做法。不過，歐氏當時對於一般中文書館的忽視，以及關閉若干政府中文書館，去讓補助書館得到更大的發展，這一點，是一個很大的錯誤，這使他在本港教育的貢獻方面，打了一個很大的折扣。

史釗活在推動香港教育向前發展的途程中，提出了這個實際而有效的好辦法來：政府用補助各書館的辦法，以推動本地教育的發展。這種精神，一直維持下來，直至今日，仍是推動和構成香港教育事業的一條重要的支柱。

## 附注

〔1〕參閱 *A History of Hong Kong*, pp.229-230。

〔2〕參閱 *The Story of a Hundred Years*, Chapter 8。

〔3〕見 *The Education of Overseas Chinese: A Comparative Study of Hong Kong, Singapore and the East Indies*, pp.115-116。

〔4〕參閱 *Europe in China*, p.511。

〔5〕見 *The Hong Kong Government Gazette*, 5th March, 1879。

〔6〕同〔1〕，pp.232-233。

〔7〕見 *The Education of Overseas Chinese*, p.117。

〔8〕參閱 *The Story of a Hundred Years*, Chapter 8。

〔9〕同上注，Appendix 1。

〔10〕見 *The Hong Kong Government Gazette*, 5th March, 1879。

〔11〕參閱 *The Hong Kong Government Gazette*, 5th Feb., 1881。

〔12〕參閱 *Europe in China*, pp.561-562。

〔13〕參閱羅香林著：《香港與中西文化之交流》第二章。

〔14〕參閱 *The Yellow Dragon*, Vol. XXXIX, No. 1, Summer, 1938。

〔15〕同〔1〕，p.236。

〔16〕見陳鏸勳著：《香港雜記》。這書於一八九四年在香港出版，由中華印務總局承印，甚富歷史價值。筆者所參閱的，是本港《華僑日報》編輯吳灞陵先生的藏本。

〔17〕參閱 *A History of Hong Kong*, pp.241-242。

## 從中央書院的發展看中文教育的興廢

在中央書院開辦以前，香港的書館，除了特別為西方兒童而開設的以外，差不多都是以中文為主，只有極少數在適當情形之下，加授一點英文罷了。一八六二年，中央書院創辦以後，這是本港唯一的「大書院」。大家都知道，如果想學英文，便到這「大書院」去讀書。須知，當時的中央書院，也是中、英文兼授的。

其實，那時候的中央書院，除了規模較大，和兼授英文以外，比較其他的中文學塾，也沒有太多了不起的地方。一九三三年一月二十日，何東爵士在皇仁書院的畢業禮演詞中，追述當年求學時期的生活時說：

> 六十年前（按：指一八七〇年左右），皇仁書院原名為中央書院，位於今日庇理羅士女子中學的地點（按：這地點現為東華三院黃鳳翎中學所在）。我在那裏接受教育。當時的校長是史釗活博士，他後來成為本港的輔政司。我們上學的時間，夏季由上午六時至下午四時；冬季由上午六時半至下午四時，包括有早餐和午膳的時間在內，另外在上午十一時正，有十分鐘的小息。
>
> 為了準時上學，我經常在早上四時半便起床了。我記得有些印度籍的朋友，他們慣常住在港島的東區，須步行回校。因為在那時候，甚至沒有人力車，更談不到電車或汽車了，獨有的交通工具便是山兜（肩輿），然而，價錢方面，則非普通書館學童所敢問津的。我們的學費，每月由五毫至一元。沒有體育室，非但沒有運動會的組織，連一般的體育練習，也從未受到鼓勵。沒有衛生科目，全部在校的時間，都是專心學習英文和中文。[1]

中央書院的最初目標，原為招收中國學童而設，故此，教學方面採取中、英文並重的方針，是很合理的。可是到了一八六六年，進入麥當奴總督的時代，他即主張將中央書院開放，收容各國男童。一八七六年堅尼地總督也說：「我所眼見的，唯一感到遺憾的事實，便是這間書館被歐籍人

士所捨棄。在這情形下，因而見到一種奇特的反常現象，那就是：中國人在這裏所受到的教育，比諸歐籍人所受到的更佳。」[2]如果要收容其他國籍的學童，自然英語的分量便要加重。在這情形下，幸而史釗活極力對抗任何壓力，他主張中央書院的課程，一定要有四小時英文和四小時中文的學習。[3]

初時，香港社會，因為商業日趨發達，識英文的人很少，而政府部門也極需中、英文互通的人才。是以略具英文知識的人士，即已非常吃香，往往以高待遇及優厚條件，被人爭相聘用。故早期中央書院的學生，甚少能讀至高班畢業的，就是這個道理。中央書院的學生，有很多受聘到中國海關去服務，因為那裏也是一個需要英文的地方。

中央書院的學生，是時代的寵兒；至於在那裏教書的老師，也不能例外。一八九九年，英文教師趙鶴林與陸禮初，都是在該校畢業而升任教師的。一位在校執教已三十寒暑，一位已歷十有八秋了，一向誨人不倦，循循善誘。但可惜「客歲，本港之富商巨賈，厚幣來聘」，乃欣然捨棄粉筆生涯，從商去了。雖然，他們此舉也有其遠大志向，「素稔商務為富國之本，國富即自強之基」，[4]然而說穿了，還不是受不住外界優厚待遇所引誘嗎？

由於通曉英文的人，特別被人重視，乃開始形成一種特殊階級的傾向；對自己的同胞和固有文化漠不關心，自以為高人一等，常常做出許多狂妄的事情來。史釗活於一八六七年發表的報告中，對中國學生曾作過如下的評論：

> 很遺憾的，最近有一位人士告訴我說：那些沒有兒子在中央書院就讀的中國人，對該校存有極大的不滿。他們認為那些學生，只會裝腔作勢，自以為高人一等，設立會所而不容許不懂英語的學生加入；那裏各種狂妄的事情都有發生。他們並未有如我們所期望的，將光陰和精力作正當運用，以光校譽。[5]

一八七七年十二月，本港社會上有一本匿名的英文小冊子，《中央書院可曾履行其本身應負的使命嗎？》，曾指名攻擊中央書院，無情地指摘該校教育所引致的惡果。在批評該校所教導出來的學生時，說：

他們不但完全失去了對父母的尊敬，而且自以為比父母優越。他們學懂了藐視中國聖賢和中國傳統的生活。他們的行為，簡直是中國青年的愚行加上歐人邪惡觀念的一種表現。

它認為政府應當努力促進初級教育的發展，至於較高級的教育工作，則讓社會人士在自願的基礎上，去自由發展好了。書內指出：

如果有需要的話，中國人士將會為他們的子侄而支付英語教育的經費。目前，他們所要求的，則是多設立預備班和初級程度的書館。政府又何必著意去為那些自己有能力而又樂意負擔教育經費的人去破費公帑，而任由一萬二千名失學的兒童沒有接受教育的機會呢？

跟著，它繼續攻擊政府的教育制度和對中文教育的政策，説：

除了中央書院以外，就教育制度而言，中文教育方面，是如此的完全不受重視，似乎它是一件對任何人都無關痛癢的事。

一八七八年二月，軒尼詩總督任命了一個委員會，從事研究本港施行英語教學的可能性。委員會亦支持總督的觀點，認為政府目前最主要的目標與努力，是要極力推行英語教學。為了政治上與商業上的關係，要使英語的學習，在所有的政府書館中，成為最主要的課程。在中央書院原定的四小時英文，與四小時中文的教學時間，改為五小時英文與兩小時半中文的教學，而且中文科被定為可以自由選讀，並非必修科目。為著使中文科在書館方面，能保持一定的水平，乃把學童入學的中文程度，相應提高。委員會對於上述的修改，雖有不同的意見，但結果，還是力主在所有政府書館中，加強英語科的教授。

當時，輔政司嘗批評這種決議，過於偏激。他說：「政府仍應適當地注意，不可忽略其他關於中文教育方面的重要問題。」

一八八〇年八月二十七日，軒尼詩總督又任命了另一個教育委員會，包括華人代表伍敍（廷芳）在內，從事設立一些初級教育新書館的調查，及將中央書院提升為高等學院的可能性。結果，委員會認為設立高等學院，不合經濟原則；對於發展基本教育及書院，則極感需要。

〈報告書〉於一八八二年九月發表，在結論的第七項，特別提及中文教育的重要性，及其處理的方法，說：

> 為使學生獲得更多時間，及更有效地在中央書院學習英文，學生們必須注意，於入學初期即先行學習中文的重要性。為此，書院內便要分成高級班和低級班兩個部分。學生在低級班時，中、英文必須並重，即中、英文兩科授課時間應相等。從低級班升入高級班時，必須經過一次嚴格的考試。一個中國籍學生，除非被認為已有足夠的中文學識，否則，便沒有資格升入高級班就讀。學生有了足夠的中文學識，對高級班的翻譯課程，才不至因中文程度的不足而受到影響。因為在高級班時，已不再教授普通程度的中文了。

對於上述在低級班中注重中文學習的問題，當時的華人代表伍敍，表示不同意。一八八二年九月十八日，他發表了一篇個人的意見書。他認為：「英文及中文是如此不同的兩種語文，而要求學生們在同一時期內學習它們，的確是一件非常辛苦而吃力的事情。……為避免時間上的浪費，我主張在中央書院的學生，只准專修英文。而每一位中國籍的學生，於進入本書院之前，必須已具有足夠的中國語文知識。」[6]

現在，我們檢討伍敍的意見。他以為學生在低級班中不能同時學習兩種語文；在低級班中學習中文，是時間上的一種浪費；中國籍學生於進入書院前，應已具有足夠的中國語文知識。其實，學生在低級班中同時學習兩種語文，現在已是一件很普通的事情，非但證明可以這樣做，而且還表現出有很好的效果。世界各地，同時學習兩種語文的學生至為普遍，也非獨香港為然，他們都不覺有太大的困難；何況當時就讀於中央書院的低級班學生，他們大多數都是超齡的，年紀較大，而領悟力也較強。因此，學生於同一時期內學習兩種不同的語文，根本不是一個大問題。關於在低級班中學習中、英兩種語文，因而使學生不能專心於英文的學習，便認為是時間上的一種浪費。這使人不解之至。我以為，身為中國人，表面上學得幾句外國語，既未通外國事物，便又不去了解本國文化；別人的優點學不到，本身民族的優良傳統又失掉，那才是一種大損失，才是時間上和生命上的一種浪費哩！中、英兩種語文，在這殖民地的香港社會中，同等重

要，一起學習並進，並沒有甚麼不好的地方。至於主張要中國籍的學生，於進入書院之前，便應具有足夠的中國語文知識這一點，則未免要求過高。因為學童於進入低級班前，學習的時間還不多，在接受短短三數年的塾館教育之中，根本不可能學得足夠的中文知識。我們知道，豐富的中文知識，是靠長時期的不斷學習中得來。因此，伍氏的見解，在當時，非但不為中國人士所接受，連外籍人士，也不予支持。

在堅尼地總督時代，為了使中央書院得以擴充發展，乃另覓地方，以便興建新校舍。結果選擇了荷李活道、鴨巴甸街、士丹頓街和城隍街之間的地方。一八八四年四月二十六日，由寶雲總督（Sir George Bowen, 1821–1899）奠基興建。同時，寶雲總督認為新書院應改名為皇后書院（Victoria College），表示較其他書館更為高級。而在那時候的英國，也正是維多利亞女皇（Queen Victoria, 1837–1901）的統治時代。新校舍耗資二十五萬元，經過五年的時間，至一八八九年方才落成。課室寬敞，有一座可容千人的大禮堂，真是一所美輪美奐、外觀堂皇的大書院。[7]

一八八九年七月九日，中央書院原有學生五百一十人；搬進皇后書院新校舍後，七月十五日，有學生七百一十六人；至同年九月，即有七百九十六人。茲將當年該校人數列下，我們當可更清楚地了解新舊書院交替時的發展情形。[8]

|  | 中央書院時期 | | 皇后書院時期 | 皇仁書院時期 |
|---|---|---|---|---|
|  | 1882 年 | 1889 年 | 1889 年 | 1905 年 |
| 高級班 | 108 人 | 200 人 | 181 人 | 350 人 |
| 低級班 | 197 人 | 141 人 | 390 人 | 574 人 |
| 預備班 | 133 人 | 169 人 | 225 人 | 215 人 |
| 合　計 | 438 人 | 510 人 | 796 人 | 1,139 人 |

根據一八九四年出版的《香港雜記》，裏面有關皇后書院的記載，說：

英廷不惜巨帑養育人才，無分畛域，原為華民而設計，通港以皇后書院為最。教習華、英文字，生徒約有千餘，大半多屬華人。英文

功課分為八班，每班又分為三等。第一班束脩每月三員，第二、三班束脩每月二員，第四班至第八班束脩每月一員。唐文亦分八班。院中所有費項，俱屬皇家支結，院地建在荷李活道上，一千八百八十九年七月十號進院，其始名中環大書院，今改名為皇后大書院。[9]

在皇后書院期間，中文教育仍有其重要的地位。

到了一八九四年一月三十一日，這書院又再改名為皇仁書院（Queen's College），而沿用至今。據云，當時改名的原因，是為了當年本港有幾間書館，都同時用英文「Victoria」（維多利亞）這個字為校名。

從上述皇仁書院的發展看來，英文教育，由於適應香港這個華洋雜處、中西文化交流的社會，發展得非常迅速；相對之下，中文教育所面臨的處境，便顯得更為呆滯不前了。

很奇怪，每一位領導人物或教育家，在他們的言論上或報告中，無不湊上一句類似的話說：「我們不能忽視中文教育的重要性，本港的初級教育，應以中文為主。」然而，在著手去真正推進教育的時候，大家便把注意力完全集中在英文的發展方面了。我們翻閱過去的歷史紀錄，差不多每一位港督都說過，要大力發展英文教育的主張。這種力量，年復一年的推動下來，到了一八九五年，皇仁書院富有悠久歷史的中文部，便告取消了，只留下一個可有可無的中文科，任人隨意選讀。這情形一直延至一九〇四年，才有所改變。

## 庇理羅士女書塾的開辦

當時，一般女子要接受教育，都進入由女子教授的教會書館讀書，而政府方面似乎還未有純女校開設。一八八八年，歐德理博士提出建立一所像中央書院一樣的書館，給女子就讀。他首先租賃校舍開辦，於一八九〇年三月一日開課，有學生三十四名；至十二月底，增至四十五名。照當時的情形來看，的確很需要有一座新校舍應用。一八八九年，本地猶太裔富商、立法局議員庇理羅士，願意捐出二萬五千元，以建築一座用他本人的名字命名的校舍。經過一番考慮及討論以後，政府終於接納他的捐獻，建立一所校舍，定名為庇理羅士女書塾（Belilios School），校址就在荷李活

道舊中央書院的地方，於一八九三年落成，收容各國女童就讀，組織上分為中、英文兩部。

據當時《香港雜記》的記載説：

> 庇利剌士（按：即庇理羅士的別譯）女書塾建在荷李活道，即舊大書院之所。地為皇家地，而創建之費，皆出自庇利剌士，經營既畢，送出皇家，於一千八百九十三年十二月十八號進館。館內英書分為六班，女掌教二位，女幫教二位；唐書先生三位，其二是男，其一是女，並有中西針黹教習。女生徒約三百五十餘人，脩金每月半員，書籍之項，由皇家供給。[10]

這所女書館的發展很快，至一八九八年底，已有學生五百三十九人，其中三百零六人為中國籍女童。

庇理羅士女書館的開辦，在那時候來説，規模頗大，收容女生也多，是香港婦女教育的一所劃時代的學校，也可説是這一時期內，香港教育的一項大進步。

## 華人團體興辦中文義學

上面我們所談及的，都是有關政府書館中，英文教育的日益發展與中文教育的逐漸萎縮的情形。

政府所設立的中文書館，既已漸漸不為當局所重視，至於當時普遍盛行的中文私塾，更是得不到政府的注意和理會，只任由其自生自滅地繼續下去。

一八八三年，註冊總署署長正由史劍活擔任，他利用分區視察人員的幫助，以調查港島上的書館狀況，得到如下的數字：[11]

| | | |
|---|---|---|
| 政府及政府資助書館 | 39 間 | 學生 2,080 人 |
| 補助書館（各教會辦理的） | 48 間 | 學生 3,517 人 |
| 私人學塾 | 103 間 | 學生 1,161 人 |

這一百零三間私人學塾，當然絕大多數為中文書館了。試看，一百零

三間書館才只一千一百六十一人，平均每間書館只有十一人，自然都是一些簡陋異常的私塾了。歐德理也表示，大多數書館，除校舍簡陋外，地方淺窄，學童都擠在一起上課。同時，還有三分之二的適齡兒童未有入學的機會。由於這一個報告，於是引起一種要求，請求政府實施強迫教育制度。但在當時來説，那只是一種呼籲而已，在各種條件未有具備的情況下，兼且政府方面也無意推行，那是不可能實現的。

由軒尼詩總督時代開始，政府為了促進英文教育的發展，中文教育在政府書館中，即日趨萎縮。華人社會中的有識之士，眼見中文教育不受政府重視，乃自覺地用華人自己的力量去倡辦和推進。

至於華人團體在香港興辦教育，有紀錄可稽的，最早有街坊書館，其次便是東華醫院義學了。

教會的補助書館，其實並不能替代政府的漢文書館，因為中國學生可能並不完全喜歡有宗教課程的學習。他們多數跟隨傳統，而服膺孔子的道理的，因而導致「街坊」書館的興起。一八九九年，共有街坊書館一百間，學童二千一百九十五人。這些書館，都是由社會慈善機構、私人團體或廟嘗支持的。

歐德理博士説：「中國人的公益精神，可從他們的行會和廟宇委員會等互助會議中表現出來。」〔12〕文武廟，於一八五一年重修，管理委員會，是一個非官方的機構，主要是由南北行和出入口商人所組成，聲譽昭彰。這機構無形中操縱著本地人的事務：擔任商務仲裁者的地位、辦理接待過境的滿清官吏、安排官銜的捐納等，成為香港中國居民與廣州當局之間的橋樑。

香港東華醫院，創辦於清同治九年（一八七○年），其初，只限於贈醫施藥，後來，則推及於社會福利，廣施普濟。創院時的主席梁雲漢，字鶴巢，為唸洋行（Gibb & Co.，亦即仁記洋行）買辦。光緒三年（一八七七年），二次出任東華醫院主席。其人急公好義，洞悉貧民教育至為重要；且深感往日海禁未開，所謂書香門第，讀書受知，幾成富家子弟的專利，貧苦家庭，雖有佳子侄，倘乏扶掖，亦難造就，因那時的館師束脩，實非他們所能負擔，若缺乏基本知識，將來涉足社會，不僅難以自立，倘誤入歧途，更會貽害社會。因與招成林、李萬清等，合議籌辦貧民義學。

一八七九年，招成林任東華醫院己卯年主席，以梁雲漢的建議，深切時弊，乃大力贊助，與諸總理奔走於富商巨賈之門，宣傳興學樹人的宗旨。

那時候，有一所中華書院，原設於荷李活道文武廟側，為闔港紳商所創辦；以梁雲漢等熱心貧民教育，極為讚許，為了玉成其事，特將中華書院捐出，用作辦理貧民義學的校址。

校址既有，為進一步籌措經費來源，乃商諸文武廟各值理。那時，梁雲漢與招成林亦同為文武廟值理之一，於是提議以文武廟廟嘗收入，撥助為該義學經費。文武廟是本港最具歷史性的華人廟宇，素來香火鼎盛，年中收入甚豐，且自置產業亦多，每年資助慈善團體善款，亦屬不少。經過兩位值理的熱心呼籲，各值理均表贊同，乃決定以文武廟廟嘗的一部分，資助義校經費。又以其經費來源是取自文武廟的，故定名為「文武廟義學」，以誌不忘。

第一間文武廟義學，於一八八○年成立，聘請教師，主持教務，而學務行政，則委由東華醫院代理。當時創校伊始，只招收初級學童一班，僅數十人。[13]

一八九八年，東華醫院已擁有六間完全免費的義學，收容較貧苦階層的子侄。此外，當時本港尚有一百零二間收費的中文學，連同東華義學計算，便一共有一百零八間，學童近二千五百名。這類傳統性的中文學塾，全由華人自己支持，既不受政府的管理，也得不到政府的任何資助。[14]

中國文化在香港的保留和發揚，全靠華人的熱心維持與努力。像街坊書館和東華義學等，在推廣中文教育方面，都作出了很大的貢獻。東華醫院系統所辦理的義學，繼續發展，到了二十世紀的初期，便成為本港辦理義學的最大機構（詳見下文）。

香港是一個對外交通的國際性商埠，因為環境的需要，發展英文教育，這是一種必然的趨勢。生活在這裏的人，有遠見的，都作如是觀。不過，我們要注意的是香港乃一華人的社會，要發展英文教育，中文教育亦不應被忽視。

香港政府對於本地教育的政策，表面上，素來對中文教育不能不表示尊重；然而，實際上，卻是著意於英文教育的發展，中文教育，則是任由

它自生自滅。因此，在這期間內，英文教育的發展，遠較中文教育為佳。而中文教育，因得不到政府積極的幫助與鼓勵，便陷於萎縮不前的狀態中。幸虧僑居在這裏的同袍們，眼見中文教育與中華文化的不被重視，乃起而提倡，大量設立書塾和義學，致使中文教育在量的方面，也保持了相當的地位。

我們研究這一時期的香港教育，並不反對英文教育的長足發展，問題是：香港到底是一個以華人為主的社會，中文教育與中華文化，在這華人的社會中，應與英文教育一樣地得到扶助與提倡，不應該受到任何的壓抑與歧視。

## 附注

〔 1 〕見 *The Yellow Dragon*, Vol. XXXIV, No. 1, Spring, 1933。
〔 2 〕見 *The Education of Overseas Chinese*, p.108。
〔 3 〕見 *A History of Hong Kong*, p.231。
〔 4 〕見 *The Yellow Dragon*, Vol. 1, No. 7, March, 1900, 曾達廷：〈送趙鶴林陸禮初先生序〉。
〔 5 〕見 *The Education of Overseas Chinese*, p.113。
〔 6 〕見同前書，pp.410-413。
〔 7 〕參閱 *Queen's College, 1862-1962*, pp.50-51。
〔 8 〕參閱 *The Yellow Dragon*, Vol. VI, No. 8, May, 1905。
〔 9 〕見《香港雜記》，第十一章。
〔10〕見同前注。
〔11〕參閱 *A History of Hong Kong*, p.239。
〔12〕見同前書，p.282。
〔13〕參閱《東華三院教育史略》，壬寅年董事局編纂，四十三頁。
〔14〕參閱 *A History of Hong Kong*, p.241。

# 第五章 開展時期
## （一九〇一——一九二〇年）

二十世紀初期的中文學塾

### 中文學塾簡介

中文學塾，是我國的一種傳統教育。在清代末年，民間教育，以塾館教育為主。大抵程度較高的、規模較大的，稱為書院；程度較低的、規模較小的，則稱為書塾、書館、家塾、私塾、義學等。有關我國傳統的塾館教育，我在本書的第三章中，談及本港初期的中國傳統學塾時，已有扼要的介紹。

在學塾裏擔任教學的教師，稱為塾師，通常教師設館教學，都用教師自己的名字為塾名，稱為「某某學塾」；或用教師的姓氏以名其館，教師姓李的，稱為「李館」，姓張的則稱為「張館」，以資識別。

一般用以開設學塾的學舍，都是簡陋的居多。有的只有一個房間，有的是一兩層樓宇。在鄉村的學塾，利用書室及祠堂等作為學舍，地方較為寬敞。

普通的學塾，多由一位老師主教；規模較大的，則多設一兩位助教，協助教導。

至於教室內的設備，也簡單得很，除了教師的書桌和一塊小黑板外，其他的教具便是書本、筆墨等應用的東西。此外，還有兩件為學童們所注目的東西，第一件是一枝約為呎半長、二吋闊、四分之一吋厚的「誡方」。這東西平時放在老師的書案上，以為壓紙之用，可是到了處罰學童的時候，便是一件順手拿來的刑具了。輕罰的，用以打手掌，重罰的，則打在身體其他部分。有一位前輩告訴我：有一次，他被老師用誡方打在頭

上，頭肉被打傷，滲出血來，回到家裏，也不敢告訴父母。每天早上梳頭的時候，傷處痛得要命。過了一星期，頭上發出一陣陣的臭味，才被父親發覺，趕緊醫治。此外，第二件是課室裏用以打掃枱椅的雞毛掃，隨時也可變為一條體罰學童的鞭子，這也是學童們認為可怕的東西。有些書塾，學童是要自備書桌椅子的，年終時，便又搬回家去。

書塾裏學童的人數，普通並不多，由十名左右至數十名不等，最多也很少超過百名以上。

那時的塾館沒有所謂學制，孩子們在七歲左右入學，讀兩、三年或六、七年不等，大概到了十四、五歲左右，有機會便進入英文書院的第八班就讀，不然，便到商店做事去了。

關於孩子們入學讀書，為了使他們有一個好的開始，通常都舉行一個開學儀式。中國各地和香港，都有這一種習俗。各地的儀式，未必盡同，但都是大同小異。大約學童在七、八歲時，即開冬學；即於年尾散學前，先舉行開學儀式，於明春才正式入學。如果遇上雙春的一年，開冬學的人數更多。大抵此舉於富貴人家較為鋪張，普通人家隨便一些，貧苦人家便不一定舉行了。富貴人家往往邀請有功名或有學養的人士到家裏來主持，使孩子向他拜師開學，並且大排筵席，以示慶祝。普通人家，則多在學塾裏舉行，由塾師主持。

學童的開學儀式，大致如下：

1）在孔聖像前，燃點香燭。

2）老師先拜聖像，並稟告開學兒童的姓名、年齡及籍貫等。

3）學童跪拜聖像，再拜蒙師。

4）老師以筆蘸朱砂，為學童點額，在眉心處點上一紅點，以示為學童啟蒙，將其點醒的意思。

5）將糯米糕餅一塊，放在書枱之坐椅上，用紙隔著，使學童略一坐下，以示學童將時時不離開書桌坐椅，勤力讀書的意思。

6）老師從書枱上的紅皮夾內，取出《三字經》一本，用紅筆圈上前數句及後數句；即「人之初，性本善，性相近，習相遠。」，「揚名聲，顯父母，光於前，垂於後」。及「我教子，惟一經。」等幾句，

並叫學童隨聲朗讀一遍。

7）老師教學童開筆。書枱上的筆墨盤，放有文房四寶（紙、筆、墨、硯）及蔥蒜各一棵，老師握著學童的手，教寫已預備好的一頁紅朱字：「上大人孔乙己化三千七十士」，這稱為「描紅」。

8）由老師向學童講幾句吉祥語，大致為祝頌的話，普通都是說四句的多。說過吉祥語後，儀式便告完成。

9）將生果餅食等分給同學及親友等享用。

10）學童提著燃點好的燈籠，上面寫有「吉星拱照」四個紅字，回家裏去。[1]

## 學塾教育的課程和教學法

課程方面，昔日塾師所用的訓蒙課本，有《三字經》、《百家姓》、《千字文》、《幼學詩》及《千家詩》等幾本，順次教讀。這幾本書，俗稱「紅皮書」，因為這類初學書籍，都是用紅紙作封面的。這些童蒙讀本，歷代沿用。讀完這幾本書後，跟著便進而學習《四書》、《五經》了。

《三字經》，相傳為宋末浙江寧波人王應麟所撰，又傳為廣東順德人區適子所作。這本書，每句都為三字，不過一千餘言，但包羅萬象，所有經史子集、山川人物，以及做人做事的道理，都能備載無遺。在科舉時代，是兒童初學的唯一經典。由宋朝到民國初年，歷代沿用，已有千年的歷史了。這本書，後來章炳麟還加以增訂，補充了許多資料。

31. 學塾上課情形

這本中國歷史上重要的童蒙讀物，以三字一句的韻語方式，向兒童灌輸一些日常粗淺的生活知識，本來是未可厚非的；但是，就文字與內容方面而論，及今讀之，卻覺得頗成問題。非惟文字方面許多地方艱深難解，普通的冬烘塾師，對於

某些典故，也未必弄得明白；而內容方面，更充滿了封建思想的色彩。在兒童初解事物的時候，即向他們灌注一種濃厚的封建道德，這在古代帝皇統治時代，是一種先入為主的愚民手法。此外，過早向兒童灌輸一些艱深的事物、道理、思想，非兒童生活階段所能領略，從教育的觀點來說，這是與兒童教育心理相違背的。因此，這本書在兒童識字開始的時候，作為重要的課本，實不適宜。

《百家姓》，相傳也是作於宋代。開首便是「趙錢孫李」，「趙」是宋帝的姓氏。陸游的〈秋日郊居詩〉，其中第三首為「兒童冬學鬧比鄰，據案愚儒卻自珍，授罷村書閉門睡，終年不著面看人」。在這詩的下面，陸游曾自注說：「農家十月，乃遣子弟入學，謂之冬學。所謂雜字《百家姓》之類，謂之村書。」由此可以見得，這本雜字《百家姓》，在宋代，已是一本普遍流行的童蒙讀本了。這本書，全篇都以四字句寫成，計共五百六十八字，以韻叶句，便於誦讀。不過，那是一堆堆全然沒有意義的字句，兒童讀後，真的是不知所云。

《千字文》，是南北朝時梁代周興嗣所撰。周是梁武帝蕭衍的文學侍從，為員外散騎侍郎。梁武帝命令殷鐵石在晉代大書法家王羲之的書法中，搨出一千個不重複的字，供給諸王臨寫。因每字片紙，零碎散亂，沒有次序，沒有連貫，便召周興嗣說：「卿有才思，替我把這一千個字編成有韻的文句。」周興嗣用了一整夜的工夫，便編成了這篇《千字文》。但因費神過度，弄至鬢髮皆白。周氏才思的敏捷，令人驚嘆！

《千字文》是中國自古以來的一本家喻戶曉的啟蒙讀物，是世界上現存的一本最早、使用時間最久和影響最大的識字課本。這個作品已有一千四百多年的歷史了。《千字文》之所以長期成為蒙學課本，主要有下列的幾個原因：

1）從前學塾裏，一向沒有明令規定的蒙學課本。讀書要從識字始，讀完《千字文》，便至少認識了一千個生字。

2）《千字文》裏面所選用的一千個字，都是普通最基本的字；而且都是我國古書上最常用的文字。初學的人，有了這個基礎，才可以進一步學習其他的書本知識。

3）這本書以四言韻語寫成，類似歌謠口訣，且文句相當通暢，初學

的人，讀起來容易琅琅上口。

4）《千字文》全篇的內容非常豐富，裏面包含了天文、輿地、人倫、歷史、人物故事、以及鳥獸草木等等各種知識，以少數字句，融會多數事物，使初學的人，可以初步掌握了不少普通知識，懂得舊時一般做人的道理。

5）除了大書法家王羲之的《千字文》，為學子臨摹規範外，以後著名書法家智永、褚遂良、懷素、趙佶、趙孟頫、文徵明……等工於書法的人，無不先後手寫各體《千字文》，為讀書人作臨摹範本。即以智永禪師一人，便已臨寫了八百本，散給人間和江南各寺院。書以文行，文以書重，兩美兼具，《千字文》便更加不脛而走，流傳千古了。

《幼學詩》是一本五言絕句數十首的詩集。大都勖勉兒童向學，且所詠事物，淺明易讀，初學兒童，都很容易上口。

《千家詩》是南宋時代劉克莊所輯。集錄唐、宋人近體詩數十家，凡二百多首，以為兒童蒙塾讀本。兒童熟讀了這本書，對於將來學詩吟詠，便有初步的基礎了。

上面所談及的幾本訓蒙課本，是我國古代最主要的蒙學教材。這些教材，都是為了適應當時的傳統教育而編寫出來的。它在古代兒童的啟蒙教育中，曾經有過極其重大而廣泛的影響。

在過去的封建社會中，對兒童所實施的啟蒙教育，其內容大概是圍繞著三個基本目標，作為教育的中心：第一是以識字教育為中心。清人王筠說：「蒙養之時，識字為先，不必遽讀書。……能識二千字，乃可讀書。」第二是以普通的知識教育為中心。使兒童可以學習一些生活上必要的常識。第三是以封建思想教育為中心。使兒童及早養成在封建社會中做一個安份守紀的順民、做一個忠臣或是一個孝子。我們知道，每一個時代的教育，都為一定的社會及其政治服務的。在封建社會中的教育，自然是以灌輸封建思想意識為其主要的教育目的了。因此，我們以現代的眼光來看，傳統的學塾教育，就其內容而論，實在是一種充滿了封建主義毒素的教育。

至於學塾裏的教學法，那自然是注入式的了。讀書方法，注重朗讀。先由教師口唸，學生隨讀；隨讀數遍後，學生回位自讀；至能背誦時，方

至教師位前，掩書背誦。當時的教學要訣，便是要學童「強記，強記，強記」。不能強記的學童，便常受老師鞭撻。許多著名的教師，也往往靠個人的學養去感染學生，收潛移默化之效。

## 中文學塾蓬勃發展的原因

此外，本港一般華人之所以喜歡送孩子們進入塾館中去讀書，是因為塾館式的教育，兒童可以隨意就讀；塾師對於家長的要求，也可處處遷就，不像新式學校的諸多規定。關於這一點，曾經有過兩位名叫柏魯（S. H. Peplow）和白嘉（M. Barker）的外國人，於一九三一年，出版了一本有關香港的書，名為《香港漫談》（*Hong Kong Around and About*）。裏面有一段談及香港學塾的情形，眼光頗為獨到，說：

> 香港絕大多數的居民，都墨守著中國舊式的學習方式。他們認為將經典課文熟讀，是一件非常重要的事情。同時，他們也有點不同意放棄對教師的控制權，這在新式學校中是不可能這樣做的。在普通一般的學塾中，如果教師的工作不獲得家長的認可，家長有權剝奪他的薪金，甚至將他辭退。上課的時間，也由家長去指定。有時學生不能繳交全部學費，也可以致送一些食物作為代替。事實上，中國居民對於新式學校和政府學校的不表贊同，是嫌其辦理過於嚴謹之故。[2]

一八九八年以後的幾年間，由於中國內地的局面，動盪不安，使香港的人口，大幅度的增加起來。

一八九八年，康有為、梁啟超所領導的「戊戌變法」失敗後，維新分子，紛紛逃亡海外。一九〇〇年，義和團構亂，在中國各地，以「扶清滅洋」為口號，燒教堂、殺教士，中國內地的基督徒，大量逃入本港。由於內地人口的湧進，一九〇一年，本港人口調查，發現共有中國人二十八萬零五百六十四人，非中國人二萬零九十六人，合計三十萬零六百六十人。與一八九九年，義和團之亂的前一年相比較，本港的人口，顯然增加了四萬一千餘人。

又一九一一年，中國辛亥革命成功，中華民國即將成立，許多滿清官

吏、遺老，或懷著保皇思想的人，都先後移居香港。這樣，在一九一一年，本港所舉辦的部分正式人口調查中，便又發現本港的人口，大大的增長起來，達到了四十六萬四千二百七十七人。在歷次的人口大增長中，其中包括了不少的知識分子在內。

二十世紀初期，香港的中文學塾顯得特別發達，其中的原因，固然是由於這期間內，本港人口的大量增殖，與中國內地知識分子的湧進；而香港政府在教育措施方面，不重視中文教育的推進，也因而引起維護中華文化的本港華人，自發地對中文教育加以努力的提倡。

## 三種不同性質的塾館

當時本港一般塾館的開設，就其辦理的性質，大概可分為三種：

（一）一家或一姓所開辦的塾館。有些富商巨賈或大戶人家，招請塾師回來，設館以教育自己的子孫；一姓一族，設館以教育族中子侄。後者，在各聚族而居的鄉村中，尤為普遍。例如：大埔頭村鄧族的敬羅家塾，泰亨村文族的善慶書室，莆上村廖族的允升家塾，南涌村李族的靜觀家塾，九華徑村曾族的養正家塾等。

（二）團體或公款所開辦的塾館。本港的華人團體，對於華人子弟的教育，尤其中文教育方面，素所重視。其先有街坊團體所設立的街坊義學，繼而有東華醫院所設立的東華醫院義學，隨後又有孔聖會所設立的孔聖會義學等。這些團體所設立的義學，遍佈港、九各地，一時成為救濟貧苦失學兒童的主力。其由公款開辦的，則有九龍司在九龍寨城所開辦的龍津義學一所。

（三）塾師自行開設的塾館。許多較有學問和有聲譽的塾師，都不甚願意蜷伏在別人管理下的塾館中教學，乃自行設帳授徒。我國自由講學的風氣，早在孔子的時代，便已盛行了。本港的子褒學塾、恭第學塾、湘父學塾、慶保學塾、茗孫學塾和敦梅學塾等，都是二十世紀初期，一些有聲譽的塾師在本港所開設的著名塾館。

## 本港華人團體所興辦的中文義學

關於一家或一姓在本港開辦的塾館,我們在本書第二章第三節,已有談及;至於塾師自行開設的塾館,則留待本章下一節中詳細討論;現在,我要在這裏繼續談論的,是華人團體在本港所興辦的中文塾館底一般情形。這種中文塾館,對於當時本港的中文教育,尤其在基層中文教育方面,有其一定的貢獻。

在二十世紀開始之前,華人團體在香港興辦中文教育的,已有街坊團體和東華醫院等,先後開設塾館,教育華人子弟。踏入二十世紀以後,華人團體,除了東華醫院義學的繼續發展外,更有孔教團體的興起,倡辦義學,不遺餘力。這兩個團體所辦理的義學,規模宏大,成績卓著,互相輝映,可算極一時之盛。

## 東華醫院文武廟義學

東華醫院文武廟義學,創辦於一八八〇年,其後迭經擴充;至一九〇三年,所辦理的義學塾館,根據紀錄記載,計有下列八間:

1）西營盤舊鹹魚街口　張（秋琴）館;
2）文武廟側中華書院　徐（蓉鏡）館;
3）大笪地六十七號三樓　黎（泰階）館;
4）樓梯街文武廟側　倪（樹幬）館;
5）大笪地六十八號頂樓　吳（鑄雲）館;
6）卅間　潘（浣香）館;
7）灣仔　潘（蓉洲）館;
8）文武廟側中華書院　許（典常）館[3]。

這些義學,經費取自文武廟廟嘗,故悉冠以廟宇的名字,並加上中區、西區或東區等名稱以資識別。又因同一區域而有幾間之多,故館名又加上主教塾師的姓字。舊式學塾,每間只有一班,每班有教師一人。義學經費,雖由廟嘗收入撥支,而管理權則歸由東華醫院總理負責。有關開學日期、聘請教師、館舍管理及一般行政,均由總理決定。至於獎勵勤勉學生獎品及獎金,亦由東華醫院總理捐贈。

一九〇四年，貧苦兒童申請入學的很多，而九龍的清貧學童，每有向隅之憾！於是物色館址，在九龍油麻地廟街，再增設一館。

在管理方面，每館設誌事簿一本，凡總理到館巡視，見有違例事件，便寫在誌事簿內，以資改善；或請各塾負責館師，擬具意見，進行改善。當時以內地教育，日趨發達，小學教授課程，亦已有所改良，乃派員往廣州採購新課本，以配合內地教育政策。

一九〇八年，政府公佈法例，將文武廟產業及廟內事務，撥歸東華醫院總理管轄；而大道東洪聖廟、太平山街廣福祠、筲箕灣土地廟、九龍山東街水月宮、廟街天后廟、福德祠社壇、福全街洪聖廟等華人廟宇，亦由東華醫院管理。不過性質與文武廟略有不同，各廟收入，每半年須呈報華民政務司華人廟宇委員會通過，然後歸入慈善部廟嘗項內，再撥作辦理義學的經費。

早期，本港漢文書館，只有初級與高級之分。東華醫院經辦的義學，多屬初級程度，學童在校受業五年，如欲繼續學業，須轉入高級書館。當時，本港有南華公學一所，是高級程度的書館，年中經費，由各界人士捐助，亦屬義校性質。東華醫院總理，便與該校協議：每年選拔成績優良的學生數名，送往南華公學繼續攻讀，而規定每年由文武廟嘗款，撥捐一百元給該公學，作為補助經費；此外，並由總理個人捐贈，或代表該校向外界募捐。

一九一二年，繼續擴館兩間，一間在大道西二五二號二樓；一所在杏林園。所謂杏林園，即現在荷李活道東華三院香港第一小學後面的地方。那時，這地方是由一徐姓夫婦經營種植，名為杏林園。

一九一三年，本港提學司，即現在的教育司，撥款七百零九元給東華醫院義學，以為增辦義學費用，這是義學接受政府津貼的第一次。

一九一七年及一九一八年，為了提高義學的程度，將中華書院的文武廟義學及杏林園張館義學，先後改為高級小學，選拔義學中的優秀學童就讀。

一九一九年，東華義學的學務，相當蓬勃，為加強管理，乃聘請林伯聰為義學視學員，以協助總理等，負責巡視各校，這是東華義學設置視學員的開始。

32. 香港荷李活道的文武廟（一九七一年陳煜源先生攝）

東華醫院各總理，以各義學收容學生，供不應求，乃計議將文武廟後空地興建校舍，及將文武廟中華書院改建，以廣收容。這計劃，於一九二〇年因得到政府補助建築費二萬元，東華方面又將廣福祠及洪聖廟全部存款撥作建校費用，於是加緊施工。全部工程完成後，新的文武廟中華書院即於是年十二月一日舉行開幕，並且由當時的總督司徒拔爵士（Sir Reginald Edward Stubbs, 1876–1947）主持啟鑰禮，這是當年本港教育方面的一大盛事。

一九二〇年，又在中華書院新校舍，及各區義學中，興辦半夜學堂，以便使早年失學的店號傭工，得以利用晚上時間補習。東華義學創辦這種夜學，可以說是本港最早期的成人教育。當時這些夜學，專為成人而設，所授課程，也多著重職業的需要，和日校不同。師資方面，則由日校教師兼任。

東華義學，在歷屆總理的熱心經辦下，逐年有所發展。到了一九二八年，在主席鄧肇堅的領導下，接管黃泥涌蒙養學堂，並改名為「文武廟第十五義學」。蒙養學堂位於跑馬地景光街，可能就是從前的黃泥涌政府學塾了。當時由政府將之重建成新校舍三間，可容學童二百二十五人，並由政府每年津貼八百元，交由東華醫院全權辦理。同時，又在筲箕灣電車路尾福德祠側，興建義學一所，定名為「文武廟第十六義學」。到了這時，東華醫院辦理的義學，分佈在香港、九龍的，已有下列的二十一間：

| 文武廟第一義學 | 中華書院四樓 |
| --- | --- |
| 文武廟第二義學 | 中華書院四樓 |
| 文武廟第三義學 | 中華書院四樓 |

| | |
|---|---|
| 文武廟第四義學 | 西營盤正街十一號四樓 |
| 文武廟第五義學 | 灣仔大道東一七四號三樓 |
| 文武廟第六義學 | 樓梯街二號二樓 |
| 文武廟第七義學 | 西營盤正街八號二樓 |
| 文武廟第八義學 | 中華書院四樓 |
| 文武廟第九義學 | 大道西六十八號四樓 |
| 文武廟第十義學 | 大道西三〇八號四樓 |
| 文武廟第十一義學 | 太原街十四號三樓 |
| 文武廟第十二義學 | 樓梯街四號二樓 |
| 文武廟第十三義學 | 永豐街十號 A 二樓 |
| 文武廟第十四義學 | 油麻地天后廟南書院 |
| 文武廟第十五義學 | 跑馬地景光街 |
| 文武廟第十六義學 | 筲箕灣福德祠側 |
| 廣福祠第一義學 | 樓梯街二號地下 |
| 廣福祠第二義學 | 德輔道西二四八號三樓 |
| 洪聖廟第一義學 | 太和街十五號四樓 |
| 天后廟第一義學 | 油麻地天后廟北書院右邊 |
| 天后廟第二義學 | 油麻地天后廟北書院左邊 |

　　上述的義學，除三間開設在九龍油麻地外，其餘十八間，均設在港島方面。

　　東華醫院歷屆總理，對義學教育，均有興革；對本港一般貧苦大眾子女的教育，貢獻尤大。

　　其後，東華醫院義學隨著時代教育的進步，由塾館教育進入現代學校教育，仍能一本服務社會精神，努力不懈，實屬難得。歷屆總理善長的相繼支持，使這件有意義的興學樹人大業，與日俱進。這是香港社會中的一件頂有價值的善舉。時至今日，東華三院所辦理的教育工作，仍為本港教育的一大支柱。

## 孔聖會義學

在東華醫院大力開辦義學的同時，本港尊崇孔子道理的孔教團體孔聖會，除了努力推行尊孔運動外，更廣設義學，在社會中，與東華醫院義學學務，並駕齊驅。

清朝光緒末葉，本港的尊孔人士，有凌其喈、楊碧池、陳文俊、李樂余、陳露泉、陳雨湯、秉正、李守正、源若俊等，大家經常集合一起，研究孔子的道理；逢星期日，更敘會於灣仔政府書館，宣講《四書》、《五經》，互相討論。並辦有《祖國文明報》及派員在港九渡海輪上和省港澳各輪船上，宣講孔道，以發揚孔子的學說。一九〇九年，即清宣統元年，由劉鑄伯、韋寶山、凌其喈、楊碧池、李葆葵、李瑞琴、黎晴軒、梁兆南、袁英山、李樂余、陳文俊等，倡辦孔聖會，公推港中紳商劉鑄伯擔任會長，會址設於香港德輔道中。這是香港設有孔教團體的開始。

孔聖會成立以後，其初，辦有義學兩所，嗣後，又增設高、初兩等小學。

一九一七年，孔聖會義學已擴展至二十一所。所有義學，均為當時熱心孔教及努力倡辦義學的人士捐資支持，故義學的名稱，亦以出錢出力人士的名字命名，以示提倡。例如：

| | |
|---|---|
| 鑄伯義學 | （由劉鑄伯捐資辦理） |
| 葆葵義學 | （由李葆葵捐資辦理） |
| 澤生義學 | （由何澤生捐資辦理） |
| 平山義學 | （由馮平山捐資辦理） |
| 冠廷義學 | （由盧冠廷捐資辦理） |
| 棣生義學 | （由何棣生捐資辦理） |
| 啟明義學 | （由陳啟明捐資辦理） |
| 秀之義學 | （由葉秀之捐資辦理） |
| 仁甫義學 | （由梁仁甫捐資辦理） |
| 瑞芝義學 | （由尤瑞芝捐資辦理） |
| 偉庭義學 | （由龐偉庭捐資辦理） |

| | |
|---|---|
| 雨亭義學 | （由周雨亭捐資辦理） |
| 育德義學 | （由　育德捐資辦理） |
| 蔭墀義學 | （由謝蔭墀捐資辦理） |
| 麗泉義學 | （由唐麗泉捐資辦理） |
| 周東生夫人義學 | （由周東生捐資辦理） |
| 馬氏義學 | （不詳） |

一九二五年增設有下列七所，合高初兩等小學，共計有三十五所：

| | |
|---|---|
| 右泉義學 | （由李右泉捐資辦理） |
| 殿臣義學 | （由陳殿臣捐資辦理） |
| 學庭義學 | （由唐學庭捐資辦理） |
| 耀東義學 | （由黃耀東捐資辦理） |
| 順帆義學 | （由李順帆捐資辦理） |
| 志昂義學 | （由鄧志昂捐資辦理） |
| 民偉義學 | （由黎民偉捐資辦理） |

一九二六年又增設下列五所：

| | |
|---|---|
| 學烱義學 | （由伍學烱捐資辦理） |
| 錫臣義學 | （由陳錫臣捐資辦理） |
| 滔公義學 | （由岑滔公捐資辦理） |
| 公民義學 | （不詳）， |
| 雨農義學 | （由周雨農捐資辦理）[4] |

　　一九二四年，在荷李活道孔聖會內，還辦了一所孔聖會中學。當年孔聖會名下所辦理的義學，不下四十所，其規模比東華醫院義學還大，年中所需經費，當自浩大。而其經費的來源，是單靠向各方面的勸捐得來。東華醫院義學，有文武廟的經常收入以支持；而孔聖會則沒有。可見當時對

這工作的維持不易，困難必多。後來，孔聖會之不能像東華醫院一樣，將這種規模龐大的社會教育事業，繼續保持下來，這與經費來源沒有固定收入，每年經費的籌措不易，有絕大的關係。

東華醫院與孔聖會所辦理的義學，遍佈港九，工作認真，成績卓著，極為街坊所稱譽，這與他們有完善的組織有關。又這兩組織對義學的管理，均設有專門視學人員經常巡視，以協助推進學務。就以一九一九年為例，東華醫院義學，除原有由總理捐資聘請視學員一名，並有主席何世光代表一人，負責巡視外，又因擴展學務關係，原有二人，不敷應用，乃再加聘林伯聰為視學員，月薪及舟車費共三十二元。而孔聖會義學方面，則有視學員李亦梅及李幼泉兩位，巡視各校，一日兩遍。於學務督導方面，相當嚴密。

華人團體辦理的中文義學，在香港社會中，正當英文教育已日漸發展的時期，竟能不斷擴展，成為社會中龐大的教育機構，這與當時失學兒童的眾多有關。社會上失學兒童多，正需要義務團體的救濟和服務。

一九一九年五月十日，東華醫院總理與街坊代表等，在東華醫院大堂舉行會議。在討論應否將文武廟後面的餘地以為辦學之用的時候，主席何世光説：

> 計是年來院掛號入學者，一千三百六十四名，學額僅得二百四十三名，其不得入學者有一千一百二十一名，甚至有多數學生，因執籌不中，無從向學而至痛哭者。又有為父母攜子來院，懇求收學而至淚下者。似此情形，殊屬可憫！本院當年總理遂懇求政府，多設義學，以免清貧子弟，有養而無教，他日長成，難以謀生，或至淪為匪類。此事亦由定例局（按：即立法局）兩紳劉君鑄伯及家父（按：即何福）暨陳君啟明，提倡於前，想政府當有處置也。茲查得文武廟後面有空地一段，該地最合建築學校之用，如能辦到，則多收學生，不致如目前之憾事。

劉鑄伯亦相繼發言説：

> 僉謂辦學為當務之急，查近年學費加增，讀書二字，大非容易。

且貧者一家數口，朝夕困難，縱縮食短衣，恐無餘力，以供子弟之學費。觀歷年文武廟掛號及孔聖會掛號求學者，每因額滿見遺，不下三四千之眾。故處今時代，多辦義學，實為當務之急，鄙見以為各位，應先行決定。[5]

從上述兩位在會議中的發言，可概見當時社會上，一般兒童失學的眾多。慈善團體多辦義學，以收容貧家兒童入學，真是一種當時急務。那時東華醫院和孔聖會，對於辦理義學方面，都算是鼎力支持，盡力而為了。他們在義學教育方面的貢獻，最值得我們敬佩；他們提倡教育的精神，更值得我們效法！

## 附注

〔1〕根據何文樂先生一九七一年三月十一日口述。何先生早年曾受業於陳子褒老師門下。

〔2〕見 S. H. Peplow and M. Barker: *Hong Kong Around and About*, p.66。

〔3〕見《東華三院教育史略》，一九六三年香港東華三院壬寅年董事局出版，四十四頁。

〔4〕參閱盧展才：〈尊孔憶述〉，載《聖誕特刊》，一九六〇年香港孔教團體聯合慶祝聖誕大會出版。

〔5〕參閱《東華三院教育史略》，四十八至四十九頁。

平民教育家陳子褒及著名塾師簡介

## 平民教育家陳子褒

二十世紀初期，香港的塾館教育，盛極一時。除了一些華人團體或是一家一姓所開辦的塾館外，塾館之中，憑個人聲望在本港設館教書的，為數也不少。

這些在本港設絳帳以講學授徒的教師，在當時來說，有些是失意文人，有些是不第秀才，更有些是逃亡政客，不一而足。也有些塾師，是經由本港戚友的推薦，應邀來港，受聘於殷商巨賈之門，而為專館設教的。

那時候，在一般塾館之中，聲譽卓著的塾師，確然不少。不過，若論到對教育方面的貢獻之大，影響之廣，而為後世所推崇的，則以陳子褒老師為最著名。

陳子褒，是二十世紀初期，港澳兩地，名聞遠近的著名塾師。他不但身體力行的去推進他的教育理想，而且還留下了許多教育理論和著作，以供我們參考。他在教育上的貢獻，非常突出，遠遠超過當時其他本港塾師之上。我研究子褒的為人，參閱他的教育理論和著作，使我不期然而欽佩他、推崇他，認識他是一位真真正正的平民教育家。

這位可敬的平民教育家，是廣東新會外海人，名榮袞，字子褒，號耐庵，別號婦孺之僕。生於清同治元年（一八六二年）三月十一日。光緒十九年癸巳（一八九三年）鄉試中舉，和南海康有為同科，且名列康有為之前；但當他讀過了康氏的文章以後，對於康氏的經國思想，大為嘆服，自命不如，乃入萬木草堂，向康氏執贄弟子禮。他這種服善向上的精神，至為我們所敬佩。而陳子褒一生的新思想和新知識，也就由此而孕育起來了。他自己曾公開說過：

> 鄙人當八股時代，入校二十年，教學三年，後復從康南海先生遊。此後一便教一便學，所謂惟斅學半，其收效殊不少。然苟無康先生教導，則茫無門徑，雖十分勤勉，亦無所用之。[1]

一八九八年戊戌變法失敗，康、梁逃遁，黨人被捕，子褒也倉皇東

渡，逃至日本。他在日本期間，乘機遍察日本各地的小學教育情形。他心裏忽然有所覺悟：認為中國的救國之道，是在於發展小學教育。當時的人都是眼光向上的多，而忽略了根本的教育工作，致使以往的努力，徒勞而無功。於是回國後，即抱著改良小學教育的宏願，在澳門設館教學，採取新的教學方法，以教授生徒。初時設蒙學書塾於嗊嘮園，繼而創辦蒙學會，編輯《婦孺報》，刊印《婦孺須知》、《婦孺淺解》、《婦孺釋詞》、《婦孺三、四、五字書》、《婦孺新讀本》、《婦孺詞料》、《七級字課》及《諸史小識》等書。

33. 平民教育家陳子褒老師（一八六二－一九二二年）

清光緒二十五年（一八九九年）子褒發起組織「教育學會」。他在〈教育學會緣起〉一文中清楚地指出：一國的強弱，繫乎人才，人才的盛衰，則繫乎教育，而中國教育自明代以來，由於以八股取士，即已日趨泯滅，汩沒性靈，虛度日晷。他繼而主張：中國教育既失其本，非全行改革，無以激發國民的志氣和濬瀹國民的智慧。而興學的方法，則又首重編輯教科新書及翻譯東西方小學讀本為要務。[2] 他上述的主張，可說全是在考察了日本教育以後，而受日本教育所影響的。在當時的芸芸學者之中，陳子褒總算是一個眼光敏銳和思想獨到的人了。他所指出的：中國科舉荼毒教育，而改革的方法，則須自發展小學教育，及編輯適合的教科書開始。其觀點至為正確，且正切中時弊。在他發起組成教育學會後，不久，又以「教育」二字，問題太大，為了強調教育工作應由小學做起，對於教育工作目標，他寧捨大而取小，於是便將「教育學會」改稱為「蒙學會」。這又證明陳子褒確是一位立本務實的教育家。

陳子褒的教育主張，又以為學校教育必本於家庭，而一般家庭中婦女不識字的居多數，故亟應提倡女學，以期造就平等的智識，以提高婦女的地位。他於是專志於婦孺教育，苦心經營，雖然處於澳門一隅之地，然而提倡以後，不久而教化大行。影響所及，香山（中山）、新會、新寧（台

山）各鄰近縣份，信徒日眾，推行日廣，每有母子同堂受業的。子褒的教育思想，盛極一時。在那時候，廣東省的「學務處」還未有設立，各地有志興學的人，紛至澳門向子褒取法。[3]

一九一八年陳子褒由澳門遷校香港，設子褒學塾於堅道三十一號，[4]後來又設女校於般咸道二十五號。男女學生人數有二、三百人，是當時本港最具規模的學塾。觀一九二一年出版的《十年子褒學校年報》（按：十年，是指民國十年），則子褒學塾已改稱為子褒學校了。

子褒的身軀頗為魁梧，雖然雙目短視，但發聲如洪鐘，步履凝重，行路不左右顧盼，至有威儀。上課的時候，必手持木杖，那木杖的大小，大概和打桌球的木棍差不多；他進入課室，即將木杖在地板上連敲兩下，待全體肅穆，然後授課。[5]

子褒生平授徒教學，不避勞瘁，態度認真而嚴謹；他那種誨人不倦的精神，使學子們都翕然悅服，不愧是一位腳踏實地的教育家。我們試從他的實際教學工作中，從他的教學態度中，去體會出其誨人不倦的偉大精神。

1）親自持教：子褒學塾內的助教人數雖有多位，但他本人每日由高班而至低班，必親自逐班授課，至少一次。凡古文、經史、字課等重要科目，必親自講授，小課卷亦必親自批改，恒至深夜不輟。

2）教學生寫字：每日恒親自書寫字格給各生臨摹。在溽暑的天時，他所穿的紵麻衣服，因運筆時右臂發汗，衣袖盡濕，亦不以為苦。

3）教學生作文：他指導學生作文，經教導後，倘學生還未懂得其中關鍵的，他便自己撰寫示範文一篇，和各學生的課卷，一同貼堂，使學生們有所觀摩。

4）教初學的人：他先以《婦孺須知》教他們認識各類實字，以《婦孺釋詞》教他們認識各種虛字，再自撰《婦孺新讀本》以配合這些實字和虛字的學習；又每日教學生填寫譯文串句，使有機會運用這些實字和虛字。故初學的人，都自覺地知道自己的學習日日都在進步中。

5）教高班的學生：他喜歡以後漢的氣節和宋、元、明的理學，去教學生，與學子相砥礪。

6）課餘指導：在課餘的時候，他常常邀集各生，為課外討論，以誘

掖其思想。[6]

　　子褒於其繁忙的教學生活中，孜孜不倦，為教育工作而努力。至今，人們對他的稱道眷慕，猶不稍衰，可見其感人之深了。

　　據一九二一年的《子褒學校年報》所記載，子褒學校有男教員十四名：

| 陳子褒 | 教授字課、經史、國文、習字。 |
|---|---|
| 桂南屏 | 教授説文、經學、篆字、國語。 |
| 崔伯樾 | 教授專修班經學、詩詞、篆字、國語。 |
| 陳泰初 | 教授經學、國文、圖畫。 |
| 陳翰屏 | 教授算學、地理、物理、國文。 |
| 陳俊卿 | 教授歷史、國文。 |
| 黎少璧 | 教授算學、物理、地理、唱歌。 |
| 仇露泉 | 教授國文、習字。 |
| 陳儉堂 | 教授經學、國文。 |
| 桂君植 | 教授算學、國語。 |
| 桂師晦 | 教授國語。 |
| 劉萃英 | 教授算學、歷史、地理、國文、習字。 |
| 陳超明 | 教授算學、國文、習字。 |
| 盧戒之 | 教授英文。 |

有女教員六名：

| 陳樂文 | 教授算學、歷史、國文、習字。 |
|---|---|
| 李景蕙 | 教授算學、地理、歷史、國文。 |
| 曾璧山 | 教授字課、國文。 |
| 黃題橋 | 教授字課、算學、國文。 |
| 陳儀貞 | 教授英文。 |
| 陳杏容 | 教授英文。 |

　　我們從上面所列舉的教師教授科目來看，可以知道，子褒學校的課

程，除了體育和手工兩科欠缺外，其他現代學校的小學課程，都已全部包括；而中學課程，也包括了某些部分。那時候，實在是一所很進步的學校了。自然，這和陳子褒的開明教育思想，有莫大的關係。

到了一九二二年七月四日，子褒六十一歲，在香港般咸道校舍內逝世。哲人其萎，隨後，學校也告停辦。

在二十世紀的初期，陳子褒不僅是香港和澳門兩地最偉大的中國平民教育家，也是廣東省最偉大的平民教育家。他的教育思想、教育方法、教育著述和教育實踐，對社會教育都發生直接而廣泛的影響。我們從他當時發展平民教育方面的努力與成就，及貢獻之大，在廣東來說，沒有哪一位可以和他比擬。

因此，我對陳氏經過深入研究以後，心裏對他無限敬佩。我說他是一位偉大的平民教育家，他偉大的地方，簡括來說，可從他對教育事業上的具體表現和生平行事中，得到說明：

1）虛心學習，勇於吸取新知識。

陳子褒與康南海同在光緒癸巳科鄉試獲中舉人，但自知學問比不上康氏，於是入萬木草堂受業，為康門弟子。他這種服善向上的精神，大有宋儒呂滎陽在大學師事小程子之風。而他入康門後，事實上，學問也因而精進。

戊戌政變後，東渡日本，得日本老教育家橋本海關的引導，遍訪各地中、小學校；對福澤諭吉在慶應義塾所施行的教學宗旨和方法，非常信服。回國後，乃極力效法推行。人們因他受福澤諭吉的影響很大，都以「福翁」去稱呼他。

2）改造教育，腳踏實地，從基層的小學教育方面著手。

當陳子褒在日本考察教育時，對於各町村小學，尤為留意。他對小學教育，經過深入研究以後，曾感慨地說：「救國的首要工作就在這裏了！」

許多有志於教育事業的人，其間不乏魁儒碩士，盡瘁斯業；但一般人往往都把眼光向上看，而忽略了根本的小學教育問題。大抵上，那些學問愈博，資望愈高的人，多致力於中學以上的教育；其能專心努力於小學教育的，陳子褒是其中的表表者。他學問淵博，但能約旨卑思，不騖高遠，願意從基層工作做起，孜孜矻矻垂二十餘年。設子褒學塾，以實行其小學

教育主張；設蒙學書局，以編譯各種小學課本，廣為傳播。

子褒的學生陳德芸説得好：「先生設校授徒，提倡蒙學，矻矻不倦，口有道，道蒙學；目有視，視蒙學；耳有聽，聽蒙學；手有書，書蒙學，二十五年如一日。」[7] 誠然，子褒是終其一生，為小學教育而努力不懈的；他的一生事業，也在於小學教育。

3）提倡婦女教育，提高婦女地位。

重男輕女，這是中國封建社會，流傳下來的遺毒。光緒二十八年（一九〇二年）以前的學堂章程，關於女子教育，全未提及。女子在教育上完全沒有地位。至光緒三十三年（一九〇七年），始有女子小學的規定。而男女生不得同校。民國五年（一九一六年）教育部始頒佈男女可以同學。民國十年（一九二一年）廣東省立中學開始招收女生，而北京高等師範附屬中學，亦有試辦男女同學之舉。民國十一年（一九二二年）冬，新學制令頒佈，始承認教育為男女共享的權利。

子褒所辦的學塾，於光緒二十九年（一九〇三年），已兼收女生。他所著的《婦孺須知》一書，早在光緒二十一年（一八九五年），已出版推行。

其後，他所著的課本、讀物，亦多以婦孺為對象。他更以為學校教育，必本於家庭，而婦女不識字的居多，如能提倡女學，造就婦女使與男子有平等的知識，則可以將小學教育之權，歸於女子。他説：「女子者，國民之母也；女學者，幼學之母也。」[8]

他一生為婦孺教育努力，因而又自號為「婦孺之僕」。

4）提倡通俗化教育，大量編著淺易婦孺讀物。

子褒所主持的蒙學書塾，早在一八九九年，科舉未廢之時，已先行廢止讀經，而以他自己所著的白話讀本代替了。他極力主張用白話以代替文言。他説：

今夫文言之禍亡中國，其一端矣。中國五萬萬人之中，試問能文言者幾何？大約能文言者，不通五萬人中得百人耳，以百分一之人，遂舉四萬九千九百分之人置於不議不論，而惟日演其文言以為美觀。一國中若農、若工、若商、若婦人、若孺子，徒任其廢聰塞明，啞口瞪目，遂養成不痛不癢之世界。彼為文言者，曾亦靜言思之否耶？夫

好文之弊，累人不淺……大抵今日變法，以開民智為先，開民智莫如改革文言，不改革文言，則四萬九千九百分之人，日居於黑暗世界中，是謂陸沉：若改文言，則四萬九千九百分之人，日嬉游於琉璃世界中，是謂不夜……[9]

又說：

　　講話無所謂雅俗也，人人共曉之話謂之俗，人人不曉之話謂之雅，十人得一二曉者，亦謂之雅。今日所謂極雅之話，在古人當時俱俗話也；今日所謂極俗之話，在千百年後又謂之雅也。且不獨古今為然也，以四方而論亦有之。即如蘇州謂你為儂，在蘇州則為俗話，在廣東則為雅話矣；廣東謂傘為遮，在廣東則為俗話，在北京則為雅話矣。然則雅俗無定者也。使必重雅而輕俗，不可解也：使必求雅而棄俗，尤不可解也。[10]

由此可見，子襃所提倡的，是實用之學。他對教育的基本主張，是推行通俗化與大眾化的平民教育。眼光之遠大，令人敬服。

關於童蒙教育，子襃從學習英文方面，得到了很大的啟示。英文課本，初學的時候，都是一些與實際生活接觸的事物，如狗、貓、雞等一類的東西。於是他乃恍然大悟，那些《大學》、《中庸》窮理盡性的奧義，對童蒙來說，是完全不適宜的。他說：

　　教初學童子，自七歲至十歲者，曰訓蒙，蒙也者，謂蒙昧不明，藉先生教訓之以開其蒙，而使之不復蒙也。今之訓蒙者，始教之以《三字經》、《千字文》，為問《三字經》首兩句，童子能解乎？繼教之以《四書》、《五經》，為問「大學之道，在明明德」二句，童子能解乎？如不能解，是蒙也：不能解而以此教之，是既不能開其蒙，而復加之以蒙也。不能開其蒙，而復加之以蒙，於是童子以為苦事而不肯入學矣。[11]

子襃為了使學童在學習上，易學易懂，使用自己編著的改良教本，教導兒童。以《婦孺三字書》的「早起身，下牀去。先灑水，後掃地」，去

代替《三字經》的「人之初，性本善；性相近，習相遠」；以《婦孺四字書》的「同柏食飯，手睜莫橫，若係飲湯，讓人起羹」，去代替《千字文》的「天地玄黃，宇宙洪荒。日月盈昃，晨宿列張」；以《婦孺五字書》的「記得細時好，跟娘去飲茶。門前磨蜆殼，巷口撥泥沙」，去代替《幼學詩》的「天子重賢豪，文章教爾曹，萬般皆下品，惟有讀書高」；他又以《婦孺新讀本》的「我家有一隻白狗，鄰家有一隻黑狗，白狗性善，黑狗性惡」，去代替《大學》的「大學之道，在明明德，在親民，在止於至善」和《中庸》的「天命之謂性，率性之謂道，修道之謂教」。以他的婦孺字書，去比較那些自古沿用下來的紅皮書，兒童的學習和領會，自然容易得多了。

在一九一二年左右，先生又創作了一種《七級字課》以教學童。所謂字課，是將中文單字，由淺入深，分做七級順次學習，並附以解釋，其中亦包括有詞彙在內。照陳子褒自己的解釋，他以為這《七級字課》：「字分七級，循序而進，一二三級畢業，可為工人；四級可為商人；五級可為學人；六七級可為通人。」不過，《字課》的學習方法，全憑記憶與溫習，這與讀字典沒有很大的分別。從教育原理來說，這種靠強迫記憶的學習方法，是近代教育家所反對的。陳氏自認為得意之作的《七級字課》，在清末民初，十數年間，曾一度盛行於香港、澳門、中山、台山、新會、恩平及開平等地的小學中。

陳子褒所編著的課本及讀物，由光緒二十一年（一八九五年）至一九二一年這段期間內，一共有四十餘種之多，其中大部分為婦孺讀本。陳氏生平教學認真，工作已相當繁忙，猶能抽空寫作，編著大量書本，可見其精神魄力，實有過人之處。

茲將陳子褒所編著的書目，表列如下：

陳子褒編著書目表（以出版先後排列）

| 書名 | 卷數 | 出版年份 |
| --- | --- | --- |
| 婦孺須知 | 二卷 | 光緒二十一年（一八九五） |
| 婦孺淺解 | 二卷 | 光緒二十二年（一八九六） |
| 婦孺入門書 | | 光緒二十二年（一八九六） |

| | | |
|---|---|---|
| 婦孺八勸 | 二卷 | 光緒二十二年（一八九六） |
| 幼雅 | 八卷 | 光緒二十三年（一八九七） |
| 婦孺三字書 | 四卷 | 光緒二十六年（一九〇〇） |
| 婦孺女兒三字書 | 一卷 | 光緒二十六年（一九〇〇） |
| 婦孺四字書 | 一卷 | 光緒二十六年（一九〇〇） |
| 婦孺五字書 | 一卷 | 光緒二十六年（一九〇〇） |
| 婦孺新讀本 | 八卷 | 光緒二十六至二十九年 |
| 教育說略 | 一卷 | 光緒二十六年（一九〇〇） |
| 婦孺論說入門 | 二卷 | 光緒二十六年（一九〇〇） |
| 婦孺學約 | 一卷 | 光緒二十七年（一九〇一） |
| 婦孺論說大觀 | 一卷 | 光緒二十八年（一九〇二） |
| 婦孺論說階梯 | 一卷 | 光緒二十八年（一九〇二） |
| 婦孺中國輿地略 | 一卷 | 光緒二十八年（一九〇二） |
| 婦孺釋詞粵語解 | 一卷 | 光緒二十八年（一九〇二） |
| 婦孺譯文 | 一卷 | 光緒二十九年（一九〇三） |
| 婦孺信札材料 | | 光緒二十九年（一九〇三） |
| 婦孺報 | | 光緒三十年（一九〇四） |
| 婦孺雜誌 | | 光緒三十年（一九〇四） |
| 婦孺閒談 | | 光緒三十一年（一九〇五） |
| 婦孺中國史問題 | | 光緒三十一年（一九〇五） |
| 幼學文法教科書 | 二卷 | 光緒三十二年（一九〇六） |
| 小學國文教科書 | 十卷 | 光緒三十二年（一九〇六） |
| 小學地名韻語 | 一卷 | 光緒三十三年（一九〇七） |
| 小學詞料教科書 | 三卷 | 光緒三十三年（一九〇七） |
| 小學一得 | 一卷 | 光緒三十三年（一九〇七） |
| 少年趣味史教授法 | 四卷 | 光緒三十三年（一九〇七） |
| 小學中國歷史歌 | | 光緒三十三年（一九〇七） |
| 小學尺牘教本 | | 光緒三十三年（一九〇七） |
| 小學釋詞國語解 | | 光緒三十三年（一九〇七） |

| | | |
|---|---|---|
| 七級字課第一、二種 | | 光緒三十四年（一九〇八） |
| （即訂正婦孺須知） | | |
| 七級字課第三、四種 | | 光緒三十四年（一九〇八） |
| （即訂正婦孺淺解） | | |
| 七級字課第五種 | | 宣統元年（一九〇九） |
| 七級字課第三種教授法 | 一卷 | 宣統元年（一九〇九） |
| 七級字課第四種教授法 | 二卷 | 宣統二年（一九一〇） |
| 七級字課第五種教授法 | 三卷 | 宣統三年（一九一一） |
| 左傳小識 | | 民國元年（一九一二） |
| 補讀史論略 | · | 民國二年（一九一三） |
| 史記小識 | | 民國三年（一九一四） |
| 前後漢書小識 | | 民國四年（一九一五） |
| 灌根小雜誌 | | 民國五年（一九一六） |
| 晉書小識 | | 民國六年（一九一七） |
| 南北史小識 | | 民國七年（一九一八） |
| 左傳小識教授法 | | 民國七年（一九一八） |
| 新唐書小識 | | 民國八年（一九一九） |
| 崇蘭別課 | | 民國十年（一九二一） |

　　上述書本的編著，都是陳子褒自己親力親為，出版行世的。至於其他一些星散的文章，和有關教育理論的著作，則是後來由他的門人冼玉清、陳德芸、區朗若等輯錄成專書，凡三十萬言，名為《陳子褒先生教育遺議》，於一九五三年，在廣州出版。從這本《教育遺議》中，我們可以充分地了解陳子褒的思想、教育主張和教育實踐的方法。

　　5）主張實驗教育，注重趣味與開智。

　　子褒曾說：

　　　　「中國人士，所發言論，多不經實驗。其發一議，建一策，所謂第一條第二條云云，實與剪綵為花無異也。」我國學者，往往徒託空言，不著實際，致使理論與實踐，未能配合。如此，徒然高談闊論多

多，亦未能裨益於實際。

　　他所編著的教科書，無不經過長期試驗；有的經過再次改良、三次改良而至五次改良的，務求學童能聲入心通為止。

　　教學方面，他採取圓周法。對學童不作強迫灌輸，但鼓勵學童努力奮進，其進步較快的，程度較高的，可以提前升級，以養成學童自動學習和進取的精神。更主張廢止體罰。認為：「昔之訓蒙稱者，惟督以句讀模仿，責其檢束而不知導之以禮，求其聰明而不知養之以善。鞭撻繩縛若待囚徒。蒙養之法滋衰，是體罰之弊致然也。」[12]

注重趣味與開智。所謂「趣味」，配合現在的新教學法來說，就是引起學童學習的動機與興趣；所謂「開智」，就是在引起動機以後，從而進一步，引導學童作深入的研究了解。他說：「夫新讀本大旨，以趣味、養生、修身、人情、物理、古事、今事、喻言為方針。而約而言之，又不出趣味開智四字。蓋趣味所以順其性，開智所以儲其用，無非使之不以為苦，又不虛耗歲月而已。」[13]

趣味與開智在教學上的運用，正是現代教學的最新原則。

6）推廣平民教育，身體力行，努力不懈。

陳子褒一生，從事教育工作，努力的對象，在於婦孺與平民教育方面。他在《婦孺須知》的例言裏說：「中國士人，向不講求逮下，正諺所謂肚飽不知人肚餓者。今日編書宜為極貧極愚之國民設去，乃為有補大局。」他以為要救國，要發展教育，要從基層做起。他為貧苦人民設想的善心熱腸，至為人所敬佩。

他在澳門時期，曾領導一班弟子，開辦佩根平民義學、贊化平民義學及灌根勞工夜學等；到港以後，信奉基督教，與顏君裕、周懷璋等創辦聯愛會工讀義學，經營策劃，親往廣州物色教師，不辭勞苦。後又辦理聯愛女校及聖士提反義學等，對平民教育，貢獻很大。

現代香港社會聞人中，有許多都是陳子褒的學生，例如冼玉清女士、容啟東先生、冼秉熹先生、郭琳褒先生、黃焯庵先生、利銘澤先生、曾璧山女士等，都是知名人士。

## 塾館規模較大的著名塾師

34. 櫻花先生何恭第老師（何少庵先生惠贈）

二十世紀初期，在本港的塾館教育中，著名的塾師，除了陳子褒的貢獻最為突出以外，其他著名的塾師還有很多。從他們辦理的規模和當時的聲譽而論，可分為兩類：第一類塾師，他們所辦理的塾館，規模較大，聲譽也較著，在塾館教育中的地位也較高，都是一些名重一時的塾師。第二類塾師，塾館的規模較小，但他們對於當時的中文教育，也各有其地位和影響。

屬於第一類塾館規模較大的塾師，除陳子褒外，有：何恭第老師、盧湘父老師、陳慶保老師、葉茗孫老師、莫敦梅老師等幾位。茲簡介如下：

（一）何恭第老師

何恭第，號櫻庵，順德縣羊額鄉人，為前任本港《華僑日報》秘書何少庵先生的尊翁。約生於清光緒五年（一八七九年）。[14]

恭第少年家貧，十七歲即輟學。當時，他的族叔祖南臺先生，以名孝廉而講學於珠江，愛惜他英俊好學，乃招其前往讀書，繼續求學。恭第得有這個機會，自然是刻苦自勵，努力在學問方面下工夫。不過，生活在省城這都市中，費用高昂，居住不易；膳宿費用，更是無處計較。因此，為生活所迫，他曾冒險混入貢院試場，槍替別人，出賣文才，以獲取報酬。

十九歲開始任教席。二十二歲參加府考，得案首；科考得一等第二名，而為優廩生。其後，再赴廣州就學，從遊於何泰交的門下，與海內文士相結納，文名益噪。

辛亥革命後，何恭第曾本其所見，上書孫中山先生，陳述五大道：一、定國都，二、禦外侮，三、靖粵亂，四、糾官邪，五、倡人道；又上書黎元洪大都督，獻議七項大計：一、當助成聯邦之政策，二、當速成理財之政策，三、當建立軍政之基礎，四、當振興學務之衰落，五、當養成新造之人才，六、當安插旂滿之遺種，七、當提振道德之綱維。在這兩封上當道書的末段，何恭第曾效毛遂自薦而作自我介紹的說：「生蜷伏

海隅，年丁少壯，舉優行者十載，名器久成傀儡之場；窮瀛海者五洲，文章未得江山之助。徒以掘山羅海，蟄虞憂餓死而悲歌，棘天荊地，阮籍遇窮途而痛哭。壓制甚斯野心勃勃，烹煉久斯熱血轟轟。覯大漢之官儀，志士切從龍之想；拜將軍之旗鼓，狂生興叩馬之歌。敢獻芻蕘，伏維采納！」[15]從他這幾句話看來，很可能何恭第是想藉此得以晉身而為國用。然而，這兩篇詞藻清麗，議論縱橫，頗具見地的大作，結果，還是草莽陳言，未蒙採納。

當時，香港巨紳劉鑄伯，在其故里新安縣平湖鄉建築祖墓，闢守真園，建追遠閣。為了立碑紀念其事，便以重金徵求海內外文士，為他撰寫一篇〈追遠閣序〉，還聘請賴際熙太史擔任評閱。何恭第知道了這個消息後，便應徵撰寫了一篇駢體文，洋洋大觀。揭曉結果，香山黃慈博第一名，何恭第名列第二。賴太史批評他的文章說：「詞旨豐蔚，風骨開張，庾信哀時之作，韓非孤憤之篇。雖出於疾俗憤時，洵可以發蒙振落。」劉鑄伯對何恭第的那篇徵文，也特別愛好，乃將之勒石，樹於守真園梅花墓道。劉鑄伯與何氏，雖然生平邈不相識，因敬重其文章，即立具關書，禮聘何氏來港，當家塾教師，使子孫姬媳等，一律跟他讀書。

何恭第受聘到港後，除當劉家塾師外，嘗兼任育才書社的漢文總教習。過了不久，他也就在港正式設館授徒了。

恭第學塾設於中環大道中，永安街口相連的兩層二樓上。當時從遊的學子很多，二十餘年內，門生達數千人。他的學生都稱之為「櫻花先生」，而他的學生便稱為「櫻花弟子」，他的學塾則稱為「櫻花草堂」。

近人吳天放的《芸窗筆記》說：

> 少時，讀書於櫻花草堂。夫子每日選講《左傳》，且諄諄告余曰：司馬文章甲天下，《左傳》則其師也。夫《左傳》古之史書，史筆貴乎簡，簡則無華；簡而能華，此《左傳》之難能可貴也。三國時，杜預自稱有《左傳》癖。清初方望溪，最致力於《左傳》，遂開桐城派文風。余謹識之。

何氏對於《左傳》，研究有素。大概他的文章素養，得益於《左傳》的地方也多。我讀何氏的《櫻花集》，雖然裏面的文章，多是駢四驪六，

而他亦以此見長；但其中部分散文，文筆洗練而清麗，似乎很能做到他所謂「簡而能華」的地步。其中尤以〈上孫中山書〉及〈上黎元洪書〉，做得最好；詞意精鍊聲韻鏗鏘，從古文的角度來看，雖唐、宋大家的文章，亦不外如是。

何恭第在港，一面教學，一面從事寫作，更喜作哀感香艷的小說。他在小說的寫作方面，文筆很像上海作家徐枕亞。徐氏以寫作言情哀艷小說著稱，是我國清末民初文壇上，所謂「鴛鴦蝴蝶派」的代表作家之一，成名較恭第為早。何氏的小說，在港穗各報上發表，像〈玉面狐狸〉、〈十艷戀檀郎〉、〈親王下珠江〉、〈猺宮寶石記〉、〈三寶珠〉及〈宮粉紅〉等，都是鴛鴦蝴蝶派這一類軟性的趣味主義的小說，俱屬哄動一時，吸引千萬讀者的著名作品。

後來，恭第的學生羅澧銘、孫受匡，因受了老師的影響，也寫些小說在報紙上發表。孫受匡還辦過受匡出版社，出版小說和雜誌。

（二）盧湘父老師

盧湘父老師，是本港教育界的一位著名人瑞，於一九七○年一月十二日，到達一百零二歲的高齡，才歸道山。

盧湘父名子駿，廣東新會潮連鄉人，生於一八六八年（同治七年）。好學力行，年二十七歲，入萬木草堂從遊於康南海門下。一八九九年，以梁任公、徐君勉之約，就日本橫濱大同學校教席。一九○○年歸國，任澳門張氏家塾的專席教師。一九○五年，創辦湘父學塾於澳門。

35. 教育界人瑞盧湘父老師（一八六八－一九七○年，一九六九年盧國沾先生攝）

一九一一年，宣統末年，由澳門遷校香港，設湘父學塾於鐵崗，與鐵崗的體育學校為鄰。後遷堅道。這間大屋，原為江孔殷太史所居，後以平租租給盧氏作為辦學之用。一九一六年遷加冕台三號，倡辦女校，以西摩道二十九號為男校。其後，男校又再遷衛城道活崙台三號。

36. 位於香港中環鐵崗時期的湘父學塾

湘父學塾，到了一九三四年左右，向香港教育司署註冊，改為湘父中學。一九三七年，更由女弟子胡木蘭的幫助，向南京教育部和僑務委員會立案。這間學校辦理很久，聲譽也著，直至一九四一年，日軍侵犯香港時，方才結束。[16]

盧氏辦學認真，素重品德教育，常以朱九江的「敦行孝弟，崇尚名節，變化氣質，檢攝威儀」十六個字去訓勉諸學童；更在日常生活方面，躬行實踐，以身作則。他常常說：「欲正人心，息邪說，必須尊崇聖道。」因而生平致力於孔教的弘揚。

關於弘揚孔教方面，盧氏在他的〈自傳〉裏，曾清楚地自我介紹說：

> 生平服膺孔教，香港孔聖教會、中華聖教總會均有參加。民國十七年孔聖堂開始，亦為創辦人。民國十九年，陳煥章博士創辦孔教學院，身任院長。癸酉博士逝世，朱汝珍太史繼長院務。壬午，朱太史離港，院長一職，遂推余承乏。星期講學，蕭規曹隨。

其實，多年來，盧湘父一直都是本港孔教方面的一位中堅分子和有力的衛道者。

盧湘父與陳子褒同屬康南海的門下弟子，子褒以編著婦孺讀本著稱，而湘父於蒙學課本，亦有著述。

1）《婦孺韻語》：光緒二十年（一八九四年），湘父以各字分類，編成四字的《婦孺韻語》一種。當時康有為見了，曾大加讚賞，並予以鼓勵。湘父在《萬木草堂憶舊》中，對於編書的事，曾有述及：「萬木草堂學徒，每輕視八股，於考據訓詁，亦不甚措意，惟喜談時務，多留意政治，蓋有志於用世者。余無大志，惟日與陳子褒講求蒙學。子褒嘗編有《婦孺須知》、《婦孺淺解》等書，以便兒童識字；余亦編有《婦孺韻語》，各以字分類，編成四字之韻語。先生見而善之，曰：『蒙學亟須改良，汝能為此，亦大好事。今為蒙學假定書目，為之發凡起例，汝試為之，事若

有成，亦無量之功德也。』乃援筆寫成一紙以授我……」[17]

因此，湘父嘗説，他和子褒之編著童蒙讀本，最初是得到了康有為的鼓勵和指引，便是這個意思。

2）蒙學課本，在康有為的指引下，湘父繼續編著了啟蒙書三種：即《童蒙三字書》、《童蒙四字書》及《童蒙五字書》。《童蒙三字書》，以三字句的韻語組成，其內容純為勸學及講述孔子故事；《童蒙四字書》，以四字句的韻語組成，內容為經典常識；《童蒙五字書》，以五字句的韻語組成，內容以倫理常訓為主。近年且由其門人莫儉溥先生為這三書編注，並根據各書內容的順序，分為若干課次，以適合學校授課及兒童學習之用；同時，還將三書合為一冊，名為《經訓讀本》。

出自湘父門下的學生甚多，成才的也不少；何艾齡博士、張榮冕先生、鄺錫光先生、莫儉溥先生、容宜燕先生等，都為一時俊彥。

（三）陳慶保老師

陳氏為廣東番禺人，生於一八七〇年。為清代末年廩生。因屢試不第，乃轉而學習西醫；但深覺西醫每每要對病者施行割症手術，過於殘忍，於是又轉習中醫。曾任職於廣州滿清的陸軍醫院。

一九一一年辛亥革命成功，是年底，陳氏舉家

37. 一九一六年陳氏家塾師生合照

由穗遷港。翌年春，在港島的歌賦街開辦一所陳氏家塾，招生收徒。由陳慶保和他的尊翁陳炳昌擔任教席，約有學童二、三十人。

陳慶保是一位身材清瘦而個子不高的人，為人純厚，頗有學者的風度，可稱得上是一位標準的中國讀書人。他所教授的科目，全部為中國經史。他除教學外，因為兼通醫術，常常替人解除疾苦，故此一般市民又視他為一位儒醫。陳慶保既是一位儒醫，又為一時的名學者，故很得家長的信賴。後來學生日多，乃由其二子一同助教。[18]

一九一四年左右，陳慶保曾一度兼任皇仁書院的中文教席。

一九一八年，陳氏家塾遷至荷李活道五十四號，學童人數也增至二百名。那裏地方較為寬敞，並附有陳氏私人書藏。陳氏為了推廣中國文化學術，乃逢星期日將藏書開放，任由校外人士閱覽；並於星期日上午十時至十二時，親自登壇，主講有關中國經史或文學等問題，歡迎各界人士聽講。同時，還在該址開辦中醫夜學。

其後，陳氏家塾也改名為慶保中學。課程雖仍以中國古文學為主，但亦涉及數學、英文、自然科學等科目。一九三五年遷校堅道一百二十六號，規模更大，有學生三百餘人。至一九四一年，因香港淪陷而停辦。陳慶保老師也於一九四二年，以七十多歲高齡而病歿於堅道寓所。

陳慶保於晚年嘗以其行醫經驗，著有《傷寒論》一本；以其深厚的文學修養，編有《養正詩箋》一套共四冊。

戰後，陳慶保之長公子陳謙君嘗復辦慶保中學，至一九五六年，因樓宇拆建而終於停辦。

（四）葉茗孫老師

葉茗孫老師，名翰華，又號宗公。本籍福建，自先世來廣州經商，遂落籍於南海縣屬。葉氏世代書香，建有風滿樓於廣州城西，所藏書籍和碑帖都非常豐富，中華書局所影印的《圖書集成》，便是風滿樓的藏本了。

葉茗孫幼時，淵源家學；稍長，跟隨他的尊翁小茗，宦遊浙江杭州，得以從遊於俞曲園的門下。得到了名師的薰陶，而文章大進。光緒二十九年（一九〇三年），參加廣州府試，全案第二名，科考一等前列，補優廩生。旋與友人創辦時敏學堂，兼主

38. 著名塾師葉茗孫老師（？——一九四三年）

《粵東公報》筆政。入民國後，主理粵省商團所創設的《商權報》、《總商會新報》及《七十二行商報》等筆政。葉氏的時務文章和詩文詞，均為時

人所推服，傳誦一時。

民國五年（一九一六年），袁世凱稱帝。那時候，龍濟光為袁世凱所利用，在廣州大捕反對派，更嫉忌《商權報》等言論切直反對洪憲政體，於是遣人欲將葉君逮捕，幸而聞風逃脫。他知道在廣州已沒法再行立足了，便即設法逃來香港。

葉茗孫來港以後，設茗孫學塾於中環永樂街三十三號二、三樓。茗孫學塾，又稱葉館，這是沿用廣州舊日大館的名稱。一九三〇年左右，遷館於德輔道中一六七號三、四樓。其後，又設分館於灣仔耀華街，由錢謙益氏主持。茗孫在港設帳授徒，聲譽極佳，慕名來學的人不少。一九四三年，葉氏在港去世，葉館也跟著停辦。[19]

時人梁乃人、簡又文、歐陽壽松、譚炎坤、李作忠、高福球、葉一舟諸先生，均嘗受業於葉老師門下。

葉茗孫的哲嗣，均有聲於時。長子觀盛，為名書法家；次子觀棪，為本港體育前輩，後服務於教育司署，任視學官職。兩人均已先後謝世。三子觀楫，曾為體育界聞人。女公子若昭、惠文、惠波均服務於香港教育界。

（五）莫敦梅老師

莫敦梅老師，字雪訪，廣東番禺鷺江人，生於一八九六年，畢生致力於教育事業。一九一九年在香港灣仔克街十三號二樓，創辦敦梅學塾，學童數十人。

敦梅所辦學塾，以管教嚴謹見稱，甚得家長的

39. 一九二六年敦梅學塾全體師生合照

信賴，故此學童日多。一九二二年，設分校於茂羅街一號。一九二六年，出版第一期年刊名《課藝叢刊》。翌年，又設分校於活道一號，學生人數增至一百四十餘名。此後繼續擴展，增設中學部、平民義學、女子中學及幼稚園，學生增至六百餘人，規模日大。至一九三四年，也由學塾而改稱

為敦梅學校了。[20]

歷年就讀於敦梅學塾的學童頗眾，大概以灣仔一帶居住者為多。而早期在該校服務的教師，受了莫氏的影響，後來各自發展，在教育上有成就的也不少。

莫老師除了星期一至星期五對學生授課外，逢星期日或假期時間，他更開設國學進修班，親自教導自己的子女、家屬、校中員工及其家屬等。教授的內容，以古文、我國傳統的仁義道德和忠孝故事等為主。這也可說是莫氏家庭教育的一部分。

一九四一年，香港淪陷於日軍手中，敦梅學校即告停辦，莫老師也挈眷回鄉去了。他回到番禺故鄉，仍舊設館教學，且一改以前剃光鬍髮的習慣，留髮長鬚。他對人說：就是一種不忘國恥，悲憤明志的表示。這種情形，直至抗戰勝利為止。

戰後復課。敦梅老師於一九四九年逝世，由其哲嗣儉溥君繼任校長。儉溥君家學淵深，早歲畢業於本港官立漢文師範，旋負笈國立中央大學，得法學士學位。對國學的研究，尤為深入。他年青有為，接任校長後，對敦梅校務，努力推進，曾有所發展。

莫老師子女頗眾，其服務於香港教育界的，除長子儉溥君外，尚有女公子錫瑤女士、紉蘭女士、錫珊女士等，均有聲於時。


## 塾館規模較小的塾師

第二類是塾館規模較小的塾師。在差不多同一時期內，這一類的塾師及其塾館很多。現在只就調查所知，將一些較為著名的，例如彭叔煥老師、霍品三老師、黎笏臣老師、趙少瑜老師、周五姑女士、鍾芬庭女士、伍醒遲老師、章老師、蕭秩如老師、梁為山老師、胡雨川老師、區大典老師、俞叔文老師、翟老師、王子恕老師、鄒稚雅老師、劉尚文老師、張筱峰老師、呂伊耕老師、區礦菴老師等十餘位，列舉下來，並給予簡單的介紹。

（一）彭叔煥老師

彭館設在香港上環東街與摩羅街轉角的地點。他的學生很多都轉學到

皇仁書院去繼續深造。皇仁書院著名的學生溫宗堯和陳錦濤，便都是彭館的舊學生。彭館束脩每年約港銀十元；每逢年節，學童另行奉上節儀或食物若干。現在文咸東街的「彭裕泰行」，為彭氏後人所創設，招牌上「彭裕泰」三個字，便是彭氏的遺墨。彭氏館譽極佳，所收學生，往往要由舊生引見，方可以列身門牆之內。

（二）霍品三老師

霍館開設於香港發興街，在上環一帶，享有盛譽。就學的多為附近商家的子弟，尤以潮州幫的子侄最多。霍氏雖患有高度近視，但態度嚴肅，教書認真，學童都很敬重他和畏懼他。[21]

（三）黎笏臣老師

黎笏臣老師是廣東東莞蒲涌鄉人。他的父親黎英拔，曾舉進士及第。一九〇五年來港，翌年，設笏臣學塾於西營盤第三街；數年後，接受政府資助，每月港幣一百元，而為津貼學塾。黎氏年青有為，一九二五年復進入漢文夜師範就讀。與劉叔壯、李乃惠、白直甫、麥君澤等同學。一九二八年，將學塾擴展，設有四個課室，擁有一百五十餘名學童。黎氏在本港作育英才，凡五十年，至一九五五年逝世。目前這學校仍由其哲嗣黎澤寬君繼續主持，是西營盤的一間有悠久歷史的小學校。[22]

（四）趙少瑜老師

一九一〇年以前，趙氏即已設館於香港威靈頓街近九如坊口的地方。他是一位較有新思想和新學識的人物，曾兼任報館主筆。

（五）周五姑女士

周女士是已故周懷璋醫生的第五姊。於一九一〇年以前，即在本港開設了群德女子學塾，並有女教師多名協助管教。這所女學塾，專收女生，合班教授，不分等級。[23]

（六）鍾芬庭女士

一九一〇年左右，鍾芬庭女士設帳於潔志街，專收女子，生徒頗眾。後來，鍾女士與嶺南大學校長鍾榮光結婚，學塾便告停辦。在那個時候，同姓聯婚，是頗招物議的；鍾女士卻能勇敢地衝破此種觀念，足見她是一位敢於破除舊思想束縛的奇女子。

（七）伍醒遲老師

伍氏為寶安人，秀才出身。一八九八年，當英軍接收新界的時候，伍氏曾領導新界村民，進行反抗，結果被英軍逮捕入獄。出獄後，改名醒遲，在元朗舊墟，設醒遲學塾，教授生徒。他是一位很有民族意識的讀書人，而且教學認真，一時前往就讀的人很多。伍老師不但為學生所推戴，一般村民對他也非常敬重。

（八）章老師

章氏學塾設於香港灣仔水渠街，擁有樓上樓下兩層樓宇，共分甲、乙、丙、丁四班上課，有學生數十人。教授方面，除章老師外，另有助教三人。

章老師只有一隻眼睛，一般人背地裏都稱呼他為單眼章，至於他的真實名字，反為人們所忘掉。他的另一隻眼睛，據說是在清末義和團之亂的時候被弄傷了的。

章老師教學，以嚴厲管教著稱，常以體罰對付學生，學子們畏之如虎。每日第一、二堂例要學生背書，背過書後，然後講書；他先用廣州話講述，然後再以官話教學生誦讀。

（九）蕭秩如老師

蕭老師的塾館，設於灣仔皇后大道東近灣仔街市的地方。

（十）梁為山老師

梁老師的塾館名叫為山學社，設於香港灣仔道的一層二樓，約有學生四十名。黃國芳先生小時候，初到香港，曾在這裏就讀。

（十一）胡雨川老師

胡氏原名胡雨三，本來在廣州教書，一九一一年辛亥革命反正以後，始來港設館授徒。來港以後，他將自己的名字，也反正過來，而為胡雨川。

胡館有助教數名，採取分班授課的制度，在當時算是非常進步的教學方式了。胡氏於每年孔子聖誕及舊曆新年，都寫有極富幽默感的長聯，貼在館前，頗為街坊傳誦。他是一位談吐風趣的人，但管教則甚為嚴格，倘學童偶有過失，輒親自動手鞭笞。是以館中的學童，雖然敬重他，但卻十分畏懼他。[24]

（十二）區大典老師

區氏為清光緒二十九年（一九〇三年）癸卯科翰林。一九一三年，香港大學堂增設文科，聘請賴際熙與區大典兩位太史為中文講師。區大典在港大擔任經學講師的時候，對於經學的提倡，不遺餘力。一方面又在薄扶林道七十一號，設立一所書塾，專門講授經學。他的書塾，也以「尊經」二字為名稱。當時慕名前往就讀的，都是一些程度較高的學生。

（十三）俞叔文老師

俞氏為廣東番禺人，名安鼎，字叔文，晚號彌遯老人。早歲嘗負笈於譯學館。民國以後，對時局不滿，於是遯跡香江，設塾課徒。俞氏所設的學塾，在香港衛城道的妙高台。他所設的專館，程度較高，注重詞章的研習；常以「辨華夷、明體用」的道理去詔告生徒。他的學生人數不多，現在有聲於時的本港紳商僑領中，鄧肇堅、李福逑、簡悅強、劉鎮國諸先生，胡木蘭、曹麗姬、簡笑嫻、周淑珍諸女士等，都曾受業於他的門下。[25]

一九二三年，俞氏與賴荔垞、洪興錦、李海東等創辦學海書樓，被推任為司理，廣羅圖籍，並經常公開宣講中國經史古文辭章等，對於中文教育在本港的推廣工作，自有其重大的貢獻。

（十四）翟老師

一九一五年左右，翟氏設商闓學塾於中環士丹頓街，有學童約五十人，由翟老師父子任教。

（十五）王子恕老師

王館設於荷李活道，善慶里三號樓下，校規甚嚴。鄧肇堅爵士兄弟及袁國煊先生昆仲，皆出其門下。

（十六）鄒稚雅老師

鄒館設在普慶坊三號樓下。名氣頗大，有助教兩名，亦有枱椅供學生使用。一九二〇年左右，全年學費為一百元，當時頗算高昂。

（十七）劉尚文老師

劉尚文老師，又名憲周，原是廣東南海縣獅子竇鄉人。中舉人後，在鄉當紳衿，因感於對鄉事的處理，每多棘手，乃離鄉來港。時本港名中醫勞子開，南海小唐鄉人，與劉尚文有鄰鄉之誼，知劉舉人學養極佳，乃幫

助他在永樂街開館授徒。勞氏除了遣送自己的兒子惠群、英群等，隨劉師學習外，並代他廣招學童。每學生每年學費三十元，倘不足三十人，則由勞子開出資補足。一時聞風來學的很多。[26]

（十八）張筱峰老師

張氏為廣東開平人，為名儒簡竹居的學生，舉人出身。一九二五年以前，已在香港榮華台開辦學塾。他講學以經、史為主，素以教授嚴謹著稱。

（十九）呂伊耕老師

呂氏的伊耕學塾，設於香港鴨巴甸街。

（二十）區礪菴老師

區氏所設的專館，名為養新書塾。

（二一）王女士

王氏女塾，設於中環荷李活道二十五號三樓，專教蒙學新書，兼中西淺史、地輿、數學、繪圖、信札、針黹等藝。

此外，尚有：啟通書塾，設於灣仔交加街二十七號二樓；衛文學塾，設於九龍；還有其他一些不甚著名的學塾等。不過，這些塾館的塾師姓名，一時卻是沒法考查了。讀者諸君，對於這方面的資料，如有所發現，希能不吝賜教，提供示知，以充實本篇內容，筆者當感激不淺！

## 結語

上面列舉出來的中文學塾和塾師名稱，在當時香港所屬地區來說，自然不止這個數目，他們只不過是較著名的一部分，和僅就個人調查所知的資料，記錄下來，作為這一個時期內塾館教育的代表罷了。

我們研究過上面的敍述以後，對於二十世紀初期，本港塾館教育時代一般的塾師，應有了相當的認識。概括來說，可有下列幾點：

（一）塾館的設立和學子的招徠，純以塾師的聲譽為號召；

（二）塾師的品流頗為複雜，資歷亦極參差，包括有失意文人、落第秀才、流亡政客等等；

（三）塾師的生活，一般都是靠學童的脩金（學費）和供應以資維持，生活頗為清苦；

（四）一般塾師的外表，都是態度嚴肅，道貌岸然的居多。因為中國的傳統觀念認為：作為一個教師，都應有高度的自律精神，要以個人在道德文章方面的優良表現，以為大眾的表率；

（五）塾師教學，多以中文、經、史為主，對於其他科目的知識，則頗為貧乏；

（六）塾師教學的方法，差不多都應用同樣的方式：首先是由塾師讀解課文，其次是要學童熟讀課文，再其次是要學童背讀課文和抄寫課本；

（七）塾師的社會地位，表面似乎很崇高，很受人尊敬，但是，他們的生活和工作，往往是受制於學生家長或某些社會人士；

（八）塾館的存在，往往繫於塾師一人；塾師謝世，塾館即告結束了。

在本港的學塾中，一些組織較佳的，於一九三〇年前後，為了適應潮流所趨，也紛紛改為學校了。由於社會的進步和生活環境的變遷，落後的塾館教育已不能適應時代的需要了。二十世紀的初期，它在香港一隅之地的特殊環境中，因某些因素的關係，雖曾突然的勃興起來，作一度的迴光反照，但自此以後，即告壽終正寢了。從這時起，學校教育也踏上了一個新的階段。

雖然，傳統的塾館教育時代已成過去，這種教育，無論其方式與內容，都充滿了封建殘餘的意味；然而，它在香港中文教育發展的進程上，卻也影響不小，且有其一定的貢獻。


### 附注

〔1〕見《陳子褒先生教育遺議》所載一九二〇年陳氏〈在庇理羅士女師範演講〉一文。
〔2〕參閱《陳子褒先生教育遺議‧教育學會緣起》。
〔3〕參閱《陳子褒先生教育遺議‧陳子褒先生行略》。
〔4〕這地方，原先是江孔殷太史的大宅。
〔5〕據陳子褒的學生何文樂先生一九七一年三月十一日口述。
〔6〕參閱冼玉清著：《改良教育前驅者──陳子褒先生》。
〔7〕見陳德芸：〈灌根文藝序〉。
〔8〕此二語，見陳子褒於一九一九年所作〈聯愛女校招生啟〉一文中。
〔9〕見《陳子褒先生教育遺議‧論報章宜改用淺說》。
〔10〕見《陳子褒先生教育遺議‧俗話說》。

〔11〕見《陳子褒先生教育遺議‧論訓蒙宜先解字》。

〔12〕見《陳子褒先生教育遺議‧體罰教育説》。

〔13〕見《陳子褒先生教育遺議‧論訓蒙宜用淺白讀本》。

〔14〕民國十二年（一九二三年）十月，中國眾議院議員，湖北彭養光，為何恭第的《櫻花集》作〈櫻盦先生事略〉，內説：「先生今年四十有四矣」。照此推算，何氏當生於清光緒五年（一八七九年）左右。

〔15〕見何恭第著：《櫻花集》十三、十九頁。

〔16〕據盧湘父老師的長公子盧國洪先生口述。

〔17〕見盧湘父著：《萬木草堂憶舊》（油印本）二十三頁。

〔18〕據謝雨川先生口述。謝先生少時，在聖約瑟書院讀書，課餘，嘗從陳老師學習中文。

〔19〕據葉觀梭先生一九七〇年二月口述。

〔20〕參閱《敦梅學校四十周年紀念第二十六期年刊》，一九五八年七月十六日出版。

〔21〕參閱一九六九年四月三日《工商日報》，黃嘉仁：〈省港澳百年人事〉。

〔22〕據笏臣學校黎澤寬校長所記述。

〔23〕據楊謙先生夫婦口述。

〔24〕據勞惠群先生口述。

〔25〕參閱俞伯歐、俞叔文兄弟合讓之《三十六溪花蕚集‧俞叔文先生傳》。

〔26〕據勞惠群先生口述。

## 中國內地的變革促進了香港教育的發展

　　一八九八年的戊戍政變、一九〇〇年的義和團之亂以及中國內地一連串的革命運動，使香港人口大增；同時也因而促進了香港教育的發展。而一八九八年英國復向清廷租借得九龍以北的一大塊土地，稱為新界，使香港的領域，大大的擴展起來。新界的租借，對香港的發展影響很大。在我國歷史上，這地方的發展，遠較港島為早。若把新界和香港島比較，便顯得新界是一個面積廣闊、土地平曠、物產豐盛和文物薈萃的地方了。是以在二十世紀開始的時候，香港社會，也就顯得充滿了欣欣向榮的發展氣象。

　　為了方便敍述這二十世紀初期本港教育的開展情形，特別是有關中文教育方面的進展狀況，我打算從下列三方面去加以說明：

　　（一）《一九〇二年教育委員會報告書》的主要建議；

　　（二）香港社會人士熱心辦學的表現；

　　（三）一九〇四年皇仁書院復設漢文的經過。

## 《一九〇二年教育委員會報告書》的主要建議

　　一九〇〇年，本港社會人士，為了使他們的子侄可以接受較合理的教育，乃向政府提出了兩項有關改善教育的請求。

　　第一項是歐籍社會人士的請求。他們列舉了歐籍兒童與華籍兒童，在同一書館接受教育的缺點；提議英籍兒童應在他們自己的書館裏接受教育。他們以為大多數的中國學童，目的是在學得少許英語，俾便可以在洋行裏謀取一份職位，對純文化的科目不會感到興趣，對英國歷史的研究，更是索然無味，甚至大部分算術原理的指導，也是白費，因為每逢實際應用到算術的時候，他們便又回到運用算盤計算的舊習慣上去了。

　　第二項是一群華人領袖的請求。由何啟爵士及曹善允等代表所呈遞。內容說明本港須要設立一間西式的高等漢文學堂。在皇仁書院肄業的普通

中國學生，只抱著一種功利主義的態度，因而家境富裕的人，都不願意他們的孩子在該校就讀。本來，他們是可以送子女到外國求學的，不過認為學齡兒童離開父母過久，不大適宜。所以在請願書中提議政府，設立一間專門收容華籍學童的西方形式的高等漢文學堂。這學堂以所收費用，即可應付開支，不須港府支付分文；惟希望政府能協助他們，獲得適當的師資。將來這學堂開設以後，本港有地位的華人，便樂於遣送他們的孩子前往接受適當的訓練，接受最佳的中、英文化的薰陶。政府興建這樣的一所學堂，決不會是一種浪費，而是一筆有利的投資，因為本港將由於道德教育和宗教情操的普及，而蒙受其利。在辦理中國女子教育方面，希望很快亦會得到同樣的進展。

一九〇一年，本港政府乃任命註冊總署署長布利雲（Mr. Brewin）、何啟博士（Dr. Ho Kai）和教育司伊榮（Mr. E. Irving），組織了一個教育委員會，負責調查香港的教育情況。

這個委員會的《報告書》，於一九〇二年發表，其後，很多重要的改革，都根據這《報告書》而進行。它對本港各類書館所作的全面性調查，使我們對當時的教育狀況及教學方法等等，都有深切的了解。

那時候小規模的私立漢文學塾，辦理和教授法都很差。政府在各區所設立的漢文書館，雖然不收費用，但所授課程，也大致與私立學塾相同，不過加入少許的算術和地理罷了。在庇理羅士女書塾中所開辦的漢文部，便成為一間分區的漢文女子書塾了。

在那時候，香港的學校，就一般來說，大概可以分為漢文書館和英文書館兩大類。漢文書館包括一般學塾和政府所設立的漢文書館等，教授課程的內容是以漢文為主或全部均為漢文科目；遇有適當師資時，則在高班中加授少許英文。英文書館所教授的課程，則以英文為主，中文僅屬其中的一科；換言之，除了中文科外，其他各科均以英文教授，以英文作為教授與學習的主要語文。這種情形，一路沿習下來，直至現在本港的一般英文學校，還是如此；只是一般中文學校，都已加授英文，並且把英文科當做一個主要的科目來學習。

當時，一般的英文書館，大概都有下列的缺點：

1）很少華籍教師具有漢文和英文兩方面足夠的知識。

2）關於英文方面的學習（包括會話、作文與讀本），效果並不很理想。

3）對於西方知識，還未有作出系統化的傳授。

4）在書館裏，並未有利用學童已有的漢文基本學識，以幫助學習英文和西方知識。

5）學童學習的科目和學習活動的範圍，都很狹窄。

關於皇仁書院，委員會引述了史劍活博士於一八六四年在一份《報告書》中所說過的一段話：

> 這書院（按：當時是中央書院，後為皇仁書院）此後將成為一所只收容志在學習英語的學生。為著防止他們對自己本身語文的忽略，校方便施行一種新制度：依照規定，那些新生，須證明對某些初級漢文讀本，像古文等，已有相當學識，方可進入漢文班攻讀；一年以後，經過考試及格，才得進入英文班肄業。

委員會指出，這項入學前的漢文科考試，現在已經廢止了。這對於學生的漢文程度，自然是一項很壞的影響。

茲將委員會所提出的《報告書》，其中的主要建議，概述如下：

（一）英童書館（British Schools）

基於文化與教育的原因，應該設有只供英童就讀的書館：一所在九龍，一所在維多利亞城。主要的論據是：「他們（英童）在最容易受到感染的年齡，而與那些有異族信仰和不同道德標準的兒童，接觸在一起，是不適宜的。」此外，他們也發覺，把那些只懂得本國語文的英國兒童，和那些年紀與知識都超越他們很多，而正在開始學習英文的兒童，繫在一起，是不應該的。

（二）高等漢文學堂（The Chinese High School）

設立一所高等漢文學堂，以便收容那些高尚華人及其親屬的子弟。學堂的收費，應予提高，使學堂的經費完全由學童的繳費去支持，而不須由納稅人負擔。

（三）漢文書館（Vernacular Schools）

1）在漢文書館各班級中，應將西方知識列為必修科目，使學童對歷史及地理都有新的認識。應教導學童清楚明白，他們所學習的是甚麼。

2）教學方面，應盡量減少背誦而多加解釋；換言之，即漢文書館需要較實際和較好的教學法，這是不容置辯的。

3）英語教學，應視為一特殊科目，可在較高班級中施行。

4）應設立獎學金，以資助成績優異的學童，使他們能繼續在英文書館攻讀。

5）各區漢文書館，應與各區的英文書館，藉著獎學金的關係，建立聯繫，使漢文書館的學童直接升讀。政府漢文書館，應作為各該區的模範書館。

（四）官立英文書館（Government Anglo-Chinese Schools）

1）學童入學時，必須在漢文書寫方面，有足夠的知識；同時，在修業期間，應繼續使這方面的知識，有所增進。

2）英文教學，應著眼於它的實際應用方面。應該採取口授教學法；作文一科，也應多予注意。

（五）皇仁書院（Queen's College）

1）該書院只供華人學童就讀。

2）關於西方知識方面，化費在學習有關早期及中世紀英國歷史，和與遠東有少許關係的各國地理方面的時間，不應太多；應該充分顧及到，從認識本地作為出發點的教學觀點的重要。

3）應重新恢復漢文入學考試。

（六）英文補助書館（English Grant Schools）

1）完全由考試成績來作決定的補助制度，應該與現代觀念相一致，因此，補助條例應予修改。

2）教師的薪酬須加改善；而學童人數與每一華籍教師的比率，不應超過五十與一之比。

3）應該承認體育一科的重要性。

（七）新界的教育（Education in the New Territories）

委員會發現：「儘管有很多障礙存在，但一萬七千五百個十六歲以下的男童中，超過四千人在私塾中就讀。」為著改善當地的教育情況，在元朗和上水兩地，應該設立英文書館；並從各漢文書館中挑選出最優秀的學童，給予獎學金，使他們可以免費在該等書館中就讀。政府應津貼各現有

的鄉村學塾，使學費得以減低，以便更多兒童可以入學。

（八）高等教育（Higher Education）

委員會認為發展高等教育，尚非其時；也反對以往挑選一兩位有希望的學生，免費派遣到英國接受專業或大學教育的做法。

下面一段《報告書》中的結語，是非常值得引述出來的，因為它明顯地說出了一項教育政策，並代表了某些高層人士對當時本港教育的看法：

> 本委員會認為對於教育的實施，應該徹底進行。協助啟發上層社會華人的知識，所得的效果，實較勉強以新思想灌輸給一般大多數人民為佳。使領導階層的人士具有開明的思想，應是最好的或是目前唯一的開導的方法。為了這理由，對英文書館的注重，要比漢文書館為多。同時，所採取的原則，在實施優良教育所需的費用，只要接受者能力所及的話，都由他們自己去負擔。不敷之數，然後由納稅人支付。

這一份報告，頗引起了對本港教育有興趣的人士的注意。

皇仁書院校長黎璧臣，極不贊成皇仁書院只限於招收華籍學童。結果，他得償所願。雖然在英童書館設立以後，已甚少英童就讀該校，但歐亞混血兒及印度籍的學童是常有的。

當時的英國殖民地部大臣張伯倫（Joseph Chamberlain, 1836–1914），對香港教育，非常感到興趣。一九〇二年九月，他在致港督的函件中，對《報告書》作如下的批評：

「意圖只對少數華人施以認真的教育，而不作普及教育的打算，這意見，我不敢苟同。」

他又說：「像香港這樣的一個佔有絕大多數本地人的社會中，政府對漢文書館不加以協助，因而令到那些貧窮的人不能沾教育之益，這種措施是否適當？政府須要提出強有力的理由去予以解釋。……關於這問題，我希望能夠得到一個更清楚而明確的解說，以作為將來工作的南針……就殖民地獎學金一事來說，我覺得很遺憾；我認為香港與其他的殖民地並不相同，該獎學金的設立，極可能會使到和那穩固的、徹底的、普及的教育目標，背道而馳。」

他也反對皇仁書院只限於收容華籍學童的決定。關於這問題，他曾跟史密夫爵士磋商過。史密夫爵士曾經擔任過香港的註冊總署署長和星加坡總督的職位，對於香港的認識很深，嘗在其《備忘錄》中寫過這樣的一句話：「應該將扶植漢文書館一事列為首要任務。」

港督卜力爵士（Sir Henry Blake, 1840–1918）也曾就上述的批評，對殖民地部大臣，作如下的答覆：

> 本人以為，現在可以將本港教育施行的原則定下來了。下列幾點，我可以肯定的説，是會受到所有對本港教育感到興趣的人士所贊同的：
>
> 1）政府繼續支持那些達到合理水準的漢文書館。教學法應設法改進，西方知識要利用漢文教科書傳播。
>
> 2）漢文書館毋需教授英文。
>
> 3）學童必須漢文考試及格，方准進入政府的英文書館就讀。

自從一九〇二年委員會的《報告書》發表以後，一項《新補助法例》於一九〇三年公佈。規定了對校舍、傢具、儀器、職員等的某些基本要求和一些教學的規則。在英文書館中對華籍學生的教學，則應包括漢文、英語會話練習、地理、歷史與初級數學等。

漢文書館及英文書館所得到的補助，普遍大為改善；不過後者所得的，則較前者為大，因為後者的教員薪金和各項經費，均較前者為多。

《新補助法例》有一項最重要的改革，就是書館所得的補助，是根據督學的視察報告而定，並非以考試成績的優劣為依歸。

一九〇二年的教育報告書和一九〇三年的新法例，使香港教育帶來很多改進。例如教學方法、學校行政及教育水平的普遍提高等。發展高等教育的道路，亦由此而鋪設起來。

從上面的情形來看，許多方面對漢文教育的維持，都有提及；但真正的發展，還是以英文的推進為主。《教育報告書》中就這樣明白的指出：

> 從帝國（按：指英國）的利益設想，凡是願意學習英文及西方知識的中國青年，即使他們並非本港居民，如果所費不大的話，都值得

給予教導。

　　對殖民地增加經費的開支，是一件小事，然藉著英文的傳播，使英國可以從中國方面得到利益，並且會對我們的帝國報以友善的態度，這就足夠補償所付出的代價了。[1]

　　由此看來，英國人對香港英文教育的擴展，是看得何等的重要呀！它與英帝國的利益是息息相關的。

## 香港社會人士熱心辦學的表現

　　一九○二年，駐港的加士居陸軍少將（Major-General Gascoigne）創辦了一所九龍英童書館，並給以經濟支持。當時，本地富商何東（後來為何東爵士），正出資在九龍建造了一所新校舍，獻給政府，以為收容各國學童之用。政府於是徵求何氏的同意，將這所書館，專門用以收容歐洲學童。當時，何氏有一個附帶條件，就是要政府答允設法改善九龍方面的華人教育。何東捐建的新校舍，便於一九○三年開始，由歐籍學童使用。其後，又以校舍太小，不敷應用，乃於一九三六年，又遷入一所新校舍，名為英皇佐治第五書館（King George V School）。

　　英國殖民地部大臣雖然原則上贊同在香港設立一所高等漢文學堂，可是對於經費問題，頗費躊躇。他於是建議，假若香港社會人士能籌足十萬元之數，則政府亦撥出一筆同等數目的款項，以便辦理。顯然，這計劃的實行將被拖延下去。同時也看出政府方面對於此事，似乎缺乏誠意。

　　關於在本港設立一所高等漢文學堂的問題，部分教會人士，頗感興趣，於是他們便著手去籌辦；經過一番努力以後，於一九○三年，他們在西營盤西邊街，設立了一所聖士提反書院（St. Stephen's College）。創辦人為何啟、韋寶珊、周少岐、曹善允及黎季裴等。開辦一年後，學生人數由六名增至三十二名；三年後增至一百名。巢坤霖和曹善章，都是該校最早期的學生。該校赤柱新校舍的建造，歷時十二年，耗資達五十萬元，校地由政府免費撥給，面積達三十四英畝，有廣大的運動場，倚山面海，四周風景極佳，至一九二八年方才完成，遷入使用。這間書院只招收華籍男童，且多是富有華人的子弟。學科方面，以漢文及英文為主，並傳授基督

教義。辦理方面，盡量仿效英國的貴族學府作風。自此，這書院便成為本港一所有地位的獨立學府了。該校畢業生傅秉常、劉鍇、余文光、姚漢平及周埈年等，都是社會上的著名之士。一九三九年，得中國教育部承認為立案中學，畢業生可直接投考中國各大學入學試，與內地各著名中學，作同等看待。[2]

由於聖士提反男書院的成功開辦，鼓勵了香港華人領袖們辦學的熱誠。何啟、曹善允等人，又勸助聖公會的會督，於一九〇六年，選擇香港堅道地方，創辦了一所聖士提反書塾（St. Stephen's Preparatory School）。一九一八年發起籌建校舍，一九二二年由英國皇太子奠基，至一九二四年建築完成，由港督夫人主持揭幕；這便是現在位於列提頓道的聖士提反女書院（St. Stephen's Girls College）了。

## 育才書社興學育才

談到這裏，我覺得最值得一提的，是育才書社。百多年來，外國商人在香港經商，成為巨富的人很多，其能出巨資在本港興學，以造就中國人才的，只有兩位，一位是庇理羅士爵士，創辦了一所庇理羅士女書院；另一位是嘉道理爵士（Sir Ellis Kadoorie），創設了育才書社。

育才書社創辦於一九〇〇年前後，是一個興學育才的團體；所創設的書館，也稱為育才書社。香港育才書社的組織，頗為龐大，完全由本港的紳商鼎力支持。主席：依利士·嘉道理，副主席：馮華川、周東生、何澤生、冼德芬、廖紫珊、葉靄山、蔡子莊、古輝山、譚子剛、容兆譜，司理：劉鑄伯，司庫：阮荔邨、梁仁甫、黃竹友，總理：招雨山、劉渭川

40. 創設育才書社的伊利士·嘉道理爵士（Sir Ellis Kadoorie）

等八十九人。嘉道理熱心教育，除了個人慨捐巨資興學外，還邀請各華人紳商協助，共同推進；又一面向社會人士勸捐，以期擴展學務。他們除了在香港辦學以外，更及於廣州和上海等地。試觀光緒二十七年（一九〇一年）五月，該社在本港報章所發出的勸捐啟事，可窺一斑。該啟事略謂：

> 本書社為培育人才，廣開童智起見，現擬於本港及羊城諸處，擇便逐漸推廣，增創館舍，務便就傳，毋使跋涉之勞；延聘中外通儒，專課中、英文學，以期精益求精。荷蒙同志諸君子，慨捐巨款，現計惠助者六萬五千餘元。惟是經費浩繁，要須仍呼將伯，多得一分，即多做一分之事。伏念為善必有同心，總望大君子慷慨仗義，鼎力樂捐，助成美舉，是所厚望焉！

到了同年六月二十三日，該社司理人劉鑄伯，又在報上刊登了一段啟事，催收各界所認捐的款項：

> 本書社主席伊利士．嘉道理先生，日前親自赴滬，聯合同志諸君，在申設立書社分局……各書塾今當開辦伊始，理宜趕速，以觀厥成為快。前蒙本港善士捐助各款，敢請早日送交萬祥源阮荔邨翁，或唸行辦房梁仁甫翁，或弟處代收，取回收條便妥。[3]

可見育才書社的創辦，除了嘉道理的慷慨捐輸以外，中國紳商的協助和踴躍輸將，也極為重要。計共籌得款項二十餘萬元。

育才書社所開設的書館，共有四間。廣州的育才書社設在河南鰲洲外街；上海的育才書社設在英租界，與公捕局為鄰；香港的育才書社則有兩間，一在西營盤，即現在西營盤官立小學及西區育才小學的地方，一在銅鑼灣掃桿埔，專為印籍兒童而設。當

41. 熱心教育的立法局議員劉鑄伯先生（一八六七－一九二二年）

時，這幾間書館的事務，均由劉鑄伯負責經辦。然而這四間書館，散佈在上海、廣州和香港，劉鑄伯所謂負責經辦，也只是遙領罷了，主要還是由各書社的掌教主持。

談到劉鑄伯，大家都知道，他是本港歷史上的一位成功人物。少年時候，家境欠佳，但為人聰穎力學，是早期中央書院的學生。畢業後，獻身社會，歷任地方要職。對於華僑福利，建樹頗多。曾任東華醫院總理、香港清淨局議員、定例局議員（現稱立法會議員）。著述有《自治須知》、《西禮須知》、《社會主義平議》等書。香港、廣州、上海等地的育才書社，為劉氏與嘉道理等倡議集資所設立。育才書社設立後，成績昭著，名聲極佳，至為社會人士所重視。

香港的兩間育才書社，約在一九一○年左右，由香港政府接辦，將中學改為小學。這時候，育才書社的校長畢特（Mr. R. E. D. Bird），頗能接受他人的意見，從善如流。在一○年代的末期，該書社一位教師鄭澤材，又名鄭啟賢，建議在書館禮堂的一角，創立一個小型圖書館，任由在校的學生借閱。這個圖書館，所藏書籍，多購自商務印書館，以雜誌、科學常識、文藝小說等最多；林琴南的翻譯小說，當時最為流行，風靡一時，這圖書館全部採購，以供學生閱讀。這時期，香港所有的公私立書館，都還未有圖書館的設立，公開性的圖書館，更加未有產生。雖然育才書社附設的圖書館，只是供應該校學生之用，但在香港圖書館歷史方面來說，育才書社的鄭澤材，實已開其先河。

在第一次世界大戰的末期，香港政府按時派發一份《誠報戰事畫刊》，給每一位公私立書館的學生參閱。育才書社的畢特校長，便利用這種戰時畫報，作為施教題材，並配合該校附設圖書館的各種書報，使學生的常識，增加不少。這種與實際問題相配合的教學，即使以現在的新教學觀點而論，仍是最值得稱讚的。[4]

## 一九○四年皇仁書院復設漢文的經過

皇仁書院開辦了四十多年後，在香港的英文教育方面，固有重大貢獻；而於中文教育方面，作用也不少。讓我們試回顧一下，其在溝通中西

42. 一九〇三年位於士丹頓街與荷李活道之間的皇仁書院校舍

文化方面的貢獻怎樣？中文教育在當時朝野人士心目中的地位怎樣？皇仁書院於一九〇四年「復設漢文」其推行的辦法如何？其對香港中文教育的發展，又有甚麼影響？

一九〇三年，皇仁書院一位中文教習（按：那時候稱教師為教習）曾達廷，曾將皇仁書院由一八六二年開辦以來，經歷四十二載，所收學生，作了一個詳細的統計：合共招收學生九千六百餘人，當時在學的有一千一百餘人，是則離校學生為八千五百多人了。同時，他還將歷年畢業學生在社會的活動情形，作簡要的敍述。他說：「……然同學少年多不賤者，或羽儀上國，身膺樽俎折衝；或策名清時，坐辦華洋交涉。即以本港而論，在洋行為買辦者若而人，在律師代理訴訟者若而人。前輩諸名公，類皆崇儒碩學，出其匡時之策，顯其經濟之才，以博取人間富貴，然皆當年本院之畢業生也。……」

畢業學生中，如趙志揚，曾充清廷派駐美國使館翻譯官及本港某銀行副買辦；黃詠清、陳秋、陳雨暉、屈伯棣，曾任本港華民政務署翻譯；朱俊貞、李文卿、李悅，離校後皆曾就顯職；趙志松，壽威洋行買辦；葉漢，中國洋關通事；胡禮垣，輯書自樂；馮水，旗昌洋行買辦；陳啟明，巡理府書吏；劉賀，大成紙局總辦；溫宗堯、梁蘭芬，職居觀察；黃國瑜，臬衙總翻譯；陳錦濤，在美洲考受孝廉文憑；羅泮輝、馮浩昌，天津大學堂教習；周鏡澄，橫濱大同學校掌院。[5]上面所摘錄的人物，或為買辦，或為翻譯，或任顯職，其所以為社會人士所認識，全部與接受中西文

化方面的知識有關；換言之，即他們在早年學得了中國文化和西洋知識，在溝通中西文化方面，擔任了一個適當的角色。

就以胡禮垣來說，胡禮垣字翼南，是當年香港的一位頗負時譽的學者，時人多尊稱他為胡香江先生。是中央書院最早期的學生之一。他與何啟、謝纘泰、容閎、楊衢雲及康有為等，為同一時代的人物。胡氏曾與何啟合譯歐西憲政著作多種，其中《新政安衡》一書，尤為康有為所推許。他先後在各報上所發表的提倡新政的文章，後編為《新政真詮》一書，對當時維新與革命思想的鼓吹，均有影響。其他還有《梨園娛老集》及《滿洲嘆》等文學作品行世。

早期畢業於中央書院的陳錦濤，學貫中西，天才橫溢，對數學一科，尤為精湛。在留學美洲期間，曾經和彼邦以數學見長的學生，公開比試筆算與珠算的效能，屢試結果，都是陳錦濤的珠算快捷而準確。後來，陳氏更進而摒去算盤，只憑十指運算，亦獲勝算。足見他對算學造詣之深。這段揚威異邦的消息，一時傳為美談。光緒三十二年（一九〇六年）陳氏回到中國，清廷以其遊學畢業歸來，著有成績，乃賞給進士舉人出身。其後，他曾在大學擔任數學教習及政府官職。

當時的社會人士，即使是最守舊的人，也已漸漸認識到，中國欲圖自強，必要取法西方；「中學為體，西學為用」的思想，充滿各知識分子的腦袋中。然而，要學習西洋科學知識，使之成為國用，則又非要兼通中文與外文不可。我們試看看當時的一位皇仁書院舊生黃玉書的話，便足以反映出那時候香港一般知識分子的意見：

　　夫中國之取洋文，豈徒取洋文哉！使西文精極，中學茫然，不亦如某公云：不過買辦材耳，何益於中國政治？然則中文豈可忽略哉！查我皇仁書院，開設已四十餘年，歷收生徒至九千餘眾；其中成材之士，或重用於中國洋關，或見賞於外洋政府，名達朝廷者有之，名通中外者有之。吾當思其何以至此，非其學貫中西所使然耶！[6]

倘使中文的學習不深，徒有西文，也是未足以為國應用的。是以在知識分子之中提出一個口號：「中西文皆須兼通，方是有用之材。」由此可見，一九〇二年的教育報告中，建議皇仁書院「應重新設立漢文入學考

試」，正是對當時社會一般人士意見的一種反應。

回溯一八九五年，由於政府過分重視英文教育的發展，皇仁書院在教育當局的建議下，便將辦理已久的漢文部廢除。從此，漢文的地位不被重視，而學子們的漢文程度，也就日益低落了。

一九〇四年二月二日，皇仁書院舉行一九〇三年度頒獎典禮，黎璧臣掌院（現時稱為校長）在校務報告中宣稱：該校八年前廢去的漢文部，已於一九〇四年起復設，並由元月一日開始，加聘漢文教習五位，約於三月初旬，即可開講漢文課程。當日主持皇仁書院頒獎禮的貴賓為署理總督梅督憲（F. H. May, 1860–1922）夫婦。梅督憲在演詞中也說：「至掌院所說漢文復設，所謂復設者，即中、

43. 一九〇三年皇仁書院學生在學校大禮堂參加一項考試情形

下班學童，須兼習華文之謂也。於此一節，不徒掌院喜不自勝，予亦以此為整頓之要著也。日昨本部堂在別書館行賞學童之際，亦曾論及，謂華人欲謀生計，或在政府，或在商途，或居本土，無所往而不須飽學華文。」

政府當局既在皇仁書院復設漢文，大抵當時的看法，總是著眼於漢、英文互譯方面為多。試觀當時該院教習吳銘泉及曾達廷合作的〈漢文復設〉一文，即可得到清楚的說明：

> 天下事相資則有濟，專注則或偏，如英文漢文是也。英文為當今之要務，非博學不足以擅長；漢文為翻譯之急需，非兼精不足以達用。然則漢文之不可或缺也明矣。我皇仁大書院，為養育人才之地，開設已歷四十餘年，其中濟濟多士，後先繼起，盡屬英才，亦云盛矣。惟出為世用，其精於英文者，固不乏人，而求其華、英文兼擅者，曾不多覯。蓋其心專習英文，故於漢文每多缺略，不知英文與漢文，有相資為用者焉！有不可偏廢者焉！……是以前任卜制軍離港

時，於漢文諄諄致意，梅署督亦以為然。今梅署督暨五值理及黎掌院，知漢文之關係英文甚大也，於是定議於本年復設漢文，更為斟酌盡善，兼用新書，務期於學童有益……

由於中文課程的增加，中文教師的加聘，自屬必要。黎璧臣掌院的報告中說，「加聘漢文教習五位」，這五位便是：何務吾、陳達明、羅步登、何奉璋及陳文俊。其中何奉璋和陳文俊為新聘任的教習。這幾位教習「類皆品學兼優，師程可法，堪為後學楷模」。大概都是經過一番挑選而後聘定的。就以陳文俊來說，陳為東莞人，又名冠千，當南海胡又安（敬之）編輯《駢林摘艷》五十卷時，請由陳文俊及南海郭升京等六人，共為參訂，可見學問自屬不凡。

所謂漢文復設，在梅署督的演詞裏面，已清楚說出，「即中、下班學童，須兼習華文」。至於課程方面的規定，已能「兼用新書」，業已較前進步。茲將各班所用書籍列下：

| | |
|---|---|
| 初級第一班 | 《蒙學》第一、二集 |
| | 《婦孺淺史》 |
| | 《通問便集》 |
| | 《四書》之《論語》（上） |
| 初級第二班 | 《蒙學》第三、四集 |
| | 《通文便集》 |
| | 《四書》之《論語》（下） |
| | 《婦孺釋詞》 |
| 初級第三班 | 《蒙學》第五、六集 |
| | 《訓蒙捷徑》 |
| | 《故事瓊林》 |
| | 《寫信必讀》 |
| | 《四書》之《孟子》（上） |
| | 中級第四班：《蒙學》第七集 |
| | 《論說入門》 |

| | 《古文評註》 |
|---|---|
| 初級第三班 | 《寫信必讀》 |
| | 《四書》之《孟子》（上） |
| | 《蒙學》第七集 |
| | 《古文評註》 |
| 中級第五班 | 《秋水軒尺牘》 |
| | 《左傳句解》 |
| | 《四書》之《孟子》（下） |

學童在學習中文各種功課以外，還兼有書法方面的練習。[7]

課程方面，以新書為主，參以舊書，在當時確是一項很大的改革與進步。然而，採用這些新書本，又有甚麼好處呢？讓我們看看新聘漢文教習何奉璋的意見，足可代表那時一般有新思想的教師，對新課本的評價。何氏在〈漢文新舊教法說〉一文中，清楚地說道：

> 何以見其書不同也，如《字課圖說》，則示以字義，俾逐字推求，積少成多，以立讀書之基地；《訓蒙讀本》，則示以文理，俾因文悟道，隨機觸發，以洞悉事物之本原；如《婦孺釋詞》，則於虛字轉運，詳論其宜；《婦孺淺史》，則於歷代時事，特提其要；至於《訓蒙捷徑》、《論說入門》、《通問便集》、《秋水軒》等書，或明揭行文入手之方，或分語往來問答之類，其按班而加意啟迪者，更無論矣；而又慮其質少中和，學無根柢也，復以四子書、《古文評註》，涵育而薰陶之。凡此皆以新書為宗，而參以舊書者也。

皇仁書院此次復設漢文，除了在師資方面，加聘有學問的人擔任，課程方面，兼用新書，大加改善外，教學方面，亦採用新法。從前中國教學，多為科名而設，採用記誦和效法等死板方法，並只識得以立身、修性為主要教條；此時則宗旨大變，以適用為切要，注重「廣其知識」及「廓其心思」。知識既廣，思路便自開了。他們所說的新法，實在是一種「學以致用」的觀念。故此，我以為他們所提出的新觀念，與其說是新法，不如說是一種新思想的表現。何奉璋說得好：

以舊法為教，雖能熟讀經書，陶鎔心性，而未克盡適於用；以新法為教，固能導其靈機，增其見識，即身心性理之學，亦推而彌精。孰得孰失，昭然若揭……

舊法所教，讀數年始行聽講；新法所教，隨識隨解，則認講兼施。舊法所教，則以八股詩賦為急務；新法所教，則以論說書札為要圖。其課程也簡，其講論也詳。其溫習也，貴乎精不貴乎多；其指授也，求其切並求其近。因質而施其造就，不敢概語以高深，隨時而善為變通，未嘗拘牽乎積習。所教之術，務於學者實能聽受，聽受之後，實可施行，而後方能適於用。故學童之進步，猶幸其便且速也。循是新法而引導之，日新月異之機，庶幾可冀乎！[8]

從上面新舊教法的比對看來，新法實在比舊法進步極大。

一九〇四年起，皇仁書院取錄新生的標準，也重行規定：

凡學童已讀過漢文三、四年，倘能解讀，並能背誦《三字經》、《千字文》、《幼學詩》與《四書》者，即可入選，若未及格，概不收錄云。[9]

皇仁書院這項規定，對香港中文教育的提倡，起了一種帶頭作用。學童為了適應入學資格，在未投考前，便先進入各中文學塾，熟讀蒙學書和《四書》。為了這個關係，這時期的中文學塾，也就生意滔滔了。

皇仁書院自從再度重視漢文後，到了一九一〇年，漢文班學期考試，成績的表現極佳。赴考者共有二百五十二名，及格者計二百二十五名，平均成績為九十五分。其中成績非常卓越的（Distinguished）有三十四名；成績優異的（Excellent）有三十一名；成績優良的（Very Good）有三十二名；中等的（Fair）有四十四名；及格的（Passed）有六十三名。可見教師們都「克勤克慎，無慚厥職焉！」[10]

上面我所談論的香港教育，是在一九〇〇年以後的開展情形，並以一九〇四年，皇仁書院復設漢文為例，以說明當時政府當局及社會人士，對於漢文教育的一種認識。

皇仁書院重新復設漢文，重視漢文，是當時社會人士重視漢文的一種

反應。我們既然看到政府當局，和代表政府意向的皇仁書院，已在大事振興中文，當時，其他一般的書館，自然聞風響應了。於此，本港的中文教育，便突然獲得一個機會，復甦起來。影響所及，這和二十世紀初期本港中文學塾的勃興，有著很密切的關係。

## 附注

〔1〕有關上述的來往函件等，全部載於《一九○二年香港行政報告書》（*The Hong Kong Administration Report for 1902*）內。本文各節，轉引自鄭棟材著：*The Education of Overseas Chinese: A Comparative Study of Hong Kong, Singapore and the East Indies*, pp.128-139。

〔2〕參閱劉粵聲主編：《香港基督教會史》。

〔3〕見《香港華字日報》一九○一年五月二十七日、九月十六日的刊載。

〔4〕參閱《工商日報》一九六九年十二月連載，黃嘉仁：〈省港澳百年人事〉。

〔5〕見 *The Yellow Dragon*, Vol. V, No. 1, Aug. & Sept., 1903, 曾達廷：〈縷陳諸生陋習各宜審處說〉。

〔6〕同前引，黃玉書：〈讀徐侍御士佳奏稿書後〉。

〔7〕同前引，Vol. V, No. 6, April, 1904, 曾達廷譯：〈皇仁書院學童領賞〉。

〔8〕同前引，Vol. VI, No. 3, Nov., 1904, 何奉璋：〈漢文新舊教法說〉。

〔9〕同前引，Vol. V, No. 3, Nov., 1903, 曾達廷：〈本院雜誌〉。

〔10〕同前引，Vol. XII, No. 1, Sept., 1910, "The Headmaster Mr. Ralph's End of Term Address"。

## 第四節　新教育的產生和發展

### 新教育的產生

　　香港在地理上，本屬中國的一部分。內地上的變革，常與香港息息相關，互相影響。西洋的新思想，很多從香港輸入中國，但在中國引起巨大的變革後，往往又回過頭來，對香港有所影響。

　　中西文化接觸以後，外國勢力闖入中國，在強弱勢力懸殊之下，中國吃盡了許多苦頭。一般有識之士，均認為中國非仿效西洋，革新政治，無以挽救危亡。於是教育方面，也實行廢科舉、興學校、育人才，以革新教育為當前的急務。其對學制改革，有整個計劃的，首推張之洞於光緒二十四年（一八九八年）所發表的〈勸學篇〉。其中對於學校教育的規劃甚詳；對於課程，他主張中西並重，以中學為體，西學為用。所謂「中學考古非要，致用為要；西學亦有別，西藝非要，西政為要」。[1]「戊戌政變」與「拳匪之亂」以後，這種教育思想，更為時尚。

　　光緒二十八年（一九〇二年），張百熙所奏擬的《欽定學堂章程》，未及實行，又命張之洞、榮慶及張百熙三人會同重訂，於光緒二十九年公佈，是為《奏定學堂章程》。《奏定學堂章程》將整個教育系統，分為三段七級：一、初等教育段，分為蒙養院（招收三歲至七歲的兒童）、初等小學堂（五年）及高等小學堂（四年）三級；二、中等教育段，只有中學堂（五年）一級；三、高等教育段，分為高等學堂或大學預備科（三年）、分科大學（三或四年）及通儒院（五年）三級。

　　清光緒二十八年至一九二一年，可說是我國新教育開始發展的時期。在這期間，我國教育界人士多留學日本，又因地理與文字兩方面均相接近的關係，大體我國學制，以模效日本為多。

　　民國成立後，設置教育部，由一九一二至一九一三年，陸續頒佈學校制度，謂之「壬子癸丑學制」，規定兒童七歲入學。這學制共分三段四級：一為初等教育段，分初等小學與高等小學二級，計初等小學四年，高等小學三年，共七年；二為中等教育段，只有一級，計四年；三為高等教育段，只一級，內分預科、本科，共計六年或七年。此外，又在初等教

育之前，設蒙養院；高等教育之後，設大學院，不計年限。

在舊教育制度的時代，教育的重心在於一般的學塾中，教育的發展既無目標，又沒有系統可言；新教育制度則不然，其重心在於學校，教育循著一定的制度和一定的目標前進。

香港自從開埠以後，中文教育方面的學制和課程，一直都以中國傳統塾館制度為主；其後，則又以中國內地學制的變革為依歸。

其次，談到教育的宗旨與課程方面。在從前舊教育的時代，所謂課程，大抵屬於文字教育的性質居多。其範圍最低的是《三字經》、《千字文》、《百家姓》、《幼學瓊林》；最高為《四書》、《五經》、《綱鑑》、《唐詩》，以及時文小楷等。自從提倡新教育以後，課程的範圍，顯然已漸次擴大起來，不僅是文字教育這麼簡單，而且還注重科學、藝術、體育、群育……等；從個人擴展到社會，從本地擴展到世界，從現在擴展到過去與未來。舊教育不能適應時代與國家的需要，其崩潰是必然的。故此，新教育的新學制和新課程的產生，是一種教育革命和社會革命。中國有了這種革命，才能創造出新文化和新的政治局面。

就以《奏定學堂章程》所規定的小學堂和中學堂宗旨與課程來說，對於教育方面的觀念和內容，已較從前大為進步。

明定初等小學堂以「啟其人生應有之知識，立其明倫理、愛國家之根基，並調護兒童身體，令其發育為宗旨，以識字之民日多為成效」。課程有修身、讀經、中國文學、算術、歷史、地理、格致、體操等八科；此外，尚可加授圖畫、手工、音樂等隨意科目。

高等小學堂以「培養國民之善性，擴充國民之知識，壯健國民之氣體為宗旨，以童年皆知作人之真理，皆有謀生之計慮為成效」。課程有修身、讀經、中國文學、算術、歷史、地理、格致、圖畫、體操等九科；此外，尚可加授手工、音樂、商業、農業等隨意科目。

中學堂以「施較深之普通教育，俾畢業後不仕者從事於各項實業，進取者升入高等專門學堂，均有根柢為宗旨，以實業日多，國力增長，即不習專門者，亦不至闇陋偏謬為成效」。課程有修身、讀經、中國文學、外國語、歷史、地理、算學、博物、物理及化學、法制及理財、圖畫、體操等十二科；音樂則以古詩歌替代。

至於女子教育，到了光緒三十三年（一九〇七年），由學部奏擬，頒佈《女子學堂章程》，規定設立女子小學和女子師範，是為我國女子教育在學制上正式取得地位的先聲。

女子小學堂以「養成女子之德操與必須之知識技能，並留意使身體發育」為宗旨。設初、高兩等，修業年限均為四年。初等課程，設有修身、國文、算術、女紅、體操等五科；以音樂、圖畫為隨意科目。高等課程，除上列各科外，再加授中國歷史、中國地理、格致、圖畫，合為九科，以音樂為隨意科目。

一九一一年，中國辛亥革命成功，推翻了二百多年的滿清統治，也革除了四千多年來的君主專制，替中國創下了一個新的局面。自然，在教育方面，也產生了新的內容和方法。一九一二年，在教育部所頒佈的教育宗旨中，即明顯地說：「注重道德教育，以實利教育、軍國民教育輔之，更以美感教育完成其道德。」此後，教育思潮起伏，影響中國教育頗巨。

一九一二年所定的小學教育宗旨：「小學校教育，以留意兒童身心之發育，培養國民道德之基礎，並授以生活所必需之知識技能為宗旨。」所定課程，初等小學有修身、國文、算術、手工、圖畫、唱歌、體操等科目，女子則加課縫紉；高等小學有修身、國文、算術、本國歷史、地理、理科、手工、圖畫、唱歌、體操等科目，男子加課農業或商業、英語或其他外國語。與清朝末年的課程比較，最顯著的地方，是廢除「讀經」，而特別注重「手工」一科的訓練。

所定中學教育宗旨：「中學校以完足普通教育，造成健全國民為宗旨。」課程有：修身、國文、外國語、歷史、地理、數學、博物、物理、化學、法制經濟、圖畫、手工、樂歌、體操等科目。這時，最值得我們注意的是女子中學的設立。女子中學的課程與男子相同，而另加課家事、園藝及縫紉等科目。

縱觀上述民國元年所定的小學和中學課程，與清代末年的課程相比較，最顯著的地方，是把「讀經」一科廢除，而加入「手工」一科；並把手工、音樂兩科列入正課，不再定為隨意科目。

民國成立以後，本港的中文教育，似乎獲得了一種新的力量。那時，

中國新政府對本港的僑民教育，特予注意；對所有的私立中文學校，都給予輔導。這種推動力量，曾使本港中文教育，有了相當大的改進。然而，也因此而引起本港政府當局的猜疑和顧忌。

## 香港較新式學校的相繼出現

香港的教育，除了受中國內地的影響以外，還受到外國新思潮所感染。因為風氣所趨，新的教育思想漸漸發展起來，較新形式與內容的學校，也漸次產生。

茲將二十世紀開始最初的二十年內，本港因受新教育思想和新風氣的影響而興辦的較新式的學校，選擇較有代表性的幾間，開列如下：

（一）約智女子書塾

一九〇〇年，太古糖房買辦莫幹生的夫人張瑞彤女士，辦了一間約智女子書塾，校址設於香港亞畢諾道，有後門直通堅道。聘請張若梅、趙也嫣、張至誠等幾位女士及教師多人，擔任教授。全校計有課室七、八間，每間可坐三、四十人。

在開始的時候，約智女書塾曾辦有四年制師範班一班，以便訓練一些師資，去加強書塾的教學活動。教授內容有中文、經史、數學、教學法、圖畫、音樂、手工等科。其後因學生過少，一班中只有寥寥幾人，至一九〇五年便告停辦。以後便只辦理中學和小學。

到了民國初年，那時候的學制是初級小學四年，高級小學三年的，科目有國文、算學、修身、圖畫、手工、音樂、刺繡等，高年級還有少許英文。約智女塾在當時，算是一所新式的私立書塾了，校譽很好，和庇理羅士女書塾齊名。每年學費二十餘元。高年級全屬女生，低年級則兼收十二歲以下的男生。那時候一般女塾都是兼收幼小男童的，因而當代本港聞人如馮秉芬、秉華昆仲，在小時候，也隨其令壽堂到該校就讀。

這所女子書塾一共辦了二十五年，到了一九二五年，該校教師張若梅與畢業生鄧小蘇，共同創辦養中女校於堅道三號，約智女書塾便於是年停辦，而全體教師及部分學生也轉到養中女校去。[2]

（二）育英學校

一九〇三年，有一所育英學校，開設於九龍城。而當時以「學校」見稱的，育英學校算是很早的了。同時，這也算得上是一所頗具規模的新式的書館。教授的科目，有倫理、歷史、地理、物理、英文、算學、體操等科；同時，學生亦可專習中文或英文一科的。學費每月二圓，每年二十圓。每月膳食費五圓，宿舍雜費一圓。可惜這所在形式與內容方面都比較進步的書館，只辦理了一年光景，便因故易手，由當時的闡漢學社接辦，另行開設，並改校名為闡漢學社。[3]

（三）李陞格致工藝學堂

一九〇四年，在港島荷李活道十八號，有李陞格致工藝學堂一所，這算是本港早期的一間富有歷史意義的工業學校。李陞，又名李璇，字玉衡，其令嗣為紀念其先君而慨捐巨資開辦這所學堂的。凡研究事物的道理的知識，謂之「格致」；從前對於研究物理學、化學、生物學等科學，稱為「格致學」。李陞格致工藝學堂於啟館招生時，曾有題記一篇，以說明這所學堂興辦的主旨：

> 記曰：智者創物，巧者述之守之，世謂之工。百工之事，皆聖人之所作也。自周禮闕冬官，而考工之職不詳於中土。古者，自治之世，猶得抱其大巧若拙之義以自鳴，迨五洲通商以還，貨物充斥於伍都之市者，十色五光，遂使東方大為減色。有心人欲挽回公權，枝枝節節而為之，鮮有能探其本者。本學堂諸同人，深維至計，思所以濬厥利源，為我中國青年，祝前途之發達，以為富國自強基礎，特開工藝學堂，慨捐巨資，購儀器，聘教習，先從事於算化聲光電力汽熱礦商諸學，將來擇地建廠，另授粗工各藝，以為中材以下地步，庶使學成致用，大可以益國，小可以成家，豈特收回已失之利權而已耶！昔日本未變法前，外貨侵灌，土產平庸，二十年來，工藝學堂開，而日貨於商戰場中，居然獨樹一幟，見者驚奇，爭相運販，斯其明效大驗也。有志向學者，其毋河漢斯言。

這所工藝學堂，當時開辦的學科，有化學、物理學、商務學、高等英文、算學等。學生不論一向學習英文或漢文的，都可申請入學。學費每年

二十四元。

教師方面，聘定留學美國的格致文學博士鄺華汰為預備科教習；曾任廣州博濟醫局化學教習的楊襄甫為漢文翻譯格致教習；美國士丹佛大學、加利福尼亞大學侯氏女史專授英文。[4]

中國人士，一向輕視工業，在科學思想還未普遍啟發的時候，開辦工藝學堂，不但要有遠見，而且還要有勇敢剛毅的精神和魄力，方可有成。李陞格致工藝學堂，在這方面，起著先導的作用。

（四）體育學校

一九〇八年，何高俊醫生、李自重、林藻慶、胡爾棟等，在香港中環鐵崗一號，創辦了一所學校，因為科目中設有體育一科，故取名為體育學校。當時已看作是一所很新式的學校了。學校的其他學科，仍是以中文為主。白直甫曾擔任過該校的主任，聲譽很好，學生也不少。

（五）青年會學校

一九〇八年，由香港中華基督教青年會創辦的青年會學校，設於香港必列者士街的青年會內。這間學校，至今仍然存在，而且已是一間頗具規模的中學了。

（六）華僑女子學校

在一九一〇年以前開辦的較新式的學校，還有一間叫做華僑女子學校，這學校設於威靈頓街，一連數間樓宇貫通辦理，規模頗大，有圖畫、手工、唱歌、體育等科目，可惜因故於一九一四年便結束了。

（七）禮賢會女校

禮賢會女校，於一九一〇年設於般咸道禮賢會教堂內。

（八）港僑學校

港僑學校，設立於一九一一年，為李達人校長所創辦。開始時，在堅道辦理小學，後遷依利近街，再擴展中學部於羅便臣道。一九一五年曾向廣東省教育廳呈請立案，為香港僑校向內地政府立案的第一校。戰後還繼續辦理了一個長時期，是一間頗有聲譽的私立學校。

（九）公理學校

公理學校，一九一二年，由基督教公理會所辦，地址在樓梯街公理堂。

44. 一九二一年聖保羅女書院第二屆畢業生合照

（十）聖保羅女書院

聖保羅女書院，一九一五年，聖保羅堂值理林護，集合同志，租賃堅道二號，開辦學校，定名為聖保羅女書院。「本基督精神，以提倡女子教育，培植女子獨立生活能力，注重漢文，發揚中國優良傳統美德為宗旨。」學級分幼稚園、初小、高小、中學；學科有經史、詞章以及中西科學。初辦時，學生有五十餘人。首任校長為英人馬丁夫人（Mrs. E. W. L. Martin）。

一九一六年，胡素貞博士由英國牛津大學畢業回港，繼任校長，學務日盛。後得政府撥出半山區麥當奴道與堅尼地道間的地段，四萬餘方尺，並助建築費五萬元，再得各界人士的熱心捐助，於一九二五年便舉行新校舍奠基禮，直至一九二七年方建築完成。

一九三二年以前，該書院均依從舊學制辦理，各級注重中文，只期各生畢業後，適應考升內地大學；但一九三二年後，則改從新學制，小學仍注重中文，初中漢文、英文並重，高中則以英文為主。所授學科，務期適應考升香港大學及英、美各大學。戰後，該校改為男女中學，內分幼稚園、小學、中文中學、英文中學四部，規模很大，聲譽較前更佳。

（十一）梅芳中學

梅芳中學，一九一七年，初設立於香港高街，後遷巴丙頓道及羅便臣道，為吳敏墀女士所創辦。吳女士自任女校校長；男校校長則由其夫婿陳鐵一擔任。戰前頗著聲譽，戰後繼續辦理。

（十二）香僑小學

香僑小學，一九一九年，由香邑僑商會所創辦，校址在砵甸乍街三號，該處三樓為商會會所，四樓則為學校。校長為方介池，吳蘭畦為助理，學生約四十人。

（十三）聖士提反義學

聖士提反義學，一九一九年，由教會人士簡煥章等發起，並委陳子褒為視學員以為督導。在其籌辦義學的勸捐啟中，子褒曾説：「僕竊以為義學者，救國之命脈也，顧近日義學星羅棋布矣。」可見當時開辦義學的風氣，已很盛行了。

在二十世紀開始的二十年內（一九〇〇至一九一九年），由於新思想和新風氣的影響，一些較新式的學校，正如我在上面所列舉出來的，已漸漸產生。當時所謂新式學校，一般是指每日不但有固定的上課時間表，分班教學，同時，學科方面，除了中文、經史以外，還有數學、英文、修身等科；術科方面，又有圖畫、手工、音樂、體育等科目。那時，學校裏設有圖畫、手工，並不怎樣困難，而音樂和體操兩科的設立，可就不平凡了，較難聘請適合的師資去擔任。還有一個困難的問題，就是從前中國家庭的女孩子，要她們在操場上做體育運動，多半是不願意參加的。設立在中環鐵崗的那間體育學校，當時因為該校的課程中，設有體育一科，因以「體育」二字為校名。可見那時候的學校，設有體育科的，殊不多見。

一九〇九年，皇仁書院黎璧臣掌院退休，本港的學校包括皇仁書院在內，便完全劃一由一位教育司所統轄。這可以説是香港教育大一統的開始。由是年四月八日起，香港政府正式任命伊榮（Edward Alexander Irving, 1870-1958）為本港第一位教育司。

為了推進工業教育和實用科目的訓練，一九〇七年，政府開始設立一所實業專科夜學院（Technical Institute），開設初級工業課程，於晚上講授。到了一九〇九年，政府夜學部（Government Evening Institute）也跟著成立，開設各種成人班級，這大概是香港正式有成人教育班的開始了。

## 香港大學的設立

一九一一年，香港人口已達四十六萬餘人。雖然，一九〇二年的教育報告「認為發展高等教育，尚非其時」，可是，實際上，香港教育發展到了這個階段，確實需要有一所高等學府，去教育青年，培育人才。

早在一九〇五年，本港的一家報紙《中國郵報》及部分社會人士首

先提出了建立大學的計劃；一九〇八年一月，當聖士提反男書院舉行畢業典禮時，港督盧吉爵士（Sir Frederick Lugard, 1858-1945）也公開提出了創辦大學的意見。這意見一經提出，立即獲得各方人士的響應和贊助。除港督盧吉爵士外，前任兩廣總督張人駿亦為贊助人；

45. 位於香港薄扶林道的香港大學（一九七一年陳煜源先生攝）

麼地爵士（Sir H. N. Mody, 1838-1911），慨捐巨款；何啟爵士、何東爵士、曹善允博士、中英官紳及各國大商行，籌劃輸將。百萬巨款，隨即募集。再由政府撥出青草山地段為建校地址，並以盧吉爵士為首任校長（Chancellor），禮聘著名的東方學家愛理顎爵士（Sir C. Eliot, 1862-1931）為副校長（Vice-chancellor），於是這所香港大學（The University of Hong Kong）便於一九一〇年奠基，一九一一年制定憲章，一九一二年二月十一日宣告成立。

港大成立之初，僅設有醫學和工學兩科。醫科是由一八八七年何啟爵士所創立的「香港西醫書院」（The College of Medicine for Chinese, Hong Kong）歸併而成。及至翌年，才增設文科，聘請前清翰林賴際熙、區大典二位太史為中文講師。

香港大學的設立，意義至為重大。非但可提高本港的學術研究，促進文化發展，對於鄰近地域，也有影響。試觀《一九一一年香港大學堂憲章》，對於香港大學設立的目的，便可了然：

> 茲擬於香港內設立大學一所，其目的在促進文學科學研究，供應高深教育，使學生畢業後得受大學學位。而對於來學各生，不分種族、國籍、宗教、信仰，一律與以身心之訓練。而於我友邦中華，彼此更得深切之了解。[5]

在大學的啟用禮上，校長盧吉爵士還發表過一篇富有意義的演詞，其中說：

> ……倘若這一間大學，能向著正確的路線邁進的話……由創辦者所擬訂下來的方針，我懷疑今日與會的人士中，對於這種工作的重要性，能否有全面的認識；其實，我們已著手實施一個長遠的工作，為中國的未來，為溝通東西方的關係而努力——尤其是大英帝國與中國的關係。[6]

香港大學堂的設立，無論在《一九一一年香港大學堂憲章》中，或是當年港督的演詞中，都特別強調：香港大學設立的目的，是在「對中國作深切的了解」；「加強大英帝國與中國的關係」；和「溝通東西方文化」而努力。自然，積極要求設立這所大學的是中國人，對大學出錢出力最多的是中國人，在這大學裏接受教育的學生，絕大部分是中國人；換句話說，這所大學與中國人的關係最為密切。不錯，要深切了解中國，要加強中、英兩國的關係，要溝通東西方文化，便非深入研究中國文化不可。

其實，港督和《大學堂憲章》所強調的目的，實有其一定的作用和歷史背景的。

## 中國革命引起香港政府對學校監督的關注

一九一一年，中國革命的衝擊力，已經波及於本港的某一些學校。英國政府對於這一問題，也密切地注視著。我們從香港政府於那時候在教育方面所進行的下列措施中，可以看得出來：

（一）一九一一年九月七日，政府成立了一個漢文教育組（Chinese Vernacular Educational Board）。這個教育小組的職責，是在於促進本港漢文教育的發展，和負責徵集資金，以增加政府對教育方面的補助。一九一二年，兩間漢文學校在該組的籌劃下成立，有十間學校在該組的推薦下受到補助。

（二）一九一一年學年終結的時候，皇仁書院開除了一大批學生，表面的理由，是因為他們做了一些不守學校紀律的事情。

（三）一九一一年的年底，本港的一位著名漢學家威牧師（Rev. H. R. Wells），被選派前往皇仁書院，主管該校的中文課程，以訓練中國青年，使他們將來可以為中國服務。威牧師對於學生的翻譯作業，極為留意。他堅持主張，任何中國籍學生，倘若中、英文兩科中，任何一科不及格，俱不准升級。他在皇仁書院創造了一種中、英文並重的制度（The Pari Passu System）。

（四）一九一二年，港督在聖約瑟書院，對中國學童講及關於當時在中國內地所發生的事情。他這樣做，無疑會喚起學生們對祖國的同情心；但是，他同時又強烈地對學生們提出警告：切不可因此而產生激烈的行動和偏見，同情心必須要用合法的方式去表達出來。

（五）一九一二年，港督又在灣仔官立學堂表示：希望香港能夠幫助中國教育青年，使他們能參加中國未來的建設工作。

（六）一九一二年，由一位巴魯先生（Mr. Barlow）負責做了一個綜合性的學校調查報告。在他的報告中，他發現中國愛國分子的政治宣傳和政治活動，都正設法在各學校中展開。於是他清楚地指出，無論從政治上或教育上的理由而論，本港的學校，都必須由政府加以監督和管理。

（七）一九一三年八月八日，一項管理本港學校的《教育法例》，經立法局通過生效，由梅督頒佈施行。


## 《一九一三年教育條例》的施行

《一九一三年教育條例》（*Education Ordinance, 1913*）是香港有史以來第一次經由立法程序通過後公佈的教育法例。這法例公佈以後，所有的公、私立學校，均須接受政府的監督。所有學校，除非獲得特別豁免，否則，一律要依法向教育司署註冊，並要遵守《教育條例》的規定。根據《教育條例》又另行制定若干規則，對於校舍建築、衛生設備、教師任用、學童名額等等，都有詳細的規範。未經正式註冊的學校，被認為是「非法學校」（unlawful school）。「非法學校」的主持人，一經教育司起訴，可能會遭受五百元以內的罰款；既經判罪以後，如依然繼續辦理，則每日再處以罰金二十元。

有關學校註冊的問題，在《教育條例》的第二章中，更詳細的規定，所有新開辦的學校，須要辦妥各項註冊手續，方准開課；舊有學校，則須於《教育條例》公佈生效後的六個月內，進行申請，辦妥註冊，如果到了一九一四年七月一日以後，仍未辦理申請和獲得學校註冊證書（a certificate of registration）的，將一律被視為非法學校。

各學校的主持人（manager），在呈遞申請註冊表格的時候，同時，還要向教育司詳細呈報下列有關事項：

（一）學校的名稱和地址。

（二）是一所男校、女校或男女校。

（三）每間課室的體積（長度、闊度、高度）。

（四）最近兩月來學生出席的平均人數。

（五）各班或各等級的教學課程。

（六）各班或各等級的每周上課時間表。

（七）每日點名的時間。

（八）學校的正常假期。

（九）每位教師的姓名、年歲、學歷、經歷與薪金。

（十）收取學費及任何免費或減費的辦法。

（十一）其他方面的經濟來源。

（十二）學校校舍的租金。

（十三）學校的其他債務或費用。[7]

這法例的施行，在香港政府來說，是進一步對所有學校作有效的管制；另一方面，對於一般學校的辦理水平方面，也因而有了很大的改善，起碼在衛生條件方面和紀律方面，有著前所未有的顯著的進步。

對於漢文學校的管理，政府於一九一一年九月，曾設立了一個漢文教育組去從事這項工作。現在新的《教育條例》通過施行以後，所有的漢文學校都依據《教育條例》予以管理了，於是隨即將漢文教育組廢除。

教育法例通過施行以後，教育司署便立即監督市區學校，有三百六十間之多，學童超過八千名，和郊區學校二百六十間，學童約三千二百餘名。教育司署要監督這些學校，實在是一項很艱巨的任務。

根據一九一一年的香港人口調查報告，在郊區，中國籍的居民有

八萬零六百二十二人，其中年紀在五歲至十五歲的適齡學童，有一萬七千六百二十三名，而適齡學童入學的比率則只有百分之十八左右。

郊區鄉村的學校，分隔太遠，交通不便，居民大都説廣州話或客家話，如果每年以一百或二百元的薪金去聘請一位合資格的教師，是不可能的事情。政府惟有沿用一九一○年的辦法，對於辦理較佳的學校，每月給予五元的補助費。目的在使那些好的學校繼續維持下去，那些辦理欠佳的，就讓它自然消滅好了。

至於市區的學校，因為數量太大，所採取的政策，也有所不同，對於條例的執行，便較為嚴格了。一九一三年，卡華利（Mr. Cavalier）被教育司委任為漢文視學官（Inspector of Vernacular Schools），並且由一位中國籍人員擔任助理。於是對三百一十一間本地的私立漢文學校進行詳細調查，發現其中有二十七間，情況很滿意；一百三十一間，尚有改善的可能；有一百三十五間，則是肯定情況太差，沒法改善的了。結果，那些成績好的，獲得了政府的補助，一般學校在政府的協助和鼓勵之下，得到了很大的改進。

這時期，政府當局對中文教育重新感到興趣，並非表示政府準備興建更多的漢文學校，或是運用更大的費用去津貼中文教育，而是成立一個漢文視學處（A Vernacular Inspectorate），去嚴密地切實監督和指導現有的漢文學校。在一九二○年教育司的報告中曾説：「政府不會興辦任何漢文學校，但會在下列的四種方式下，予以協助：一、補助，二、津貼，三、視察，四、興辦師範學校。」[8]

由一九○一至一九一三年之間，學童入學的人數日多，教育的需求也日大。顯然英文教育方面的增加，卻比中文教育為多。大概接受英文教育的學生，增加了百分之六十，而中文教育方面，只增加了百分之十左右。自然，在香港這個中西交通的港口中，興辦英文學校，為中國兒童辦理英文教育，並非是一種道德上的施惠，而確是一種商業上的需要。

我們在上面説過，中國的革命運動，對香港的影響很大，特別是中文教育方面，這是無可否認的事實。

## 辛亥革命對中文教育的影響

一九一一年辛亥革命以後，香港的中文教育，突然普遍的發達起來，其主要的原因，可有下列幾點：

（一）人口的大量增加

清末以來，中國的內憂外患，無日無之，許多有資產的人，便遷到香港來居住，以求庇護。辛亥革命，雖然把滿清政府的統治推翻，但是並未有把軍閥及封建勢力打倒，因而革命以後，內地局面更形不安，直至國民革命軍北伐成功，才把國家統一起來。在這動盪不安的時期，華南沿海部分的居民便紛紛逃到香港來，託庇於外國勢力之下，形成香港人口的突然膨脹。根據過去歷年的人口數字，我們可以看出香港人口增長的跡象：

一九○一年有中國人 280,564 人。

一九○六年有中國人 307,388 人。

一九一一年有中國人 445,384 人。

一九一四年有中國人 480,594 人。

一九一八年有中國人 548,000 人。

一九二一年有中國人 610,368 人。

一九二五年有中國人 706,100 人。

由於中國人口的大量增加，對於中文教育的需求也就日益殷切了。

（二）清代遺老及知識分子的遷入

民國建立以後，許多滿清遺老，為了表示他們對滿清皇朝的忠貞，都寧願跑到香港來生活。如何劌高、岑光樾等都是；又有好些知識分子，他們對革命不表同情，也寧願躲到香港來過活。他們到港以後，或則吟風弄月，常作文酒之會，或則開辦學校，從事教學生涯。大概這班文士，在香港，除了教學以外，他們是很少能找到更適合的工作了。

（三）革命活動的影響

香港原是中國革命的策源地之一。辛亥革命以前，許多革命黨人，一直都以香港為基地，從事革命活動。如集會結社，或出版書報，鼓吹革命言論等。及至辛亥革命成功以後，香港人都認為革命的成功，是中國人的光榮。大家對祖國有了信心，對於發揚中華文化，更是努力以赴。這對中文教育的發展，便產生了很大的助力。

（四）香港政府對中文教育管理的加強

由於中國內地政治局面的急轉，香港政府當局為了有效地監管全港的中文教育，於是進一步加強對漢文學校和書塾等的管制。我們知道，政府加強監管中文教育，並不是表示加緊發展中文教育，而是為了達成一定的目的而採取某種措施的。例如：為了訓練較佳的傳譯人才，而提高英文書院學生入學時的中文程度；為了有效的管制中文學校，而定出了嚴格的教育條例和對辦理較佳的學校予以資助；為了控制課程的內容，而編譯和出版較進步的教科書；為了任用可信賴的教師，而訓練本地師資，使教師質素得以提高。這些都是政府在加強對漢文學校和書塾等的管制下，使本港的中文教育水平，也因而漸漸得以相應提高，和走上正規化及較健全的道路上。

## 「五四運動」對中文教育的影響

辛亥革命以後，跟著影響香港中文教育最大的，要算是一九一九年的「五四新文化運動」了。

「五四運動」，是我國的一種民族解放運動，也是一種民族復興運動。在開始的時候，中國的知識分子和學生們，激於愛國熱誠，對外反對帝國主義，對內驅除賣國賊，乃於一九一九年五月四日，舉行大型示威運動。這運動，曾使帝國主義為之讓步，賣國賊為之喪膽。這種激烈的反帝反封建的解放運動，在知識分子的領導下，漸漸轉而為排斥舊道德，改革舊文化，建設新國家，創造新文化的運動。這新文化運動的推進愈烈，影響愈大，終至文化運動與愛國運動結合起來，成為我國劃時代的新文化運動。其影響於我國文化教育的改進，至為巨大。

中國內地上，每一次遇有巨大的變革，對香港必有某一種程度的影響，自不待言。何況這是一次文化運動與愛國運動相結合的革命運動。這次的「五四新文化運動」，其影響於香港文化教育的，起碼有下列三點：

（一）香港學生對於國家民族方面的觀念，有普遍的更進一步的認識。

（二）提倡國語運動，在學校和社會團體中，普遍推行起來。

（三）白話文學在香港開始盛行，無論教科書、刊物的寫作及報章文

字等，已漸次運用白話文去代替傳統的文言文了。

雖然，在香港反對白話文的人很多，壁壘森嚴，陣容鼎盛，而且都是那時候香港教育文化界中的中堅分子；不過，堵塞的方法，終不能阻止洪水的東流，白話文到底還是隨著時代的進展而大大的發揚起來。

五四運動，在中國新文化的發展方面，成就固然卓著；同時，這是一次學生的愛國運動，它充分啟發了學生們的愛國思想。當時香港學生中，參加這項運動的領袖人物，有聖士提反學生簡煥章、孫受匡，和皇仁書院學生柯幼裳等。他們為了響應內地的「五四運動」，曾策劃了香港學生示威遊行和抵制日貨的愛國運動。一九一九年六月三日，一群香港陶英學塾的學生，年齡介乎九歲至十八歲之間，高舉「陶英學校」的旗幟，手持標語，上街遊行，從歌賦街出發，經九如坊，沿大道中而行，有關當局，急忙於蘇杭街口，調動大批警察，將學生截住，帶返警署。在警署內，學生代表潘壽彝，理直氣壯，舌戰群警，警方也鑑於學生遊行，秩序井然，並未過分擾攘，不能定罪，只好全部釋放。其後，多間學校學生，都發起集會，成立「學生聯合會」；他們還辦了一間策群義學，這義學由柯幼裳主持，由皇仁書院學生協力經辦，成了本港學生響應五四運動的一個大本營。

在五四運動以後，影響所及，香港教育繼續向前改革、推進，首次的「中文課程標準」，便於這時期訂定出來；同時，新的問題也隨著發生，例如海員大罷工風潮，對香港社會影響非小；還有，師範教育的興辦，對香港此後教育的發展，關係至為密切。這些問題，讓我們在後面的討論中再詳細研究。

## 附注

〔1〕見張之洞：《勸學篇序》。
〔2〕據鄧小蘇女士口述。
〔3〕見一九〇四年三月十四日《中國日報》。
〔4〕見一九〇四年三月十五日及二十二日《中國日報》。
〔5〕見中文輯識，瑪秉華譯：《一九一一年香港大學堂憲章》。
〔6〕見 *The Education of Overseas Chinese*, pp.267-268。
〔7〕見 *Hong Kong Education Ordinance, 1913*。
〔8〕同〔6〕，pp.276-280。

# 第六章　勃興時期
## （一九二一——一九四一年）

## 金文泰時代的香港中文教育

一九二〇年以前，香港中文教育的發展，大抵以量的發展為多；以後，除了量的發展外，中文教育在質方面的提高，也頗為顯著。由這時開始，香港的師範教育才真正的建立起來；而高級程度的官立漢文中學和港大中文系也跟著創設了。這些都是香港教育在質方面的發展，和程度方面的提高的最顯著和最佳的表現。

### 促進中文教育發展的三種因素

香港教育的發展，特別是中文教育方面，在一九二〇年以後，為甚麼會突然由量而轉向質的方面，由平面而轉向立體的方面發展呢？我以為促成這種發展，可有下列的三種因素：

第一種是自然的因素。

在一個社會中，人口的不斷增加，教育的價值和需要，便會隨著增長。本港中文教育的進展情況，我們從歷年就讀中文學校學生人數的激增中，可以反映出來：

一九一八年接受中文教育的學生有 16,500 人。

一九二三年接受中文教育的學生有 29,000 人。

一九二八年接受中文教育的學生有 42,000 人。[1]

同時，當量的發展達到了一定的階段以後，要求在質的方面的提高，這是很自然的現象。因此，社會上人口的不斷增長，學童日眾，學校日多，教育制度和教學方法的隨時代而日漸改進等等，正是促進教育發展的自然力量。

第二種是政治的因素。

一九一一年，中國的革命運動，在孫中山先生的領導下，把滿清皇朝的腐敗統治推翻，建立了中華民國。一九一九年，北京學生爆發了「五四運動」，數年之間，這種愛國運動，漸次展開，已由學生及知識分子而擴展至工人階級中去。一九二五年五月，上海方面，日本人所辦的內外棉織會社，壓迫中國工人，做出槍殺工人顧正洪的慘劇，激動國人公憤，上海學生為喚起各界注意，四出演講，乃為公共租界捕房捕去學生多人。到了五月三十日，學生等以工人被殺，同學被捕，起而營救，舉行遊行演說，又被英捕頭召集巡捕，向群眾開槍轟擊，擊斃學生四名，路人三名，擊傷學生六名，路人十七名，捕去學生四十餘人，成為震動全國的「五卅慘案」。隨後還有漢口慘案、沙基慘案、重慶慘案，相繼發生。

自「五卅慘案」發生以後，全國各地，掀起了洶湧的怒濤，除了中國政府向英國提出嚴重抗議外，廣州和香港兩地的工人，凡二十萬人，實行大罷工。這樣一來，使香港這地方，一時之間，幾成死埠。這便是著名的「省港大罷工」。

「五卅慘案」發展為一種反英運動，使中國人與英人之間的友誼，降至最低潮，英國的聲譽一落千丈，每一件與英國有關的事物，都受到中國人嚴重的非難。在香港英文學校讀書的中國學生，惟恐受到別人的詛咒和虐待，而不敢回校上課。

英國政府為了緩和上述的反英情緒，為了表示尊重中國文化，在教育方面，以政府的影響力，從事中文的提倡，自然可以收到很大的效果。

第三種是人為的因素。

上述的自然因素和政治因素，可說是這時期中文教育發展的時代背景。有了這樣的一個有利的背景，只要有人從中為之推動提倡，便不難會水到渠成。這時期，金文泰爵士之提倡於上，本港中國學者紳商之鼎力推動於下，中文教育便得以向上發展，而開出燦爛的花朵來。中文教育的勃興，正是金文泰時代的一大特色。

## 極力提倡中文教育的總督金文泰爵士

金文泰爵士，於一九二五年十一月至一九三〇年二月的期間內，擔任香港總督，他是一位熱愛中華文化的英國人。香港開埠以來，在本港的外國人中，其對中文有高深造詣的很多；但其身居要位，而又能在本港極力提倡中文教育，且著有成績，為後人所樂道的，首推金文泰爵士。因此，我們要談官立漢文中學與香港大學中文系的創辦，非從金文泰爵士談起不可。

金文泰爵士，在一八九八年畢業於英國牛津大學後，翌年即來港任官學生。到港後，因仰慕中華文化，乃勤習中文。一九〇〇年，粵語考試及格；一九〇一年，復得牛津大學碩士學位；一九〇二年，擔任香港中文考試委員會委員；一九〇六年，北京話（國語）考試及格。計金氏於一八九九年來港，努力鑽研中文，數年間，竟然通曉粵語、國語，其進步之速，遠非其他西籍人士可比。由此，亦足見他天分之高及修學的勤奮。

46. 極力提倡中文教育的總督金文泰爵士（Sir Cecil Clementi, 1875 - 1947）

金文泰嘗從政府學校唐文大先生宋學鵬，[2]研習中國語文，這是一般人所熟知的事情。

金文泰在香港得到了宋學鵬的適當指導，因而對於中文的研究，頗著成效。

金文泰於公餘之暇，對於廣州一帶所流行的民間歌謠——《粵謳》特別喜愛，認為可與古希臘的詩篇和《舊約》的《雅歌》相比擬，於是將當時以寫作《粵謳》最負盛名的招子庸底作品，翻譯成英文，名為《廣州情歌》（*Cantonese Love Songs*），一九〇四年在英國出版。金氏除了技巧地翻譯《粵謳》歌詞外，並附綴他自己的研究導論及英文注釋。時人對他的翻譯與研究，都給以好評，認為「既入堂奧，其譯文尤精確妙美」。從金氏

的研究論述，可以知道，他對中國文學方面，確曾下過一番深入研究的工夫，這是無可置疑的。

一九二五年，金文泰獲贈香港大學名譽法學博士學位；同年十一月便被任為香港總督。金文泰接任港督的時候，正逢省港各界，展開反英運動，如火如荼，局面頗為尷尬，處理非易。

這位對漢學有廣泛研究，對中國文化有深刻認識的總督，接任以後，即力主提高香港的中文教育程度。我相信，這一措施，是與當時英國政府所採取的緩和反英局面的政策相一致的。而漢文中學的創設和香港大學中文學系的成立，正是金督努力提倡中文的結果。

## 唐文大先生宋學鵬老師

當年在香港從事中文教學，而被稱為「唐文大先生」的宋學鵬，原籍廣東花縣人，名嘉霖，學名翼林，字寶琳，別字學鵬。生於光緒六年（一八八〇年），是二十世紀初期本港的一位著名的中文教師。宋氏對於香港的中文教育，要言之，曾擔任和從事過下列的工作：

一九〇五年，任本港庇理羅士官立女子書院漢文部校長。

47. 唐文大先生宋學鵬老師（一八八〇——九六二年）

一九一一年，兼任香港官立實業專科夜學院方言館的粵語教習，學生皆為本港官、商、學、軍各界的外籍人士。

一九一三年，任九龍半島及新界學務專員，主張撥款津貼新界學校，並設漢文視學官掌理其事。

一九一四年，在香港官立實業專科夜學院倡辦漢文師範科，任總教習。

一九一六年，任皇仁書院漢文部主任，兼九龍及維多利亞兩英童學校粵語班教員；編輯香港政府漢

文小學教科書。

　　一九二五年，任香港總督府中國事務顧問。

　　一九二七年，任香港大學方言館官員班粵語教習，以指導由英國委派到港擔任官職的外籍人員學習粵語。

　　一九三〇年，任英皇書院漢文科主任。[3]

　　宋學鵬一生服務於香港政府的教育部門，從事香港的中文教育活動，至一九三三年才退休。由於他對於漢學，研究有素，且兼通英文，因此，除了在政府書館主掌中文教學以外，還以教授外籍人士學習中文著稱。那時在港從事中文教學的老師宿儒，精通中文者很多，但能兼通英文的，便很少了。故此，這一位能兼通中、英文的唐文大先生，在一般西籍人士之中，便成了一位熱門的人物。後來，他為了方便教授外籍人士起見，還撰寫了一本《廣州白話會話》（*Cantonese Conversation with English Notes*），作為教授的課本。宋氏的著作，除了《香港政府漢文小學教科書》六冊、《廣東地理教科書》一冊和《廣州白話會話》一冊外，尚有關於新界文物故事的文章多篇，用英文寫成，曾先後在《香港自然科學家》季刊（*The Hong Kong Naturalist*）上發表，是研究香港歷史的寶貴資料。

## 漢文中學的創設

　　當時，本港的官立學校，俱循英國制度辦理，中文功課，每周不過數小時，私立英文學校，也類皆守此成法，是以數十年來，本港華僑子弟，中文水平日低，非有家學淵源，或自聘宿儒修習，則中文程度，不特無從深造，且無以應日用之需。對這問題，一般紳商們，都怒然憂之。一九二五年十二月，那是金督到任後的第二個月，本港紳商周壽臣、羅旭龢、李石泉、曹善允、伊文楷、李景康、俞叔文、馮平山、劉子平、李亦梅等，假座中環華人行六樓華商俱樂部，舉行敍會，商議請求政府在香港撥出一幅地段，創立一所漢文中學，其中教授科學，以中文為主，務將中國文學發展起來，免使久居香港的僑民，連中文都不懂，有數典忘祖之誚。[4] 參與這次會議的，除有本港巨紳周壽臣、羅旭龢等人外，而李景康則為教育司署的漢文視學官，很有可能這次的會議，是在當局的授意之

下，由漢文視學官李景康召開的。但無論如何，這個問題一經提出，政府當局即非常感到興趣的去主動策劃，和促其實現。

那時候的教育司庵氏（G. N. Orme），對於本港紳商們的建議，深表贊同，乃委派漢文視學官李景康，負責草擬辦法。其時，庵氏因病去職，由活雅倫（A. E. Wood, 1884–1958）繼任為教育司，他對這項計劃的推進，尤為努力。

一九二六年一月，外界忽有傳言漢文中學可能會緩辦的消息。教育司活雅倫為了這事，特地柬請報界人士前往教育司署，並由李景康視學官將政府開辦漢文中學的原委和決心，詳加說明，以正視聽。

關於本港向來漢文程度低落的原因，李氏說：

> 香港向來漢文程度甚低，其原因不外為下列數事：在高初兩等小學讀七年書者甚少，蓋學生多數係讀三、四年中文，即轉讀英文。一入英文學校，有連從前所讀三、四年漢文，盡皆忘記者有之；注重英文而以漢文為附屬品者有之。於是漢文程度日見其低，寖假幾忘我中華之文字為寶貴，為有用。

李氏對於政府開辦漢文中學的作用，更詳為解釋：

> 香港大學雖有漢文一科，惟大小固屬懸殊，程度亦自有別，苟無一階梯以為引渡，焉能直達學問之地步乎！政府所以籌辦此中學，為小學與大學之引渡階梯也。然所謂「中學」二字，香港中人亦頗有誤會，更謂香港有皇仁中學、聖保羅中學，又何必再辦一中學云云。不知皇仁中學與聖保羅中學，皆英文中學耳，而其性質，只注重英文，而以中文為附屬品耳……政府籌辦此中學，係以內地中學之課程為根本，其中採取內地中學一切有用之科學，盡皆用回，其中可免之科學則刪去。此所謂取人之所長，略人之所短。有此中學之階梯，然後可以升上大學。倘因經濟問題，無力入大學者，亦可以返中國內地，相機而進，不致埋沒多少好學青年也。……[5]

由上面李景康視學官的談話中，我們可以清楚地見到漢文中學的創辦，實是出於政府當局有意對中文教育的積極提倡。

在漢文中學尚未開辦之前，本港人士已深感有提高中文教育的必要了。一九二四年，本港殷商馮平山，邀集了熱心社會教育的同志李亦梅、周東生、郭幼廷等，在荷李活道孔聖會內，亦即中華書院二樓，設立孔聖會中學。課程以中、英文及現代科學為主。以李保葵為校長，何家誌為校務主任，所聘任的教師，均為廣州兩廣高等師範畢業生，有陳克文、黃椒天及楊某等。於一九二四年春季開課，先辦高小二年級及舊制中學一年級各一班，又購置圖書儀器，設備頗為充實。中學設在二樓，有課室兩間，地下層為孔聖會小學，三樓為辦事處，四樓則辦理官立漢文師範，有通路直出必列者士街。[6]

一九二五年冬，中學第二年級結業，孔聖會中學，雖在初辦時期，教育當局已認為成績可觀。在政府籌辦漢文中學期間，感於當時香港學生程度，能中、英文並行兼顧的，不可多得，惟孔聖會中學頗合標準。遂與該校校董磋商，將全部學生移送政府，作為官立漢文中學第一期的學生，並招收其他程度相當的學生，以補足班額。故籌辦僅數月，漢文中學便於一九二六年三月一日，宣告成立。[7]

早在一九二○年，香港已有官立漢文師範學堂的設立，校址在荷李活道中華書院四樓。該書院在通向必列者士街的校門兩旁，原有馮師韓

48. 官立漢文中學校長李景康先生（一八九○－一九六○年）

所書的「中庸至德，華夏同文」的隸書楹聯。一九二四年起，由黃國芳接任校長。到了一九二六年，官立漢文中學成立的時候，政府委派漢文視學官李景康為漢文中學校長兼漢文師範學堂校長。

李景康字鳳坡，南海人，一九一五年畢業於香港大學，是文科第一屆畢業生。嘗任聖士提反中學教席、廣州南海中學兼縣立南海師範學校校長。一九二四年任本港教育司署漢文視學官，對於漢文中學的創立，經營擘劃，貢獻最大。李氏以漢文中學既為提倡中文教育而設，與官立漢文師範的關係，

至為密切，且當時漢文師範擁有多位老師宿儒，對於中文師資方面，陣容強勁，可為調動，乃提議政府，將原有漢文師範男校，與漢文中學合併辦理。漢文師範男校歸併於漢文中學後，原任漢師校長黃國芳，則擔任漢文中學副校長兼漢文師範班主任。

孔聖會中學校董們，除了將全部學生移轉為漢文中學第一期學生外，並將原有圖書校具，盡數捐送；且由原日校董會組成一辦學團，每年捐送投考中學及漢文師範班前列各成績優異學生免費學額；馮平山又自行捐送中學各級獎學金，每年六名，每名三十元。當時的學費是每月二元，即除了全年學費外，每名學生另有書籍費六元。

官立漢文中學成立之初，急切間難有適當校址應用，乃以醫院道榮華台，分設師範第一、二年級；假育才書社課室設中學一、二、三年級；另醫院道中華會館設高小一、二年級。學生總數約有二百人。翌年，西營盤官立英文小學，遷英皇書院，留下的校址，即現在西營盤薄扶林道李陞小學的地點，由漢文中學遷入使用。這樣一來，所有班級集中一起，管教更趨便利。漢文中學就在這個地點辦理下去，直至一九四一年香港淪陷為止。

師資方面，有區季海（大原）太史、岑敏仲（光樾）太史、陳壎伯進士及黃國芳、何家誌、羅憩棠（汝楠）、潘永隆、白直甫、黃枕亞、岑公燧、黃殷若、芬屯博士等。以當時而論，集中了中外和新舊學問的師資人才於一校，可算難得。

當年所依循的學制，是中學四年、師範二年，高小三年的。

至於科目教授方面，在那個新舊交替的時代，頗有其代表性，茲將各級所教授的科目列下：

### 中學方面

一年級：經學、中史、國文、作文、世界史、世界地理、圖畫、（以下用英文教授）算術、代數、英文讀本、英文作文、英文法、譯文、默書、動植物。

二年級：經學、中史、國文、作文、世界史、世界地理、圖畫、（以下用英文教授）算術、代數、英文讀本、英文作文、英文法、譯

文、默書、物理。

三年級：經學、中史、國文、作文、經濟、文學史、圖畫、（以下用英文教授）西史、世界地理、算術、代數、幾何、英文讀本、英文作文、英文法、譯文、默書、化學。

四年級：經學、中史、國文、作文、法制、文學史、（以下用英文教授）西史、世界地理、算術、代數、幾何、英文讀本、英文作文、譯文、默書、礦物。

**師範方面**

一年級：經學、中史、國文、作文、世界史、世界地理、心理學、算術、代數、管理法、教授法、英文、圖畫。

二年級：經學、中史、國文、作文、世界史、世界地理、算術、代數、教授法、實習教授、教育學、英文、圖畫。

**高小方面**

一年級：經學、修身、史學、國文、作文、算術、地理、習中字、圖畫、（以下用英文教授）英文讀本、習英字、默書。

二年級：經學、中史、國文、作文、地理、修身、算術、自然、習中字、圖畫、（以下用英文教授）英文讀本、英文法、英文作文、默書、會話、習英字。

三年級：經學、中史、國文、作文、地文學、修身、算術、生理衛生、圖畫、（以下用英文教授）英文讀本、英文法、英文作文、默書、會話、香港地理。[8]


## 漢文中學辦理的宗旨

縱觀上面漢文中學所教授的科目，使人很容易便發現其中存有兩個特點：一是科目的分配，大致依照中國內地學校辦理；二是中、英文並重。環顧那時本港各校，或偏重於中文，或偏重於英文，能夠像漢文中學之中、英文並重的，實未多見。

一九二七年，漢文中學舉行頒獎典禮，教育司活雅倫蒞臨演講。在他的演詞中，對該校提出了三點希望：

（一）於注重中國文字中仍兼顧實用英文，從而造就良好青年以便應世；

（二）訓練優良的中文教師以供中文學校之用；

（三）培養適當學子，使能升讀港大，專研中國語言、文學、歷史及哲學等科。

這幾句話，正是漢文中學辦理宗旨的最明確的表示。該校自一九二六年三月開辦，至一九四一年十二月日軍侵佔香港時止，始終以上述的宗旨作為努力的目標。

就以該校早期畢業學生來說，一九二七年中學部畢業學生共有四名，馮秉華、馮秉芬、李幼成等三位，升讀香港大學；一九二八年畢業生共兩名，馮燊林、馮時熙二人升讀香港大學；一九二九年畢業生共一名，葉寶書升入北平稅務學堂；一九三〇年畢業生共七名，黎民耀入上海滬江大學，陳錫根、章兆觀、李粹石、莫慶斌、黃凱華等五名均升入香港大學。漢文中學學生程度之佳，於此可見一斑。[9]

一九三三年，該校又根據中國內地學制，將中學改為三三制，即初中三年高中三年，畢業後，可考升香港大學文科及內地大學。至一九三七年，香港教育司舉行全港中學畢業會考，此項考試，是將高中二年級學生送考，及格者給予證書，俾在社會服務；如欲升讀香港大學，須再修業一年。是以那時候的漢文中學，亦只辦至高中二年級為止。中學會考及格學生，如欲升讀大學，則送往英皇書院第一班肄業，以備投考香港大學入學試。

由於學制的變更，自此，漢文中學便由初中一年級辦至高中二年級，以適合香港教育司署舉辦的中學會考為標準。為了提高漢文程度起見，學生在參加中學會考時，須報考「高級中文」一科。故此，畢業生即使回國投考，升讀內地大學，對於中文一科，亦游刃有餘。

在前面，我們已經說過，漢文中學辦理的目的，是為了提高本港學生的中文程度，和使學生可以藉此階梯而升讀香港大學。這兩項目標，可說已獲致相當的成就了。

一九四一年，日軍進侵香港，在港島西營盤的漢文中學校舍，遭受嚴

重的破壞。戰後復員，假堅尼地道臨時校舍復課。直至一九六二年，才在北角堡壘山興建好一座規模宏偉的永久校舍。

一九五一年，教育司署屬行改進教育機構，整頓官校名稱，將漢文中學改名為金文泰中學（Clementi Middle School），以紀念往昔在港提倡中文教育的總督金文泰爵士。這是一件最適當而富有意義的事情。[10]

有關漢文中學成功地創辦的經過，已如上述；至於香港大學中文學系的創辦及其發展的情形，又是怎樣的呢？讓我們在下一節中，再繼續討論。

## 附注

〔1〕見 *Hong Kong Triennial Survey, 1958–61*, Education Department, Hong Kong.

〔2〕宋學鵬嘗任教於皇仁書院及英皇書院，主持中文科教學，頗著聲譽，稱為「唐文大先生」。

〔3〕此項資料，據宋學鵬之女公子宋雁清女士所提供。

〔4〕見一九二五年十二月十日《香港華字日報》所登載。

〔5〕見一九二六年一月二十一日《香港華字日報》。

〔6〕據何家誌先生的追述。何氏為廣東順德人，字文舫，一九二二年畢業於香港大學。一生服務教育，至一九五五年退休。

〔7〕見一九四九年六月出版的《香港官立漢文高級中學校刊》，何家誌：〈戰前香港官立漢文中學校史略〉。

〔8〕見《漢文中學戊辰年刊》（一九二八年）所載〈官立漢文中學校招生簡章〉。

〔9〕參閱《1932–33漢文中學校年刊·歷屆中學畢業生一覽表》。

〔10〕一九五一年，教育當局初擬將漢文中學改名為堅尼地道中學。其時，漢文中學梁世華校長及各教師，咸認為該校尚未有永久性校址，今竟隨臨時校址所在街道而命名，似非恰當。後由該校教師容宜燕先生提議，定名為「金文泰中學」，以紀念往昔在港提倡中文教育的總督金文泰爵士，立即為當局所採納。

# 第二節　香港大學中文學系的創設

## 中文學系創設的經過

　　香港大學設立於一九一二年，翌年始增設文科。初期，中文僅為一年級的普通選修科目，由賴際熙及區大典兩位太史，分別講授中國史學和經學。這樣，當然未能引起學生對中國文學研究的興趣。而當時，選修中文的學生，也寥寥無幾。以文科第一屆學生來說，選修中文的，只有林棟、李景康、梁乃晉、李作聯、曹善芬、楊巽行、羅顯勝等七位。[1]

　　在漢文中學開始籌辦的時候，教育司庵氏嘗謂：香港大學開辦多年，各科成績卓著，惟有文科中的中文一科，無甚可觀，推其原因，實由於大學當局對中文這一科，不甚注重，只把它當做是一種附設的科目之故。因此，他曾經就這問題，和港大中文科的經學講師區大典及史學講師賴際熙磋商，尋求整頓的方法。當時，兩位講師均以每年教授漢文的時間，只得四百餘小時，以這些時間，分配於四班去教授，則每班每年教授的時間無多；

49. 香港大學中文學系主任賴際熙太史（一八六五－一九三七年）

其次，又以本港中學的漢文程度過淺，一旦升入大學，便沒法銜接。有了這兩個原因，故難求有優良的成績。到了活雅倫（Mr. A. E. Wood）任教育司後，為了使大學的漢文程度，獲得整頓，特於一九二六年一月十六日，再度邀請賴、區兩位太史至教育司署，切實商討改革的辦法。結果，決定把大學的漢文講師，改為專任，不得再像從前一樣可以在外面兼任教席，以資專一；其次是增加漢文教授的鐘點；第三是大考時，復以漢文為重，倘若學生的考試成績，英文及格而漢文不及格的，亦不能升級及畢業。[2]

　　金文泰總督對於漢文中學的辦理，深為嘉許；他為了進一步溝通中、

英文化起見，乃召集本港紳商僑領磋商，擬在香港大學增設中文學系，使漢文中學畢業學生可以進入該系，深研中、英文化。本港紳商們對於這一提議，自然是求之不得，一致和議。於是委派香港大學漢文講師賴際熙、區大典及漢文中學校長李景康，負責起草中文學系的各種課程和入學試的標準。金督認為香港這殖民地不能與其他殖民地相提並論，蓋香港毗連中國內地，雖亦有各國民族共同居留，然百分之九十，皆為華人。為明瞭中國風土人情及語言文化，自不能不重視漢文，以期中西文化能交流並進。他之提議在香港大學創設中文學系，就是這個意思。

一九二六年，英國威靈頓代表團（Willington Delegation），適東來考察，大學當局，乃趁此機會，上書陳述發展香港高等教育諸意見。認為香港大學應盡其所能，以造就人才，其中文科目，雖不宜廢止經史，但大學裏面的中文教育，不應以造就舊式學者為鵠的，而另有其時代意義。港督金文泰爵士，對於這種意見，尤為贊成。

對於擴充港大中文課程的計劃，雖為當時各界人士所一致贊成，認為理想至善，可是卻要等待經費的籌集，方可實行。港大副校長韓惠和爵士（Sir William Hornell）於一九二六年八月，偕同賴際熙太史，前往南洋各地，向華僑勸募專款，以為發展大學中文教育之需。華僑巨富，如吉隆坡的陳永、廖榮之，及檳榔嶼的戴喜雲遺裔等，皆慷慨捐助。當時籌得款項，總數達四萬元之巨。

同年十月，賴太史南遊返港，上書大學當局，正式建議擴設中文學系。

大學當局經過考慮以後，將賴太史的建議修正通過。從南洋華僑捐助的專款中，以二千元修葺課室，二萬八千元為教職員薪津，一萬元購置中文圖書。

那時候，在大學圖書館中，雖藏有中文圖書九千餘冊，那是一九一五年賴太史向社會人士募集而來的；現以一萬元增購中文圖書。乃於大學「H 教室」中成立「振永書藏」，並將大學圖書館所藏的中文圖書，移存其內，設掌書一人管理，由劉國蓁擔任。「振永書藏」，是為紀念捐款二萬元的華僑陳永而設立的。大學當局，又撥款萬元，添購書籍及書架、枱椅等。而港督金文泰爵士，更捐廉選購《古今圖書集成》一套，以為倡導。

## 最早主持中文學系的幾位講師

一九二七年，港大中文學系正式成立，即聘賴際熙、區大典二位太史為專任講師；林棟為助理講師，主任華英譯學；並以賴太史為系主任。這「中文學系」又稱為「中文學院」。[3]其後，講師人數迭有增加。溫肅、朱汝珍、羅憩棠、崔伯樾等，皆先後應聘為兼任講師。

當時，中文學系除了二位太史及林棟等幾位講師外，倫敦教會威禮士牧師（Rev. Wells）的努力相助，對中文學系的貢獻也大。凡在大學文科的科務會議席上，有關於提高中文地位諸問題，威禮士牧師不但是中文學系的顧問，而且還兼負傳譯的任務。此外，他又兼任在中文學系內所增設的「中國言語科」中擔當主任的職位。這「中國言語科」，又稱「方言館」，是專為指導那些由英國殖民地部派遣到港，擔任官職的官學生，或歐、美籍人員，學習粵語而設。政府又委派在這方面素有歷練的宋學鵬氏，充任專席教授，以為協助。

茲將最早主持中文學系講席的兩位太史公及林棟君，作簡要的介紹如下：

賴際熙字煥文，號荔垞，廣東增城人，生於同治四年（一八六五年）。光緒二十九年（一九〇三年）進士，欽點翰林院庶吉士，派進士館習法政，畢業，授編修，充國史館纂修，後升為總纂。民國成立後，僑居香港，出任為香港大學講師；倡辦學海書樓，既以藏書，且為講學；翊贊金文泰總督於大學首創中文學系，對香港教育文化，貢獻極大，著述也豐。至一九三七年二月逝世，年七十三歲。[4]

50. 香港大學中文學系專任講師區大典太史（一八七七一九三六年）

區大典為南海人，字慎輝，號徽五，與賴際熙為同科進士，授編修。鼎革後，移居香港。據他的學生吳天放說：「區大典教授，在香港大學講授經學，余曾聆教誨。區教授上課，不挾書卷，而篇章朱注，皆能口誦如流。」[5]

可見前輩學人，對於中國經典的研讀，都達到滾瓜爛熟的地步。

　　林棟，原名林朝棟，字世權，號東木。原籍新會，但世居佛山。年十二歲，在香港聖士提反中學求學，後入香港大學，肄業文科，為香港大學文科第一屆第一名的畢業生。他對中、英文學的研究，造詣均佳。曾任星洲中文視學官，迨香港大學中文學院成立，即被邀旋港，任翻譯助理講師。講學數載，多所造就。[6]

## 中文學系創設的使命

　　一九二七年，中文學系成立後，香港大學舉行畢業典禮，港督金文泰爵士曾以校長的地位，發表演說，對於中文學系的使命及其發展，關懷備至，溢於言表。

　　關於中文學系創設的使命，他說：

> 　　大凡學問之事，無所謂卑不足道，無所謂迂不切用，諸君但能遵道求之，必有以知宇宙之理。諸君所研究者，不過當中之一分子，至其全體結構，皆係互相依倚，缺一不可者。至關於格致之學，尤其是窮研中國典章文物，為本大學各部所當從事，此則中文學院所由創設也。鄙人深望在座諸君，或能有探險家之勇氣，以探討學術之境地；或如詩人吉卜寧（Kipling）所云：「有奇珍與瑰異兮，隱於山陬矣。神朝夕其咨汝兮，盍歸乎而啟發之矣。吁嗟徂兮，時乎不再矣！」

　　至於中文學院將來的發展，他更為長遠打算而努力，希望能將英國退還中國的「庚子賠款」，移歸香港大學，作為發展中文學院之用。他說：

> 　　鄙人以為現下英政府所保有之庚子賠款，最好用於此途。鄙人深望國會能撥出一部於香港大學，俾新近成立之中文學院，得以維持於永久，更令全大學無復有財政困難之虞。此事鄙人經已會同副監督韓尼勞君（按：即 Sir William Hornell 韓惠和爵士的別譯）極力進行，俾早日實現矣。以故大學各科，當苦心力學，以表明其工作之可貴，使天下人知庚款之應屬於此項事業。雖未必能終底於成，然不可無此志也。[7]

## 創立中文學會

中文學系的成立，除了培養中文人才以外，對於中文的研究，也蔚成風氣。一九三〇年二月二十八日，香港大學中文學會正式成立。發起人為李棪、馮秉芬、黃蔭鈞、宋蘅芝、蘇曾懿、馮秉華、李幼成、馮時熙、馮燊林、賴高年、施泉、駱兆良等一班港大學生。而林棟講師的居中努力謀助，促成其事，功不可沒。組織方面，以區大典太史為會長，賴際熙、溫肅、林棟為副會長，聘請社會名流及文化界人士多人為名譽副會長或名譽會長，以馮秉芬任主席，黃蔭鈞任副主席，宋蘅芝任義務秘書，馮秉華任義務司庫，另設委員四人。

學會的宗旨，是在「溝通中西學說，別其異同，辨其得失」。為了達到這個目的，又主張「非延請名人舉行公開演講不為功。良以演講非特可使會員增廣見識，亦可使會員獲得集會之經驗，及使其有聯絡感情之機會也」。於是於一年之內，分別舉行公開演講凡七次：

第一次請區大典會長主講「創立中文學會之宗旨」。

第二次請溫肅太史主講「詩學源流」。

第三次請賴際熙太史主講「文學源流」。

第四次請陳煥章博士主講「依據孔教組織世界大同政府議」。

第五次請林棟學士主講「譯學之過去與現在」。

第六次請黃新彥博士主講「中國對世界新文化之貢獻」。

第七次請傅秉常博士主講「新民法關於婚姻問題」。

此外，在研究中國文化的熱烈氣氛之下，該學會還舉辦了特別演講一次：敦請戴季陶自廣州專程蒞校，演講「中國文化在世界文化上之地位及其價值」；舉行辯論會一次：辯論題目為「大學應廢除考試制度」，辯論的正方，由林棟、李棪擔任，反方由李景康、黃蔭鈞擔任。[8]

當時港大中文學系，對於中國文化研究方面，所表現出來的濃厚興趣，朝氣勃勃，至足令人興奮。


## 中文學院院舍與中文圖書館的興建

中文學系初成立時，因限於經費的短絀，沒有專用課室，也沒有一個

51.香港大學鄧志昂中文學院
（一九七一年陳煜源先生攝）

52.香港大學馮平山中文圖書
館（現已改為馮平山博物館，
一九七一年陳煜源先生攝）

稍具規模的中文圖書館。金文泰爵士以中國學術的研究，對於中、英文化
的交流，影響至大，乃發動社會人士，慷慨捐輸，藉以幫助中文學系的發
展。當時，富商巨賈，紛紛輸將，其中最足稱譽的，則為本港紳商鄧志昂
和馮平山二人。他們分別捐出巨款，興建中文學院院舍與圖書館，以奠定
中文學院的永久基礎，貢獻最大。鄧志昂中文學院於一九三一年落成；馮
平山中文圖書館則於一九三二年開幕。

　　鄧志昂中文學院院舍捐建人鄧先生，名貫，字志昂，號景雲，原籍
廣東南海縣九江鄉人，生於清同治十一年（一八七二年），終於一九三九
年。鄧氏二十餘歲即來港經商，初在鴻裕銀號服務，其後獨資創設鄧天福
銀號。運籌經濟，長袖善舞，未幾，遂以銀業起家，成為港中巨富。

　　鄧志昂熱心公益事業，對於華人教育，尤為關注。於本港總督金文
泰爵士號召發展中文教育之際，即慷慨捐出港幣八萬餘元，用以興建香

港大學中文學院院舍，其後又捐助該院各項設備，合計約捐款十一萬餘元之巨。[9]

　　馮平山中文圖書館捐建人馮先生，名朝安，字平山，廣東新會人。早歲經商。成巨富後，乃以他的財富濟人利物，熱心倡辦教育事業。在新會城先後設立貧民義塾、職業學校、平山學校及著名的景堂圖書館等。景堂圖書館規模很大，是用以紀念其先德的。在廣州助成高等師範附屬小學校舍的建築。在香港，設立三所男女義學，倡辦孔聖會中學、香港華商總會圖書館，又獨力捐建港大馮平山中文圖書館。他先後用於教育方面的資金，就以各項大數而計，已超過百多萬元。

53. 熱心興學育才的馮平山先生（一八六〇——一九三一年）

　　馮氏生於清咸豐十年（一八六〇年），一生興辦教育，不遺餘力，年事愈高，意志愈堅，認為教育是興國之本，他的愛國之心也由此而愈熾。卒於一九三一年八月。像馮氏這樣，生平以興辦教育培育人才為職志的慷慨富商，最為社會人士所敬佩！[10]

　　港大中文學系成立後，林棟為助理講師，兼馮平山圖書館主任，在職數年，建樹頗多。一九三四年四月二日，因西環煤氣局猝爾爆炸，燔及林氏住所，走避不及，身負重傷而死，時年只有四十五歲。林氏與李景康為同學，李氏說：「溯予童年受書凡十餘載，相與共庠序而同所業者無累百千，所閱承學之士不為少矣，求其懷抱異質過人如君者竟不可得。是則東木得天獨厚，可謂蔚為一方之秀者矣！具卓絕之資而又力學以底於成，乃天奪其壽，未遑鍛鍊其才使其有所建樹，更罹諸慘酷之災。」[11] 林氏是一位有才華而又能幹的人，他的逝世，是港大中文系的損失，至為可惜。

　　林棟逝世後，馮平山圖書館主任一職，改由陳君葆兼任。

　　中文學系既有專用學院，又有專用的中文圖書館，學習上更感方便，研習的風氣也日益旺盛。

## 許地山教授接任中文學系主任

一九三五年，香港大學以名譽法學博士學位贈授中國名學者胡適之（胡適）。胡適在接受了名譽學位以後，香港大學當局乃邀請他代擬一個革新港大中文學系課程的計劃；同時還請他介紹一位學者，到港大擔任中文學系的教授。而這位學者，必須兼有四種資格：一、須是國學專家，二、須能通曉英文，在大學會議席上能為本系辯護，三、須有管理才幹，四、最好須是廣東籍。這樣的人才，一時實在不易找到。胡適當時便提出了兩位中國著名的學

54. 香港大學中文學系主任許地山教授（一八九三——一九四一年）

者，一位是史學大師陳寅恪，還有一位是文學家許地山。後經證實陳寅恪已不願來了，在胡適的推薦之下，許地山便於一九三五年九月，到香港大學擔任中文系主任的職位。香港大學自成立以迄於一九三五年，中國人擔任系主任教授的，第一位是醫學院的王寵益，第二位便是許地山了。[12]

許地山名贊堃（乳名叔丑），字地山，筆名落華山，於清光緒十九年（一八九三年）在台灣的台南出生。他的先祖許壽，在明朝末年由廣東揭陽縣航海到台灣，贊襄鄭成功，從事反清復明的事業。光緒二十年（一八九四年），中日甲午戰爭之役，中國軍隊慘敗，清政府將台灣割讓給日本。台灣島上的人民，異常悲憤，遂組織「台灣共和國」，奮起抗日。許地山的父親許南英，擔任團練局統領，與唐景崧、丘逢甲、劉永福等，積極領導人民保土抗敵。後以兵力單薄，眾寡不敵，在日軍佔領台南後，許南英只好與家人逃出台灣，進入福建，寄籍於龍溪縣。其後，許南英被任命到廣東各地，擔任知縣職位，而許地山也因跟從父親宦遊，而先後得有機會追隨倪玉笙、韓貢三、龍積之、龍伯純等幾位著名老師，研習經史，使他在國學方面，建下了鞏固的基礎。

一九一二年民國成立，許南英辭去官職，退居福建海澄縣海滄墟。由於他任官清廉，故退職後，生活頗為清苦。那時，許地山已二十歲了，為

了維持家計，乃任教於福建省立第二師範。一九一三年，前往緬甸仰光，執教於閩僑所辦的共和學校。一九一五年，又再回福建任教。

這時候的許地山，對於學問的研求，孜孜不倦，乃於一九一七年辭去教職，進入北平燕京大學深造，一九二一年得文學士學位；一九二三年赴美國留學，一九二四年得哥倫比亞大學文學碩士學位；旋轉往英倫，一九二六年得牛津大學文學碩士學位；[13]一九二六年由英回國，途經印度，在印度居留一年，參加了印度詩哲泰戈爾主持的國際大學，研究佛學與梵文。

一九二七年許地山回到北平，即出任燕京大學文學院和宗教學院的教授，並在北京大學兼授印度哲學，在清華大學兼授人類學。一九三〇年南來廣州，任中山大學社會學系人類學教授；同年，再赴印度研究梵文，一年後，然後返回燕京大學任教。一九三五年，香港大學為了改革中文學院，原有意邀請胡適之出任講座教授，而胡氏以本身未能應聘，結果，便推薦許地山來港就任。

## 革新中文學系

任教香港大學中文學系的前清翰林人物，賴際熙、區大典、溫肅、岑光樾等幾位太史公，相繼退休，大學當局聘許地山教授主持中文系以後，他對港大中文系的影響，可說有劃時代的作用。因為前此賴太史主持中文系時，他所定的課程，一般是注重於古文辭與經史的研習，而研習的方法也是屬於舊的一套。胡適博士在他的〈南遊雜憶〉中，對香港大學中文學系的中文教學，曾深刻地批評說：

> 文科的教育可以說是完全和中國大陸的學術思想不發生關係，這是因為此地英國人士向來對於中國文史太隔膜了，此地的中國人士又太不注意港大文科的中文教學，所以中國文學的教授全在幾個舊式科第文人的手裏。大陸上的中文教學早已經過了很大的變動，而港大還完全在那大變動的大潮流之外。

許地山教授到任以後，對於港大中文學系，便實行大事革新。在研究

方面，不但提出了新的方法，也建立了新的內容。故此，就港大中文系的發展來説，由一九一三年港大增設文科開始，以至中文系正式成立以前，為第一個時期。這時期，中文僅為一年級學生的一項普通選修科目，聘請賴際熙及區大典二太史講授中文經史。由一九二七年中文系正式成立，以至一九三五年賴、區二太史退休為止，為第二個時期。這時期，中文課程獲得擴充而成為中文系，設有專用學院及中文圖書館，講師人數亦相應增多，規模稍具，但教學內容仍以一般古文辭及經史的研習為主。由一九三五年許地山教授出任中文系主任起，以至一九四一年日軍佔領香港時止，為第三個時期。嚴格來説，香港大學的中文系，到了許地山教授的時代，才真正具有現代大學中文學系的水平。羅香林教授在論及〈中國文學在香港之演進及其影響〉時，把這個問題説得很清楚：

> 惟許先生在香港之貢獻，則尤在其將港大中文系之課程為高瞻遠矚之擴充。蓋前此賴先生等所定課程，注意使一般學子於古文辭外，能於經史得為深切了解，自方法言之，猶偏於記誦之學。許先生則分課程為三組，一為文學、二為歷史、三為哲學。前人研習文學，只重視詩文，今則更及於詞曲、小説、戲劇、與文學批評等；前人治史，只重朝代興革，今則更及於文化史、宗教史、交通史、與版本目錄等部分；前人治經，每長於總述，今則將經中之文史資料，還之文史專學，而就其哲理部分，更與諸子百家，歷代哲人，與道教、佛教等哲理，合為系統研究。皆就前人所建立之基礎，而為擴充發揚。繼往開來，影響自巨。此後香港中國文學研究之日益發展，皆以此為機樞也。[14]

一九三六年，中文系增聘馬鑑為專任講師。全系課程，亦改設為中國文學、中國史學、中國哲學三組。一九四一年春，以史學大師陳寅恪，受英國牛津大學聘為教授，因戰事驟起，滯留本港，於是在港大中文系主講歷史。這時，港大中文系以有名教授學者的駐留，學風大振，聲譽益隆。

不過，可惜得很，許地山教授竟於一九四一年八月四日病逝。於是港大中文系主任一缺，乃由陳寅恪氏暫代。未幾，香港亦為太平洋戰事所波及，香港大學自然也和其他教育機構一樣，停頓下來，直至一九四五年，

香港重光，才再度得以復興起來。

## 金文泰爵士的至理名言

香港大學為本港的最高學府，而大學的學生絕大多數均屬華人子侄，來自華人家庭，其與中國文化的深厚關係，自可想見。金文泰爵士曾説：

> 香港大學之盛衰，視乎中文之興替；中文興盛，乃能垂諸久遠。[15]

又説：

> 漢文中學和港大中文學院的關係至為密切，而港大中文學院又與中華文化有極緊密的聯繫。[16]

金文泰爵士這兩句話，對港大中文學院來說，應是非常允當的至理名言，最值得重視。中文學院應把它奉為「鎮院寶箴」，亦非過分。在今天推行中文合法化的時候，我們更覺得金氏此話的中肯及其目光的遠大。我以為凡是研究中、英關係和中、英文化的中外人士，都要三復斯言。

本港漢文中學與港大中文系，是在一定的歷史形勢之下，由政府當局與本港紳商的努力合作而成功地建立起來的。那時候，政府當局對於發展中文教育，盛意拳拳，再經紳商學者們的大力支持，即於短期內達到了預期的目標。這種合作發展香港教育的精神，創立了官民合作發展本港教育的典範。這一種可貴的表現，如能繼續保持下來，予以發揚，香港教育定然蒙福不淺。可惜時移勢易以後，這種合作的誠意，和發展本港中文教育的決心，也跟著有所改變，而成為歷史的陳跡了。

## 附注

〔1〕參閱羅香林輯錄，賴際熙撰：《荔垞文存·與軒頓院長書》。
〔2〕見一九二六年一月十七日《香港華字日報》。
〔3〕參閱羅香林著：《香港與中西文化之交流》，第七章。
〔4〕參閱羅香林著：《乙堂文存·故香港大學中文學院院長賴煥文先生傳》。
〔5〕見吳天放著：《芸窗筆記》，二十四頁。
〔6〕參閱《李景康先生詩文集·香港大學講師林棟君墓誌銘》。
〔7〕見《香港大學中文輯識》，馮秉華譯：〈香港大學一九二七年畢業禮日監督金

文泰制軍演詞〉，一九三一年刊行。

〔8〕見同前書，宋薾芝:〈香港大學中文學會紀事〉。

〔9〕據鄧志昂先生次子鄧肇堅爵士一九七四年十二月八日口述。

〔10〕參閱一九三二年《香港大學學生會雜誌》載李棪:〈馮平山先生傳〉，及一九二九年九月二十四日《香港華字日報》。

〔11〕同〔6〕。

〔12〕參閱一九七一年八月二十三日《華僑日報‧人文雙周刊》，李立明撰:〈許地山逝世三十周年〉。

〔13〕許地山教授於牛津大學就讀的學位為「Bachelor of Letters」( B. Litt )，源自拉丁文 Baccalaureus Litterarum，雖然名義上並非碩士學位，但此學位只有少許大學頒授，且實質高於本科程度，具有碩士學位的水平。

〔14〕見羅香林著:《香港與中西文化之交流》，第六章。

〔15〕見《香港大學中文輯識》，熊璧雙撰:〈香港大學中文學會新刊雜誌頌詞〉。

〔16〕見《香港官立漢文高級中學校刊》( 一九四九年六月出版 )，何家誌撰:〈戰前香港官立漢文中學校史略〉中所引述金文泰爵士的話。

## 師範教育的建立

古代，原沒有師資訓練這回事。一些有學問的人，便可隨意講學，設館授徒。例如中國的孔子（生於公元前五五一年至公元前四七九年）及希臘的蘇格拉底（Socrates，生於公元前四六九年至公元前三九九年）等，都是古代的偉大師表。

在歐洲，十七世紀末葉，法國的教會學校興盛起來，需要許多教師去參與學校的教學工作，於是自行設立一所特殊學校，專以造就師資為務；其後，且還設置附屬小學，以為實習教學的場所。大概這便是後世師範教育的開始了。

在中國，清光緒二十三年（一八九七年），盛宣懷奏設南洋公學於上海，內分師範院、上院、中院、外院四部。外院即小學，三年畢業後升入中院；中院即中學，畢業後升入上院；上院即專門學堂。三院教師，均以師範院學生充當。這師範院，是為中國師範學堂的開始，亦即我國師範教育的濫觴。次年，京師大學堂成立，亦有師範之設，選由大學堂的高材生參與進修。光緒二十八年（一九〇二年）管學大臣張百熙奏進《欽定學堂章程》，規定在京師大學堂設立師範館，與大學預科同等；設師範學堂與中學堂同等。師範館的入學資格，只限於科舉的舉人、貢生及畢業或修業於中學堂的學生；師範學堂的入學資格，則以秀才、監生為限。及至二十九年，學務大臣張百熙、榮慶、張之洞等奏進學堂章程，即所謂《奏定學堂章程》，頒佈後，對於師範教育，尤為注重。因為有了《優等師範學堂章程》、《初級師範學堂章程》、《任用教員章程》等的規定，才正式的創設了我國師範教育的系統。[1]

## 教師的任務

在封建時代，封建帝王們為了利用教師去鞏固他們的統治，曾把教師的地位抬得很高，有所謂「天、地、君、親、師」的說法；認為除了君主

與父母以外，和我們關係最深而最值得我們尊敬的，便是那傳授學業給我們的教師了。教師地位的崇高與受人尊敬，於此可見。不過，如果教師教出來的學生，幹出了「大逆不道」的事情，或是對封建王朝有不利的影響時，在誅十族的時候，做教師的也要被株連在內。

韓愈說：「古之學者必有師；師者，所以傳道、授業、解惑也。」作為一個教師，其實他對人對社會的作用是很大的；舊的社會文化靠他去傳遞、發揚，新的社會文化等待著他去培養、啟迪，是社會演進的大動力，擔負著「承先啟後，繼往開來」的任務。像這樣對社會負有重大任務的人，決非每個人隨意便可做到。一個良好的教師，首先要知道教導學生的方法；其次是要有教導學生的才能；再其次是要有教導學生的興趣。換言之，做教師的要懂得教學方法，要有良好的學問修養，還有要服務教育的專業精神。而教師對上述的幾個條件，都不是與生俱來的，要產生良好的教師，便需要有訓練教師的機構了。

近世學校教育的發達，和師範教育的興盛自然有密切的關係。師範教育可以培養出優良的教育工作者，以提高教育的質素。沒有適當的和適量的教師去為教育服務，教育便不會發達，也不可能產生良好的效果。因此，學校教育的發達，是和師範教育的興盛，息息相關的。


## 師資訓練的方式

在第二次世界大戰以前，香港教育當局，為了培養合格的師資，曾經採取四種不同的方式，進行訓練：

（一）在學校中施行師範生制度。

（二）開辦在職教師進修班。

（三）設立師範學校。

（四）在大學中設立教育系。

茲根據本港師範教育發展的歷史進程，就這四種方式，分述如下：

（一）在學校中施行師範生制度

這制度是自書院或學校中，挑選一些成績優良的，志願從事教育工作的學生，施以適當的師資訓練；一面予以教學訓練，一面派出各校實習，

經過若干期限及考驗，效果滿意，即被委任為正式教師。

師範生制度的施行，我們可以追溯至一八六五年。當時，史劍活掌院曾在中央書院的第一班學生中，挑選了兩位成績最佳的學生，擬施以兩年的學習和施教訓練，使之成為教師。但結果，未有成功。這兩位學生，因受不住外界商行的利誘，在受訓期中，便離校到商行任職去了。

一八八七年，中央書院掌院黎壁臣，以新校舍行將落成（按：該校的新校舍於一八八九年落成啟用，改名為皇后書院），到時將會增加一定數量的中國教師，去為新開設的班級服務。於是便在校內，選拔了六名高年級的優秀學生為師範生（pupil teachers）。這些師範生並與學校簽訂了一份為期三年的合約，和繳付一百元的保證金給政府，以示認真。從此，這制度便保持下來。[2]

一九〇三年，皇仁書院修理校舍，該校教師羅富士（Mr. Edwin Ralphs）建議學校當局，在二樓露台處，添間了兩個大房間，以為師範生工作的地方。一九〇四年起，政府又任命了一位教師，名叫丹拿（Mr. Bertram Tanner），作為專責教授師範生的指導教師。師範生每日早上學習英文、教育學、教學法等課程兩小時，其餘的時間便在初級班中授課。

早期在皇仁書院任教的中國籍教師，包括有陸敬科（Luk King Fo）、吳賢（Ng In）、曾忠（Tsang Chung）、江其輝（Kong Ki Fai）、及謝正芳（Tse Ching Fong）等，他們都是以服務忠誠，效率良好見稱的教師。本來，他們並未有接受過大學教育或師範訓練。最初，他們都是以師範生試用的方式在皇仁任教的。他們日間在預備班教書，晚上便參加學習。經過了一段時期以後，考試及格，便成為第五級的助理教師（Grade V Assistant Master）。

這種訓練教師的方式，不獨香港是這樣，即在英國，也是如此。就以丹拿本人來說，後來他是皇仁書院的第四任校長，當他在行將退休的時候，曾說：

> 我開始當師範生的時候，還未足十五歲，那真是一段非常艱辛的日子……每星期的五個早上，八點鐘便回到學校，在校長的督導下，預備一天的工作——從上午九時至下午四時，教授一班由六十

至八十名學生的任何科目──每星期又須有三、四個晚上出席聽課，然後再研習至半夜為止。這種艱苦的生活，經過四、五年的時間。結果，一個師範生，不是成為一個教師，便要在那受訓的過程中敗落下去。

我們就以丹拿校長為例，這種訓練，使他成為一位能幹的和受人愛戴的校長。這種制度，施用於早期的香港，同樣，也產生了許多能幹的教師。在早期的師範生名單之中，像王寵惠（Wang Chung Hui）、梁蘭芬（Leung Lan Fan）、羅長肇（Lo Cheung Shiu）、何福（Ho Fook）、高寶森（Ko Po Sham）、利希慎（Lee Hysan）等，都擔任過教學工作；後來也是社會的知名之士。[3]

曾經服務於教育司署，退休後，仍然孜孜不倦地為社會作育英才的黃國芳和劉文駒兩位老先生，他們於一九一八年任皇仁書院師範生時，每日上午九時至十一時，在校中上課學習，十一時以後直至下午四時，則被派往政府小學進行實習教學。那時可供實習教學的政府小學，有灣仔小學堂、育才書社、西營盤書院、油麻地書院；此外，新界方面，有大埔小學堂和長洲小學堂等。這些政府小學堂的課程，在當時都是中、英文並重的。這時期的師範生，每月可領取由政府發給的津貼費二十四元。[4]

（二）開辦在職教師進修班

將在職教師，利用他們的課餘時間，加以專業訓練，使他們成為認可的合格教師，這是一種實際可行的好辦法；也是世界各國，在推行普及教育，需要大量教師應用時所普遍採用的辦法。這種訓練教師的方式，好處很多：

1）在訓練過程中，對整個教育系統、制度或學校組織，均不受影響。

2）很容易得到一大批現成的合格教師。

3）使現職教師安心服務，沒有失業之虞。

4）將教師的教學效率，普遍提高。

5）在進修期中，教師接受較新的教學觀念和得到新的刺激，使工作情緒和態度，為之振奮起來。

6）教師於進修以後，由於資格的認可，待遇可能隨著提高，生活也

得以改善。

總之,這是一個改善教育狀況的有效辦法。

在一九一三年,香港政府當局通過了一項教育條例,名為《一九一三年教育條例》(*Education Ordinance, 1913*),要訓練合格教師,以為本港教育服務。到了一九一四年,香港官立實業專科夜學院(Technical Institute)便開始設立漢文師範科,招收在職的男女教師,於晚上時間,接受三年師資訓練,使之成為政府認可的合格教師。校址設在香港荷李活道皇仁書院內,由教育司署督學威禮士牧師為校長,宋學鵬為班主任。這班在夜學院裏開設的漢文師範,當時,通常都稱之為「夜師」。

一九一六年,第一屆夜師學生畢業了,共有畢業生十八名,計:男生有廖海東、白直甫、李遇芬、梁綽如、董錫康、陳植亭、莫霖雨、徐子彬等八人;女生有陳逸馨、陳廉有、鄺瑞霞、袁仲芬、洪妙姿、黃惠瓊、梁鏡芳、易苑貞、羅瑞芝、黃惠嬋等十人。

為訓練在職教師而設立的夜師,由一九一四年起即逐年招收各校教師,加以訓練,使當時本港教師質素,漸漸提高。這種工作,沒有間斷地進行,直至一九四一年香港淪陷為止。在這期間內,曾接受訓練的男教師有一百二十九名,女教師二百一十四名,合計三百四十三名。

戰後,夜師訓練教師的工作,隨即恢復辦理。但到了一九五〇年最後

55. 香港官立實業專科夜學院漢文師範科一九四〇年畢業班師生合照

一屆學生畢業，本港師資訓練方面，已有新的機構起而代替，夜師乃告停辦。戰後參加訓練的在職教師，也有一百一十二人。

夜師由開辦至一九四一年為止，先後主持學務的，除威禮士牧師與宋學鵬外，還有吳鳳洲、羅玉麟、羅仁伯等幾位。戰後，則由羅富國師範學院院長戴雅（Mr. W. J. Dyer）兼主其事。

一九三六年，在羅仁伯視學官兼任該班主任時，曾委託黃國芳講師，在香港必列士街孔聖會校址內，開辦夜師附屬小學，以便利夜師學生實習教學之需。這樣也同時救濟了部分的失學兒童。

一九五二年，為適應本港教育發展上的急迫需要，又由羅富國師範學院院長戴雅倡議，開設市區在職教師訓練班（In-service Course of Training for Teachers），推行兩年制的在職教師訓練工作，以鄭震寰先生為主任，劉選民先生為副主任，由師範學院講師及教育司署視學處人員兼任講師或導師。各參加訓練班的學員，日間繼續任教各校，晚間出席上課，接受教學訓練。

這種對在職教師訓練的制度，政府方面，支出甚少，而訓練教師的效果則極大。隨後，教育當局便在葛量洪和柏立基兩師範學院相繼推行，以至今日。在本港的津貼學校中，為數極眾的教師，他們都是經由在職教師訓練班訓練出來的。

（三）設立師範學校

1）開辦師範學堂

在軒尼詩總督時代，因鑑於從英倫聘請合格教師來港服務，費用過於浩大，於是計劃在本地創立一所師資訓練學堂，以為訓練本地合格教師之用。結果，於一八八一年九月十二日，便在港島灣仔開辦了一所師範學堂。中央書院的一位教師梅氏被任命為校長，並由一位中國教師黃君蘭（Mr. Wong Kun Lan）協助辦理。師範學堂共招收了學生十名，其中九名來自中央書院；他們被選拔在這師範學堂裏接受三年的師資訓練。所有學生須一律在學堂中寄宿，每人每年由政府給予津貼費用四十八元。本來，這是一項非常值得讚譽的計劃，可是，不幸得很，結果，卻變成一件使人深感遺憾的事情。原來這學堂在開辦之前，軒尼詩總督忽略了向殖民地部大臣呈遞此項工作計劃，於是擬定撥給這計劃的預算，便遭取消；同時，殖

民地部還飭令將這學堂停辦。其後，由於軒尼詩總督的極力交涉，殖民地部大臣亦僅批准這十名學生第一年的津貼費用；而梅校長也因此而被降職減薪，更屬尷尬之至。

一八八二年四月，政府所提出的師資訓練計劃仍未有結果，而軒尼詩總督已卸任返英去了。當時的教育委員會對軒尼詩這項計劃，也並不完全贊同。原因是政府方面堅持要那些受訓的學生，簽訂一項教師合約，規定要在政府的督導下任教五年，每月薪金為二十五元。為此，那十名學生中，有三位因不滿合約的規定，而立刻離校。到了一八八三年九月，這項師資訓練實驗計劃，實際上便告完結了。而這時剩下來的四名學生中，結果成為教師的，也只有兩名。[5]

2）創設官立漢文師範學堂及官立漢文女子師範學堂

《一九一三年教育條例》實施以後，政府對訓練教師的工作，日感需要，除了已設立「夜師」以訓練在職教師外，於一九二〇年，由教育司（當時亦稱提學司）向東華醫院借用新建成的荷李活道文武廟中華書院頂樓全層，創設官立漢文師範學堂（Vernacular Normal School for Men），專門用以訓練男教師，由余芸任校長；在庇理羅士女書院設立官立漢文女子師範學堂（Vernacular Normal School for Women），由陳逸馨女士任校長。這兩所都是日間上課的師範學堂，且男、女校分開設立，故當時又簡稱男子師範為「日師」，女子師範為「女師」。這兩間師範的創立，可以說是本港早期訓練漢文教師的最主要機構。「日師」的肄業期限為兩年；「女師」由第一屆至第四屆為兩年，第五屆開始則改為四年。

一九二三年，漢文師範男校校長余芸，升任督學，校長一職，改由吳鳳洲擔任。同年並增設漢文師範深造班，在「日師」畢業生中，挑選部分學生，再予深造。以區大典太史為深造班主任。這種師範深造班，當時又簡稱為「高師」。畢業於深造班的學生並不多，一九二四年畢業的有黃枕亞、陳本照二位，一九二八年畢業的有黃兆鈴一位，以後便不見繼續了。官立漢文女子師範方面，也有同樣性質的深造班開設，學生也不多，到了一九三一年左右便告停辦了。

一九二六年，政府創辦漢文中學，將漢文師範歸併於漢文中學的系統之內，由李景康任校長，黃國芳任副校長兼漢文師範班主任。上課地點，

初遷醫院道榮華台，小樓一角，民房兩層，篳路藍縷；一九二七年再搬西營盤薄扶林道漢文中學，與漢文中學一起上課。

李景康校長在談及漢文師範與漢文中學的關係時，曾說：

> 回溯漢文中學創設於一九二六年，旨在中、英科目並重，庶幾舊學新知，一爐共冶。而創立於一九二一年之漢文師範男校，同時歸併辦理，雖兩校之名義並存，而同一校舍，教師大致相同，予亦忝長兩校，此漢中、師範濟濟諸生，所以有同學之誼焉。[6]

事實上，漢中與漢師的學生，在同一校內，共同上課，共同學習，他們之間分別的地方很少。

官立漢文師範及女子師範，由一九二○年開始以迄一九四一年十二月，香港為日軍所佔領，方才停辦。戰後，因兩校校舍均遭毀壞，而政府方面，又設立了新的師範訓練機構，起而負擔這種任務，故未有繼續辦理。

計一九二○至一九四一年這一段時期內，曾在漢師男校任教的講師，有區大典、桂玷、楊鐵夫、區大原、陳壎伯、白直甫、俞叔文、黃般若、張谷雛、梁廣照、羅憩棠、鄧爾雅、譚荔垣、李幼成、岑敏仲、潘永隆、寶壽臣等。

曾在漢師女校任教的，有桂玷、區大典、楊鐵夫、伍伯強、白直甫、陳雪橋、歐蒆洲、伍頌圻、盧鳳翔、潘翊雲、張鋆光、馮漸逵、寶壽臣、戴榮鉞、（以下為女性）陳逸馨、鄺瑞霞、陳慧賢、呂志賢、劉碧蓮、霍鳳儀、謝蘊儀等。

我們從上述的講師名單中，可以看出，其中有的是老師宿儒，有的是教育先進；當年教育界的知名之士，差不多已羅致半數，其中尤以國學研究方面，真可以稱得上是陣容鼎盛了。

官立漢文師範男校，共有畢業生一百一十人；女校共有畢業生二百零二人。這兩所漢文師範，為本港造就了三百一十二位合格教師。[7]

3）設立大埔官立漢文師範學堂

一九二四年，新界視學官黃國芳先生，曾向教育司建議開辦新界師範學堂，以供應新界方面的師資人才。這是一項非常有見地的建議。當年新

界各地，汊港重巒，蠻煙瘴雨，荒僻閉塞，交通不便，當局欲謀教育的發展，師資方面，難以外求。因此，在新界興辦師範學堂，造就當地人才，以發展新界教育，實在是一個理想的好辦法。

到了一九二六年，一間大埔官立漢文師範學堂（Tai Po Normal School），簡稱「埔師」，便在新界大埔正式開辦了。由教育司任命高級教育官羅仁伯為監督，陳本照先生為校長，主持該師範學堂校政。創校之初，在大埔租用仁興街五十三號至五十五號民房，以為校舍；翌年，改設課室於北盛街五號和七號，原來仁興街的校舍，則作為宿舍之用；越六年，全部遷往錦山近鐵路山坡，北向六座大洋樓的極左兩座，兩年後，又併用右鄰樓宇的上層。

埔師學生，來自新界各地區，在校修學寄宿，均屬免費。學生在校住宿，起居藏修有定時，且與各導師接近時間較多，同學共勉機會亦大，故良好學習風氣容易培養。

這所師範學堂，目的在造就新界小學教師，程度相當於中國的簡易師範科。學制方面，第一屆學生受訓的期限為兩年，其後則改為三年。由一九二六至一九四一年，入校學生共十六期，畢業的有十四屆。歷屆學生及格畢業的，少則一人，最多的也不過八人；十四屆的畢業生，合計也只有五十五人。歷屆畢業學生不多，這與該校歷年取錄學生和訓練學生，一貫的嚴謹態度有關。

學科方面，除一般師範科教學研究外，對於國文與經學，特別注重。中期以後，更加設生理衛生與園藝兩科，由大埔醫局醫生與政府園林局專員，分別擔任導師。[8]

先後在大埔漢文師範學堂擔任講師的，有陳衮、羅慕陶、周乃聰、鄺耀普、陳少孺及林紹光等。陳本照校長，早年曾畢業於官立漢文師範學堂，並完成漢文師範深造班（高師）課程，與漢師淵源深厚；且埔師有部分講師亦為官立漢文師範畢業生，因而大埔漢文師範與其他漢文師範的關係，至為密切。

埔師一共辦理了十六年，直至一九四一年日軍佔領香港時，方才停止。

從一九一四至一九四一年這一個階段內，本港的中文師資訓練，即以

漢文師範各校為主，包括夜師、日師、女師及埔師等；而從事社會的中文教育活動，也以漢文師範的畢業學生為骨幹。在漢師學生之中，程度方面頗為參差，於進入師範學堂之前，有些是初中畢業生，有高中畢業的，有小學畢業的，更有些是相當程度的。而年齡方面的差別也頗大，有些是十六、七歲的小伙子，有些卻已年逾不惑，從事教學工作多年而富有閱歷的了。一九二八年，官立漢文中學校招生簡章中，對於投考師範者的入學資格，就只作這樣的規定：「投考師範者，須年齡滿十六歲，具有中文根柢，而有投身教育界之志願。」可知對於入學資格的規定，並不十分嚴格。

畢竟，由上述幾間漢文師範學堂訓練出來的教師，他們對香港的中文教育，曾作出了很大的貢獻。

一九三五年，英國皇家視學官（H. M. I.）賓尼（Mr. E. Burney），被邀來港，研究本港教育制度。在他的報告書中，提議由政府設立一所新的師範學校，或是將原有的師範學校擴充，以訓練更多的合格教師。同時，又建議設立體育教師訓練班，以訓練體育科的男女教師。

結果，對於體育教師訓練計劃的推行，迅速實現，且非常成功。許多學校都因而增加了體育活動的課程。教育司在一九三七年的紀錄中，曾經很高興的指出：「現在市區內，不論是官立或是政府補助的學校，在那裏就讀的男女學童，於每星期內，都接受一小時的體育訓練。」

4）開設「羅富國師範學院」

到了一九三七年，政府委任一位法官連素（Judge R. E. Lindsell, 1885–1940），領導一個委員會，以調查香港師範訓練制度的興革問題。委員會建議設立一所新的師範學院。政府根據連素法官的報告，便於一九三九年九月一日，成立了一所「香港師資學院」。

這所新的香港師資學院，開辦之初，假香港醫院道國

56. 位於香港般咸道的羅富國師範學院（一九四一年四月落成，一九四八年攝）

家醫院的院長住宅為臨時校舍。這臨時校舍，經過裝修後，設有校長室、講師室、事務室、課室、圖書室等。第一任院長為羅威爾先生（Mr. T. R. Rowell），[9]以鄭震寰先生為中文部高級講師，還有戴維斯先生（Mr. S. G. Davis）和希路夫人（Mrs. A. Hill），此外，尚有幾位兼任講師。該學院分為中、英文兩部，目的在訓練中、小學教師，訓練期為兩年。第一屆共招學生四十八名，結果，有三十七名完成學業。

一九四一年四月，般咸道新校舍落成，遷入新址上課；同時，這師資學院也正式改名為「羅富國師範學院」（Northcote Training College），以當時本港在任總督羅富國爵士（Sir Geoffrey Northcote, 1881–1948）的名字命名。講師方面，也增加了許多。除院長羅威爾外，有鄭震寰先生、梁鳳歧先生、黃國芳先生、羅宗淦先生、阮雁鳴先生、呂桂鎏先生、戴雅先生（Mr. W. J. Dyer）、戴維斯先生、麥基雲先生（Mr. C. McEwan）、高詩雅先生（Mr. D. J. S. Crozier）、何禮文先生（Mr. L. B. Holmes）、達嘉先生（Mr. N. F. Tucker）、屈魯圻先生（Mr. Walker）、莫乃漢先生（Mr. B. J. Morahan）、史密夫先生、柏佳思小姐（Miss E. Parkes）、茜芝小姐（Miss D. M. Sage）、希路夫人、比嘉小姐（Miss J. Baker）、施慧芙小姐（Miss W. Swift）等。[10]

羅富國師範學院開辦不久，規模稍具，正期繼續發展，乃以一九四一年十二月太平洋戰事爆發，被迫停課。這時，除了第一屆畢業生已投入社會服務外，第二屆和第三屆學生，仍在訓練期外。戰後，一九四六年再行復校。自此，這學院對本港戰後初期的師資訓練，貢獻最大。

（四）在大學中設立教育系

香港大學文學院，於一九二〇年開設教育系，當時亦稱為師範系，以培養中學師資及教育行政人才。

最初，教育系的學生，都是從皇仁書院師範班的師範生中挑選，經過學校的特別保薦，便可進入教育系就讀。教育系的修業期限為四年。課程方面，必修科目有英文、中文、教育心理、倫理學等；選修科目可有歷史、地理、數學、生物、物理、化學等。中文方面，全由賴際熙、區大典兩太史擔任教授。

一九四一年以前，香港師範教育的發展，大概情形，已如上述。

57. 一九四一年羅富國師範學院第一屆畢業學生與院長及講師合照

第二次世界大戰以後，由於香港人口的急劇膨脹，學童人數大增，及格教師的供應短缺，乃陸續於一九四六年開辦鄉村師範學院，一九五一年開辦葛量洪師範學院，一九六〇年開辦柏立基師範學院，以訓練大量的及格教師，去配合社會的緊急需要。

我們在上面說過，學校教育的勃興與師範教育的需要，是互為關連的。學校的興盛，需要許多及格的教師去服務；而師範教育把教師的質素逐漸提高，更足以促進教育的健全和發展。

在舊教育的時代，本港中文學塾的塾師，多為內地科舉落第人士或失意文人；在新教育開展以後，雖然本港也漸漸展開師資訓練的工作，然而受訓師資數量不多，一般私立學校的教師，還是仰給於內地。換句話說，本港教師的來源，大部分是靠內地供應的。由是，中國的教育制度，以至課程、教學法，甚而教育方面的風氣、習慣等，對本港的教育，一直有著深厚的影響，尤以中文教育為然。

### 附注

〔1〕參閱朱經農等編，孫邦正修訂《教育大辭書》中「師範教育」、「師範教育史」
兩條目；又丁致聘編，國立編譯館出版《中國近七十年來教育記事》。

〔2〕參閱 *The Yellow Dragon*, Vol. VI, No. 8, May, 1905, "History of Queen's College"。

〔3〕見 Gwenneth Stokes: *Queen's College, 1862–1962*, pp.80-81。

〔4〕據黃國芳先生口述。

〔5〕同〔3〕，p.47。

〔6〕見《金文泰中學新校舍落成紀念特刊·李校長金文泰中學校友會序》。

〔7〕有關漢文師範的資料，多採自香港漢文師範同學會一九六七年三月一日出版的《香港漢文師範畢業同學錄》。

〔8〕參閱一九七三年十二月出版的《埔師同學會會刊·陳本照校長：隨筆憶埔師》。

〔9〕羅威爾也別譯為柳惠露，一九四五年任香港教育司。

〔10〕羅富國師範學院初期的發展情形，參閱該學院一九六四年出版的《銀慶紀念》特刊。

## 中文教育學制的演變

一九二〇年以前，本港中文教育的發展狀況，我在第五章第四節中，已經介紹過了；現在讓我繼續談談一九二〇年以後，中文教育的勃興情形。

在前面，我們已經提及過，中國教育的制度、課程等的演變，對本港的中文學校，一向均有著重大的影響。那麼，讓我們看看一九二〇年以後，中國教育的演變情形怎樣？其對香港的中文教育又有甚麼影響？

一九二〇年以前，我國的學制，以仿效日本為主，其後，遊學美國的返國人士日多，對於美國學制的認識日深，於是形成了模仿美國學制的傾向。一九二一年，第七屆全國教育聯合會在廣州開會，提出了《新學制草案》；一九二二年，第八屆全國教育聯合會在濟南舉行，將《新學制草案》最後修正，這便是所謂「六三三制」。這「六三三制」是以美國學制為背景的。初等教育，規定小學修業年限為六年，初級小學四年，高級小學二年；中等教育，分初、高兩級，初級中學三年，高級中學三年；高等教育，大學修業年限為四至六年，各科得按其性質之繁簡而定。

我國所推行的「六三三制」，自此以後，即成為一種主要的學制。雖然間有修正，但制度的本身，大體不變。香港的中文學校，由這時開始，也就依循著祖國這種制度，小學六年，初中三年，高中三年的「六、三、三制」。

## 中文教育課程的演變

關於課程方面。一九二三年，中國教育部依據新學制而訂定各級學校的課程標準，刊佈《中小學課程綱要》。其要點如下：

（一）小學課程

1）小學課程分為國語、算術、衛生、公民、歷史、地理、自然、園藝、工用藝術、形象藝術、音樂、體育等十二科目；前期四年，將衛生、公民、歷史、地理四科，合併為社會科。

2）小學授課以分鐘計，在初級前二年每周至少有 1,080 分鐘；後二年至少 1,260 分鐘；高級每周至少 1,440 分鐘。

（二）初級中學課程

1）初級中學課程分為社會科（公民、歷史、地理）、言文科（國語、外國語）、算學科、自然科、藝術科（圖畫、手工、音樂）、體育科（生理衛生、體育）等六科。

2）授課以學分計算，每半年度上課一小時為一學分。初級中學畢業共需修滿一百八十學分。

（三）高級中學課程

1）分設普通科與職業科。普通科以升學為主要目的，又分為兩組，第一組注重文學及社會科學；第二組注重數學及自然科學。職業科以就業為主要目的，又可分為師範、商業、工業、農業、家事等科。

2）課程內容約可分為三部分：公共必修科目為國語、外國語、人生哲學、社會問題、文化史、科學概論、體育等；分科專修科目，第一組為特設國文、心理學初步、論理學初步、社會學科之一種、自然科或數學科之一種，第二組為三角、高中幾何、高中代數、解析幾何大意、用器畫、於物理、化學、生物三項中選修兩項；純粹選修科目，任由學生自擇，但畢業學分不得超過百分之二十。

3）各科畢業學分總額定為一百五十學分。

民國十八年（一九二九年）中國教育部又公佈《中小學課程暫行標準》，以為依據。

早在一九二〇年，香港政府成立了另一個教育諮詢委員會（A Board of Education），除了教育司、英文學校高級視學官及中文學校高級視學官為當然委員外，另由政府任命委員九名組成。委員會的設立，目的在於「協助教育司，處理有關本港教育的發展及改進諸問題」。該委員會有權

探訪任何接受政府資助的學校。到了一九二二年，由於中國政府大事改革教育，積極施行「新學制」，影響之下，教育諮詢委員會便分設了一個中文教育小組，以便提供有關中文教育的意見；同時還負責訂定和公佈一項《中文課程標準》，使本港那些接受政府補助或津貼的中文學校，在中文教學方面，知所遵循。這項《中文課程標準》的訂定，顯然是受了中國新學制的影響。只可惜這項《中文課程標準》，現時已無法找到，以供參考。

在香港，由於私立中文中小學校的開設日多，政治背景也日趨複雜，於是香港政府對各中文學校的管制，也就日益注意，而予以加強。

到了一九二九年，本港教育當局又任命了一個中文課程委員會，負責訂定一項《中小學中文課程標準》。這項課程標準公佈以後，即限令本港所有公私立中文學校，均須依照規定施行。這種措施，又正是對中國新學制課程的一種反應。

茲將一九二九年本港政府頒佈的《中小學中文課程標準》內容，摘要分述如下：

（一）初級小學課程（四年）

1）科目包括國文、算學、歷史、地理、公民、常識、衛生、英文、體操、音樂、工用藝術、形象藝術、家政、女紅等。（上列各科，為完備小學之課程標準，如有因環境關係，不能完全教授時，其英文、體操、音樂、工用藝術、形象藝術等科，得付闕如。家政、女紅兩科，專供女學採用。）

2）國文科

讀本　《香港漢文讀本》第一至八冊。第四年學習檢查字典及閱讀日報。

作文　第一年：口授由俗譯文。第二年：由俗譯文（按：即將口頭語寫成書面語），初譯一、二字，漸至成句。第三年：譯文由長句增至一段，淺易信札，選授《小學文法初階》（商務印書館）。第四年：譯文、信札及記事等日用文，選授《文法初階》。

寫字　第一至三年，習抄書、默書等；第四年習正書及簡便行書。

3）歷史科

第一、二年，由教師採擇故事講述；第三、四年，教授《歷史指南》（廣益書局）第一至四冊。

4）地理科

第一年教授本校鄰近街道圖、方向及維多利亞城圖；九龍新界各校，授該校所在地段地圖。

第二年教授香港全島圖；九龍學校，授九龍全圖；新界學校，授新界全圖。兼授《香港地理教科書》。第三年教授廣東省地理，但須加意教授下列各項：（甲）各生原籍及新界地方；（乙）全省貨物出入口情形；（丙）鐵路、河流及通商口岸。第四年教授中華民國地理，採用中華書局張鴻英著之文體《地理教科書》第一、二冊。

5）公民科

中華書局之《社會課本》或《新學制公民課本》，第一至八冊，任由教員選用。

6）常識科

採用商務印書館之《新撰常識教科書》第一至八冊。第二年兼授下列各國國旗及該國地輿所在：中華、英吉利、美利堅、法蘭西、意大利、日本、德意志、俄羅斯、荷蘭、葡萄牙及澳大利亞。第三年兼授本港重要官員之名稱、職權及其衙署所在地。

（二）高級小學課程（二年）

1）教授之科目，與初級小學相同。

2）國文科

讀本　《香港漢文高級讀本》第一至四冊；兼授《孟子》，並注重課外讀書。

作文　第一年：譯文、日用文及淺易論說，商務印書館之《高小作文示範》，可資參考。第二年：日用文、論說及淺易經義，《高小作文示範》可資參考。

寫字　第一年：正書及行書練習；臨帖。第二年：除正書及行書練習外，另加草書認識。

3）歷史科

中華書局之文體《歷史教科書》或商務印書館之《新撰歷史教科書》，任由教員選用。

4）地理科

講授世界地理。第一年，採用商務印書館之《新撰地理教科書》，第一至第三冊，擇要教授，第四冊全授。須加意教授下列各項：（甲）東亞各國；（乙）來往香港及英國各水陸路程。淺易地文學。第二年，採用中華書局張鴻英編之文體《地理教科書》第三、四冊。須加意教授下列各項：（甲）英、美、法、德、意、俄諸國；（乙）諸大國之政體、世界航線與著名城市。地文學。

5）公民科

中華書局之文體《公民教科書》第一至四冊，或商務印書館之《新撰高小公民教科書》第一至四冊，任由教員選用。

（三）初級中學課程（三年）

1）科目包括國文、算學（算術、代數、幾何、三角）、歷史、英文、地理、公民、物理、簿記、手工、女紅、家政、烹飪等。

2）國文科

經學　第一年：《論語》（上、下論）、《左傳》（隱公至閔公）。第二年：《大學》、《左傳》（僖公至文公）、《詩經》。第三年：《中庸》、《左傳》（宣公至成公）、《詩經》。

讀本　中華書局《新中讀本》第一至三冊、商務印書館《共和中學國文評注》第一至三冊及《現代初中國文讀本》第一至六冊，任由教員採用；又《史記》、《國策》、《唐宋八家文》、《諸子文粹》及各家詩賦駢文，任由教員選授。

3）歷史科

第一年，採用商務印書館《新撰初中本國史》及《新著世界史》；第二、三兩年，則採用《新撰世界史》上、下冊及《新著東洋史》上、下冊。

（四）高級中學課程（三年）

1）教授之科目，與初級中學相同。

2）國文科

經學　第一年：《禮記》（曲禮）、《左傳》（襄公）、《書經》（虞書至商書）。第二年：《禮記》（王制）、《左傳》（昭公）、《書經》（周書）。第三年：《禮記》（大傳、學記、經解、坊記、表記、冠義、鄉飲、酒義）、《左傳》（定公、哀公）。

讀本　第一年：中華書局《高中讀本》第一冊、商務印書館《共和中學讀本》第四冊、《現代高中讀本》第一、二冊，任由教員採用；選授各書目，與初中相同。第二、三年，所授讀本，任由教員採擇呈核；選授各書目，亦與初中相同。

3）歷史科

只在第一、二年教授；採用商務印書館《高中本國史》及《西洋近百年史》上、下冊；另《通鑑紀事本末》以為參考之用。

4）附記

（甲）上列中學課程，為該學級中之普通必修科，至專科課程，得自擬課目，呈教育司核奪。（乙）如欲添授上列以外之學科，或採用上列以外之課本，得隨時呈教育司核奪。（丙）經學課程，如欲有所變更或增減，得隨時列具理由，呈教育司核奪。（丁）女紅、家政、烹飪三科，專供女學採用。

為了尋求本港最早期的課程標準，我曾向多方面去搜索，結果，沒法發現一份可以早過一九二九年的。我相信，再早的階段，即使有課程標準的出現，也一定是極為簡便的，大概是一份類似用書表一樣的形式。就以一九二九年這一份來說，也是簡陋非常，只不過列出各級應授的科目，加上各科的幾本准用書目而已，此外，便只有極其簡單的幾點說明和指示。至於有關課程的目標、原則、方法等，便完全沒有提及了。

我們將上述一九二九年本港教育司署所公佈的《中文課程標準》，和中國政府在同一時期前後所頒行的課程標準相比對，便可以很清楚地看出：

第一，香港中文學校的學制和課程，是跟隨中國新學制的改革而轉移的。

第二，香港中文學校的學制和課程，雖然跟著中國內地的改革而轉

移，但是，由於環境的關係，課程的內容卻較為簡陋，步伐也較緩慢而保守。

第三，在國文科方面，正當中國內地提倡語體文，厲行國語教學的時候，這裏卻過分地注重古典文學和經史的教授。

中國教育部自民國十八年（一九二九年）公佈《中小學課程暫行標準》以後，到了一九三一年，又公佈《修正小學課程標準》，民國二十五年公佈《修正中學課程標準》。這兩次修正課程的公佈，至為重要，影響也最大。其主要的改進，在小學方面，增加了公民訓練一科；中學方面，取消學分制，改為鐘點制，自然科取消混合制，採取分科制。因為這兩次的修正，對本港中文學校課程的影響很大，因而不厭其煩，再將修正課程標準的各級科目列下，以便參考。

《修正小學課程標準》規定科目，有：公民訓練、衛生、體育、國語、社會、自然、算術、勞作、美術、音樂等十科。各科教學時間，以三十分鐘為一節，並得酌予增加。每周授課總時間，低年級自 1,170 分鐘至 1,260 分鐘；中年級自 1,380 分鐘至 1,440 分鐘；高年級約為 1,560 分鐘。

《修正初中課程標準》規定科目，有：公民、體育、童子軍、國文、英語、算學、生理衛生、植物、動物、物理、化學、歷史、地理、農作、圖畫、音樂等十六科。

《修正高中課程標準》規定科目，有：公民、衛生、體育、軍訓、國文、英語、算學、生物學、化學、物理、本國歷史、外國歷史、本國地理、外國地理、倫理、圖畫、音樂等十七科。

在二十年代和三十年代當中，本港學校的課程，大致可以分為四種：

（一）英文學校的課程。

（二）中國傳統的塾館式的舊課程。

（三）跟隨中國教育部所推行的新課程。

（四）一種不中不西的為迎合時尚、投機取巧，隨便拼就的混合課程。

## 投機取巧的「學店式」教育

其實，香港的學校，除了受政府資助的，要略受條例的約束外，一般都是相當自由的，只要所用的書本和課程，沒有不利於香港政府的，便不大過問了；至於課程中是否含有哪種宗教意識？內容陳舊與否？教授哪些經典？政府是很少理會的。

本港歷年以來，每年均有許多新學校開辦，也有許多舊學校結束；生生滅滅，這和普通自然界的現象，是頗為一致的。一些新的進步的適合時代需要的，往往就代替了那些舊的落伍的不合時宜的東西。這種「物競天擇」的道理，在教育的圈子裏，也是適用的。更何況在香港，除了政府、教會或團體辦理的學校以外，一般私立的學校，在政府方面的看法，往往與一般商店無異；學校的主持人與商店的東主，同樣都是稱為經理，因而他們開辦的學校，也就有人稱之為「學店」了。在這情況下，他們有利可圖便繼續辦下去，遇有虧損，就只好關門轉業了。那也是很自然的道理。不過，這對於神聖的教育工作來說，無疑是一種很大的諷刺。我們不能否認，香港是一個殖民地社會，是一個商業社會，是一個功利社會，是一個最講究現實的社會。在這樣的一個社會裏面，它的教育，自然要受到這種種因素的影響，而帶著濃厚的現實社會的色彩。

香港的社會，香港的教育，一般地儘管是如此的講求功利，只顧現實，但我們從另一個角度來看，在香港的教育史上，也有許多腳踏實地，對教育作出了最大的努力和有價值的貢獻底教育家或教育工作者，其中陳子褒便是我所最崇敬的本港歷史上的教育家之一。同樣，香港的教育，也曾孕育出偉大的人物，其中孫中山先生便是一個最好的例子。他曾是本港拔萃書院和中央書院的學生，一八九二年畢業於西醫書院；他又曾在港專修中文，初拜傳教師區鳳墀為師，後來又跟隨漢文教師陳仲堯學習。孫中山先生的國學修養和對中國文化的認識，其良好基礎，大概是在香港研習得來的。

## 二十年代相繼開設的中文學校

二十世紀的二十年代，即一九二〇至一九二九年間，本港各處所開辦

的中文學校很多，茲選擇那些較有代表性的，以開辦的年份先後為序，擇錄下來，以資參考：

（一）番禺會所義學

由一九二〇年開始，先後設有義學七間，計有番禺會所義學第一校，設於利源西街十九號會所內；繼在灣仔駱克道設第二校；至一九二七年間，番禺邑彥劉少荃，獨資建立義學四間，名為番禺會所少荃義學一校，少荃義學二校，少荃三校及少荃女校。又張殿臣、曾雄心兩人，合辦一校，名番禺會所殿雄義學。這幾間義學分設在西環、深水埗、油麻地、紅磡等區。這些義學，直至太平洋戰事發生以後，本港淪陷，方才停辦。[1]

（二）策群義學

一九二〇年，正值五四運動時代，本港皇仁書院學生所創辦，由柯幼裳等主持。

（三）陶秀女子中學

一九二〇年創辦，由幼稚園辦至初中，並向教育部及僑務委員會立案，位於九龍何文田亞皆老街。

（四）培信小學

一九二一年設於香港仔椰子園，由本港基督教浸信會所創辦，規模很小，只有學生數十名。於香港淪陷的日治時代，即告結束。

（五）同益學堂

創立於一九二一年秋季，位於新界錦田八鄉錦上公路的旁邊，由錦田八鄉祖嘗同益堂捐出經費及土地所興建，故當時命名為「同益學堂」，為新界第一間有新式校舍的津貼學校。當年新校舍落成，由香港總督司徒拔爵士（Sir Reginald Edward Stubbs, 1876–1947）主持開幕典禮，盛況空前。

（六）聯愛會工讀義學

一九二一年設立於西營盤第四街，屬於基督教聯愛會所主辦，由陳子褒、顏君裕、周懷璋等創設。由陳子褒前往廣州聘請工藝局畢業生譚曉三到校主持工藝科目，譚君曾任工藝局助教及孤兒院技師多年，經驗豐富。並由李子然擔任漢文教席。

（七）崇正義學

一九二二年，香港崇正總會，由學務部主任葉彤彬提出設立義學辦

法，於是在西灣河設立崇正義學一所，專收容筲箕灣一帶客籍子女就學。課程除每日教授廣州白話一小時外，餘皆用客語講授，有學生八十餘人。一九二四年設第二義學於九龍城，一九二八年設第三義學於深水埗，一九四〇年更於大埔道石硤尾增設第四義學，這是一間完全小學，頗有規模。後來各義學均由胡好任校長，校舍及設備，均獲得擴充，而各校經費亦由胡文虎籌給。這些義學計共有學生六百餘人，除免繳學費外，更供應制服鞋帽、書籍文具等。學制課程，亦悉依內地，並以國語教授。[2]

（八）南華會學校

南華體育會為本港著名體育團體。一九二一年，該會主席莫慶，倡設南華會學校。在當時的〈開辦學校宣言〉中曾說：「本校以啟發兒童智識，涵養其德性，尤注重體育，以練就各生強壯體魄為宗旨。」本港以體育團體而興辦學校的，南華體育會實開其先河。該會得到本港股商曾耀庭的贊助，由曾君每年捐款一千元為經費，於是闢耀華街十五號、二十一號及三十號地下，設立高初等小學，命名為「南華體育會耀庭高初兩等小學校」。同時，曾君更免費借出西灣河大街一三六號 A 一連兩間樓宇，以為開辦義學之用。該小學及義學，乃於一九二二年二月十二日，同時開幕。

於同年三月起，該校另設有「星期日兒童訓練課」，除該校學生外，歡迎會員子女參加。每逢星期日上午十一時至下午一時半，開展各項活動，計有德育、常識講座、測驗、器械操、健身操、國術、遊藝、演講練習等，這種有意義的課外組織，與今日本港的青少年康樂中心活動，頗為相似。[3]

（九）嶺南分校

一九二二年，由嶺南大學創辦，校址至一九九五年在香港司徒拔道，現已遷往屯門。

（十）皇覺書院

一九二二年，港紳梁硯田等，於九龍旺角廣華道二號，開辦皇覺書院，目的在宣揚孔道精神。敦聘尤列為院長，主講其間。尤列為建立中華民國的開國元老，早年與國父孫先生一同奔走革命。推翻滿清後，功成身退。晚年致力於弘揚孔道，每逢星期日正午，作公開講學，各界人士慕名前往聽講的很多，風靡一時。當時注名於學籍的，有數百人之多。這是一

所程度較高級的、學術研究意味較重的書院。

尤列對於孔教的宣傳推廣，不遺餘力。主張提倡革命，認為孔教與革命是相連一貫的，孔道一日不行，則革命之功一日不成。他的門人，林少鵬、韋兼善、黎君璞、盧子讓、莫繼綱等，將他日常講學所述，筆記成帙，編成《孔教革命》一書，於一九二八年十一月二十六日出版行世。[4]

（十一）太古漢文學校

一九二三年，由太古船塢出資開設，以收容太古工人子弟為主。

（十二）仿林中學

一九二三年，初設於上環普慶坊，為本港教育界名宿陳仿林老師所手創。初辦小學，後更設女中學於跑馬地，設分校於九龍城。現在則開設於羅便臣道，以注重中文教育著稱。

（十三）崇蘭學校

一九二三年，由陳子褒的女弟子曾璧山女士所創立，位於香港禮頓道。一九六三年遷入渣甸坊新校舍後，已改為英文中學了。

（十四）崇德高初等小學

新界鄉議局的前身為「農工商業研究總會」，創立於一九二三年。該會成立後，即兼辦有崇德高初等小學一所，依照當時新學制的課程辦理。當時，是新界的一所很新式的學校。

（十五）德貞女子中學

一九二三年設立於九龍深水埗元洲街，由天主教會辦理。初設立時，是一間以中文為主的女子學校。戰後繼續擴充，規模很大。

（十六）正中中學

一九二三年由該校校長黎君璞所創辦，開設初中及小學各級，位於九龍油麻地彌敦道四九五號。

（十七）志賢女子中學

一九二四年開辦，由幼稚園辦至初中，位於九龍彌敦道五九一號。

（十八）崇真中學

一九二四年設立於新界西貢墟，為天主教會所開辦的一所中文中小學。

（十九）孔聖會中學

一九二四年由本港殷商馮平山等所倡辦，設於荷李活道孔聖會內。一九二六年歸併於官立漢文中學。

（二十）孔聖會殿臣義學

一九二四年由鴨脷洲漁商張殿臣出資開設，交由孔聖會辦理。校址在香港仔天后廟側。盧仲衡老師曾主教該校多年。

（二一）潔芳女子中學

一九二五年由潘潔芳女士所創辦，由小學辦至初中。校址位於九龍油麻地。

（二二）養中女子中學

一九二五年，開設於香港堅道，由張若梅、鄧小蘇等一班女士所創辦。初辦時，即有舊制中學及小學幼稚園等班級，規模頗具。第一任校長為張若梅女士；一九三五年起，校長一職由鄧小蘇女士擔任。這學校一直到了一九六八年，才告停辦。

（二三）成達書堂

一九二六年，為賴際熙太史所創辦。那時，賴太史在香港大學講學，一面於般咸道學海書樓隔鄰，設立成達書堂，並邀請順道岑光樾太史，來港執教。成達書堂是一間程度較高的書館，學費也比普通貴。且有英文科目，由潘仲芝任教，另有一位秀才梁某，教授中文。

（二四）民生書院

一九二〇年，本港殷商區澤民作古，遺囑捐資一萬元以為興學之用，而莫幹生亦慨捐一萬元，以成美舉。這書院便於一九二六年，在九龍城開辦，由港紳曹善允及本港熱心教育人士主持。為了紀念區、莫二位捐資興學之功，乃於這兩人的名字中，各取一字，命名為「民生書院」。新校舍落成，規模頗大，班級亦多，由幼稚園以至高中，各級均備，並有寄宿設備。當時是一間由政府補助的中文學校。

（二五）官立漢文中學

一九二六年三月由政府開辦，委派漢文視學官李景康任校長。這是本港有史以來第一間最具規模的漢文中學。

（二六）崇德學校

一九二六年設於新界元朗南邊圍，為天主教會所開辦的一所中文小學。

（二七）中華中學

一九二六年由名記者黃冷觀所創辦，初設小學、初中各級，至一九三八年開辦高中。位於香港堅道二十號至二十二號。

（二八）蒙養學校

創設於一九二六年，為新界太平紳士鄧伯裘所創辦。初設於錦田泰康村，規模很小，採用複式教學。戰後，籌建新校於錦田市曠地，一九五四年落成，建築新型，規模頗具，成為鄉村中的一間現代化小學。

（二九）孔教學校

陳煥章（仲遠）博士，原在北平設立孔教大學，及至馮玉祥迫宮，乃南來香港。一九二七年，初設孔教學校於般咸道與正街之間；一九三〇年搬往堅道一三一號，辦孔教學院，自任院長。繼任者為朱汝珍太史及盧湘父先生。戰後復員，則更名為大成學校，以宣揚孔教為目的。

（三十）西南中學

一九二八年由張瀾洲創立，以提倡「新學制、新科學、新管理」為宗旨。是第二次世界大戰前，本港的一所頗具規模的中文中學。初在堅道清風台後遷光景台，再遷巴丙頓道及屋蘭士道，分男女校上課。

（三一）兆文中學

一九二九年開辦，其初只有小學各級，至一九三六年起增設初中。位於砵甸乍街三十二號。

此外，麗澤中學、陶淑中學、香江中學、嶺東中學等，都是二十年代在香港開辦的較有規模的中文學校。

上面所列舉的學校，是筆者就手頭已有的資料編寫出來。於上述的時期內，在本港開設的中文學校，一定遠較這個數目為多。


## 香港僑校與中國教育當局的聯繫

中國國民政府成立以後，為了政治上與教育上的作用，對本港的私立中文學校，曾給予積極的輔導。這種輔導，對於一般的私立中文學校，都曾引起很大的改進。又教育部對於香港私立中學校的編制、設備、師資等，多與內地當時所推行的法令不符，課程標準尤多不合，乃於一九三一

年四月二十二日，令廣東教育廳通告香港各私立學校，於港政府註冊外，並應依照私立學校規程，向廣東教育廳立案。[5]同年秋季，僑務委員會成立，由該機構主管僑校的調查、立案和監督指導事宜，因而大部分的僑校，除了在香港註冊，取得合法地位外，還在廣東教育廳立案，後來，又向僑務委員會立案及教育部備案。一九三〇年前後，本港中文學校，甚而一些較有規模的學塾，也改稱學校，紛紛向中國政府立案，以取得認可的地位。僑校與內地的關係，便更形密切了。

當時，由於中國政府對香港僑校的積極領導和協助，自然會引起香港政府對這方面的注視和反應。一九三二年，總督會同議政局，按照《一九一三年教育條例》第二十六條第十二款，再訂立《規則二十五條》，舉凡課室限額、衛生設備、消防設備、教師註冊、課程時間、懲罰學生等等，均進一步嚴加規定。一九三三年六月二十日，又予以增修，再行通告。其中有關教師註冊和課程時間方面所規定的條文如下：

《規則第十八條》：

「未經教育司許可，不得在任何學校充當教員。女校如欲聘任男教員，須將理由詳細開列，呈候教育司核奪。」

又《第十九條》：

「學校每級須設時間表、課程表，請視學官核定，懸於課室當眼處。所授各書籍，亦須由教育司鑑定。如欲更改時間表或課程表，須先呈報視學官核奪。」

從此，本港教育條例的規定日形緊密，執行方面也較前嚴格了。

依據民國二十七年（一九三八年）一月廣東教育廳所編印的《學校調查一覽表》所記載，其中華人在香港所辦的中學校而向廣東省政府教育廳立案的，有二十九間之多。這些在廣東省政府教育廳立案的學校，設備和課程，都遵照教育廳的指示；而教育廳亦不時派遣督學到港，對這些學校多予督導。又依據《僑務委員會補助僑民學校辦法》，「凡僑民學校經呈准本會（按：即僑務委員會）及教育部立案後，辦理一學期以上，具有優良成績而經費確實困難者，得呈請本會補助」。這樣，向內地政府立案的學校，又不時可以得到一些經費的補助，於是向中國政府呈請立案的學校便更多了。自然，這些能向本國政府立案，接受補助的學校，大體上是僑

校中辦理較為完善的學校。

當時，引致本港那些辦理較有規模的僑校，紛紛向內地政府呈請立案，其主要原因，有下列幾點：

（一）因學制不同，僑校學生在本港不能直接升讀大學；而課程與內地學校較為接近，故向內地謀求升學途徑。

（二）向內地政府立案以後，學校的地位獲得中國政府承認，可以參加廣東省舉行的中學畢業會考。

（三）可以獲得中國政府在行政上和精神上的督導與支持，並可得到經濟上的補助。

（四）能獲得內地政府的准許立案，即表示該校在辦理方面已達到一定的水平，無形中提高了該校在僑校中的地位和聲譽。

一九三五年間，廣東省舉行的高中及初中畢業會考，香港僑校，那些已在中國政府立案的中學，均派遣學生參加。起初派遣學生往廣州應試，後來為方便本港學生起見，便將港區考生試場設在本港，由粵省教育廳派員來港主持。

到了一九三八年，抗日戰爭的戰火蔓延，日軍佔領廣州，粵中的私立中學校，先後遷港的很多，本港的中文中學乃表現得盛極一時。計一九三九年參加廣東省中等學校會考的，有：華南中學、廣大附中、民範中學、金陵中學、知用中學、港僑中學、養中女子中學、領島女子中學、遠東中學、知行中學、嶺英中學、思思中學、真光女子中學、中南中學、華英中學、美華中學、信修女子中學、梅芳中學、導群中學、文化中學、光華中學、培正中學、西南中學、德明中學（正校）、德明中學（分校）、石門中學、嶺東中學、中華中學、仿林中學、培英中學、嶺南附中等，合共三十七間中學。僑校學生中，應屆高中畢業的有六百餘人，初中畢業的有二千餘人。[6]

在本港僑校就讀中文中學的學生，既然與本地唯一的大學 —— 香港大學，課程不相銜接，如要升學，便只有回國去了。反正內地著名的大學很多，入學的機會也較大。一般僑校紛向中國政府註冊立案，主要也是為了這一點。

## 香港中學與內地中學在課程方面的差異

不過，本港學生回國升學，當時也存在著很大的困難。學生回國升學，要遠離家庭及加重經濟上的負擔，這方面固不予討論了，就本港中學與內地中學課程的差異與不相銜接這問題上，真使學生不易應付。雖然，本港中學在內地立案的，都自稱所授課程，是遵照中國教育部課程標準施教，但除了極少數的幾間規模最大辦理最佳的，能夠接近標準以外，其餘的都是不逮遠甚。

試綜合當年一般論者對本港一般中學的課程與內地中學課程，作一簡要的比較：

| 內地中學課程 | 香港一般中學課程 |
| --- | --- |
| 1. 以國文、數、理、化為首要科目，英文僅屬次要。 | 1. 以英文為首要科目，數、理、化次之，國文不被重視。 |
| 2. 重視數學，高中要修完平面幾何、立體幾何、高等三角、大代數及解析幾何。 | 2. 不甚重視數學，高中所修習的僅平面幾何、三角、初級代數等，約等於內地初三與高一的數學程度。 |
| 3. 國文科文言文與語體文並重，且對國學常識極為重視。 | 3. 重文言輕語體，注重經史，對國學常識不予重視。 |
| 4. 生物學、生理衛生等，均為必修科目。 | 4. 課程內對生物學間有涉及，生理衛生一科則多未有開設。 |
| 5. 地理科先以中國為主而擴及全球。 | 5. 泛讀世界地理，對中國地理認識不深。 |
| 6. 中外歷史兼重，從上古以至近代。 | 6. 注重外國歷史較多。 |
| 7. 以發揚國家民族的美德為出發點，實施公民訓練。 | 7. 沒有這種訓練。 |

這裏所指的，只就普通情形來說，當然也有例外的。根據上述各點，本港一般中學的課程，包括一九二九年本港教育司署所頒佈的《中小學課程標準》在內，質與量兩方面，都和內地中學的課程，相差頗遠。在港修業的學生，向內地學校轉學或升學，怎不感到戛戛其難呢？

## 香港僑校的一般境況

一般而論，在一九三五年以前，香港僑校的境況並不佳。經濟方面，雖然也有接受本地政府津貼的，法團補助的，但主要的經費基礎，還是依靠學生學費方面的收入以維持的居多。而學生繳納學費，大抵又以香港方面比九龍方面平均較多；堅道以上的又比西營盤一帶的平均較多。當時，有人曾作過這樣的一個統計：

| | |
|---|---|
| 中學男生每年繳費額 | $35.00 至 $100.00 |
| | 中數約 $50.00 |
| 中學女生每年繳費額 | $30.00 至 $80.00 |
| | 中數約 $40.00 |
| 小學男生每年繳費額 | $30.00 至 $60.00 |
| | 中數約 $45.00 |
| 小學女生每年繳費額 | $25.00 至 $50.00 |
| | 中數約 $30.00 |

從這些統計數字當中，可以看出一種現象，那便是男童的學費較女童的為高；換言之，即社會的一般觀念，對男童教育仍然較女童教育為重視。[7] 校舍設備方面，除極少數外，大都沒有自建校舍，一般都是租用民居樓宇改充的。有些校舍光線較多、空氣較為流通、面積稍大的，已算是較為理想的了。若求備有適當禮堂、操場、校園和宿舍等設備的，殊不多覯。其他的私校，除教室外，簡直沒有多餘隙地，以供學生活動，他們多是被困在簡陋的環境下學習。至於圖書、儀器、教具等，充實的居少，簡陋的居多。規制方面，各校的主持人，在得到香港教育司的許可開辦後，大多數都是因時制宜的辦下去。是以各校在制度方面和課程方面，都頗為參差。那時候學校的工作，大都只注重教的一面，對於其他的課外活動，都是甚少注意的。

一九三五年的《賓尼報告書》(*The Burney Report*)，是一篇談論本港教育的重要文獻，內容針對現實，提出許多極為寶貴的建議。自此以後，香港教育，很多都是根據這報告而進行改革。例如在前面所提過的師範教

育、小學教育的重視、中文教育的價值、學校課程的重新編訂等，都是極有遠見的建議。

此外，在《賓尼報告書》中還建議，任命一位教育專家為高級視學官，以領導推行本港的教育事宜。結果，選中了由馬來亞調職來港的梳利士（Mr. C. G. Sollis）擔任。到了一九三九年，教育司佘雅（Mr. G. R. Sayer）退休，便由梳利士接任為本港教育司。他接任以後，在教育上介紹許多新的措施，草擬了一個發展中文小學的計劃，準備在五年內創辦五十間模範中文小學，作為一般私立學校的標準。可惜這計劃未及施行，而太平洋戰事已告爆發了。

## 三十年代相繼開設的中文學校

在三十年代中（一九三〇至一九三九年），華人在本港開辦的中文學校很多，真可以說是盛極一時。茲將其中一部分有代表性的學校，列舉下來：

| 學校名稱 | 開辦年份 | 最高班級 | 創辦人 | 校址 |
|---|---|---|---|---|
| 光華中學 | 1930 | 初中 | 黃燕清 | 香港荷李活道 |
| 嶺東男女中學 | 1930 | 高中 | 霍鐵如 | 九龍彌敦道 |
| 導群中學 | 1930 | 高中 | 黃直生 | 九龍砵蘭街 |
| 寶覺女子中學 | 1931 | 高中 | 張蓮覺 | 香港山光道 |
| 華僑中學 | 1931 | 高中 | 王淑陶 | 香港堅道 炮台道 |
| 中南中學 | 1931 | 高中 | 鍾維新 | 香港卑利街 |
| 華大中學 | 1931 | 高中 | —— | 香港卑利街 英輝台 |
| 達德學校 | 1931 | 小學 | 屏山鄧族 | 新界屏山 |
| 知行中學 | 1932 | 高中 | 知行中學校董會 | 香港駱克道 |
| 領島女子中學 | 1932 | 高中 | 鄧志清 | 香港堅道 |
| 培正中學 | 1933 | 初中 | 基督教浸信會 | 九龍何文田 |
| 粵南中學 | 1933 | 初中 | 施耀明 | 香港灣仔 新填地 |

| 學校名稱 | 開辦年份 | 最高班級 | 創辦人 | 校址 |
|---|---|---|---|---|
| 光中女子中學 | 1934 | 初中 | 羅勵修 | 香港威靈頓街 |
| 德明中學 | 1934 | 高中 | 胡漢民、陳濟棠等 | 九龍旺角洗衣街 |
| 南方學院中小學部 | 1934 | 初中 | 潘無恙 | 九龍石硤尾街 |
| 鐘聲學校 | 1934 | 小學 | 黃子律 | 新界元朗大橋村 |
| 真光小學 | 1935 | 小學 | 廣州真光中學 | 香港堅道 |
| 培英分校 | 1935 | 小學 | 廣州培英中學 | 香港般咸道 |
| 香江中學 | 1935 | 高中 | 陳維周 | 九龍大埔道 |
| 華南中學 | 1935 | 高中 | 郭兆華 | 九龍彌敦道 |
| 忠信中小學校 | 1935 | 高中 | 李卓權 | 香港亞畢諾道 |
| 僑光中學 | 1936 | 初中 | 李炳森、孔憲航等 | 香港皇后大道東 |
| 同濟中學 | 1936 | 初中 | 霍逸樵 | 香港軒尼詩道 |
| 嶺南大學附中 | 1937 | 高中 | 廣州嶺南大學 | 新界青山道梁園 |
| 培英中學 | 1937 | 高中 | 廣州培英中學 | 香港干德道 |
| 廣州大學附中 | 1937 | 高中 | 陳炳權 | 九龍油麻地新填地街 |
| 真光女子中學 | 1937 | 高中 | 廣州真光女子中學 | 香港司徒拔道肇輝台 |
| 興中中學 | 1937 | 高中 | 廖奉恩 | 香港堅道 |
| 生活中學 | 1937 | 初中 | 志行學社 | 香港軒尼詩道 |
| 金陵中學 | 1937 | 高中 | 李佩鳴 | 香港羅便臣道 |
| 香港中學 | 1938 | 高中 | 朱法雨、陳躍雲等 | 九龍公爵街 |
| 培道女子中學 | 1938 | 高中 | 廣州培道女子中學 | 九龍廣華街 |
| 知用中學 | 1938 | 高中 | 知用學社 | 九龍大南街 |
| 興華中學 | 1938 | 初中 | 廣州興華中學 | 九龍青山道 |

| 學校名稱 | 開辦年份 | 最高班級 | 創辦人 | 校址 |
|---|---|---|---|---|
| 大中中學 | 1938 | 高中 | 廣州大中中學 | 九龍城侯王道 |
| 真中女子中學 | 1938 | 高中 | 廣州真中<br>女子中學 | 九龍福華街 |
| 民光中學 | 1938 | 初中 | 高應光 | 九龍上海街 |
| 文德中學 | 1938 | 初中 | 范曜華 | 香港灣仔道 |
| 美華中學 | 1938 | 初中 | 廣州美華中學 | 香港掃桿埔<br>聖光堂 |
| 九江中學 | 1938 | 初中 | 黃漢鏻 | 香港山光道 |
| 華英女子中學 | 1938 | 高中 | 廣州華英<br>女子中學 | 香港軒尼詩道 |
| 華英中學 | 1938 | 高中 | 廣州華英中學 | 新界沙田 |
| 嶺英中學 | 1938 | 高中 | 洪高煌 | 香港利園山 |
| 時代中學 | 1938 | 初中 | 伍佩琳、<br>梁英等 | 九龍南昌街 |
| 仿林女子中學 | 1939 | 高中 | 江瑞雲 | 香港鳳輝台 |

此外，在這時期開辦的學校，尚有國民中學、南武中學、遠東中學、漢英中學、瓊海中學、文化中學、思思中學、國民大學附中、景新中學、新中中學、鑰智中學、南洋中學、民範中學、導英中學、南海石門中學⋯⋯等，未能盡錄，特別是從一九三七年中國全面對日抗戰開始以後，因戰事的影響，國人避居香港的日眾，這幾年間，香港中文學校的發展，真如雨後春筍似的紛紛設立起來。其中有許多學校是由廣州各地，因避戰亂而遷港開辦的。這些在廣州原已久負盛名的學校，例如：培正中學、培英中學、真光女子中學、培道女子中學、嶺南大學附中、美華中學、華英中學、南武中學、知用中學等，由於過去已有良好的聲譽，故一經遷港，即獲得本港華人的信賴，得以迅速擴展起來。

據一九三九年的調查估計，香港有中文中學約二百一十間，有小學超過六百五十間，而一般職業學校和特殊學校則還未有計算在內。

其次，廣州的私立大學，在廣州淪陷後，於一九三八年在港復課的，也有多間：嶺南大學，商得香港大學同意，借用港大校舍及設備，

在港復課；廣州大學在九龍深水埗元州街復校；廣東國民大學在新界青
山芳園開課。

## 義學教育應時而興

我們談香港的中文學校教育，到了三十年代的末期和四十年代開始的
時候，除了正規的教育以外，我認為我們不應忽視當時的義學教育。原因
是當時因時局的關係，本港學童人數突然大量增加，雖然學校的開設已很
蓬勃，可是仍然無法趕上學童的需求；況且逃難來港的同胞，在這生活程
度高漲的地方，實在不容易適應，許多人在這裏很快便面臨經濟困境，沒
法再遣送子女到學費高昂的學校去讀書了。一般熱心社會教育人士和愛國
分子，為了救濟失學兒童，於是紛紛努力，向各方呼籲，廣設義學，以資
收容。在群策群力的推動下，義學教育乃乘時而興，盛極一時。

這裏的義學，約可分為日學、下午班及夜學三種。日學每天由上午九
時至下午二時；下午班由下午二時至七時；夜學由下午七時至九時。這些
義學，除了很少數是依循正規學校的辦理外，絕大多數都是利用日校的剩
餘時間而附設的。是以在量的方面雖然相當可觀，但質的方面卻是設備簡
陋，程度粗淺的居多。班級方面，一般都是辦至小學三、四年級，開辦高
年級的便很少了。課程方面，那些傳統性的本地義學，課程陳舊得很，他
們很多仍採用《論語》、《孟子》、《左傳》、《孝經》、《唐詩三百首》、《秋
水軒尺牘》等為國文教本。聽說，這是為了迎合一般家長的喜愛；我說，
其實那是當時一些守舊的本港人士的主張罷了。

在香港華人教育的傳統上，本來很早便有義學的設立，歷史長遠，規
模也不小，在前章中已有詳細介紹了。如果我們以學校經費的來源去做區
分的標準，大體上可以分為下列四類：

（一）私人捐款辦理的，有：周卓凡、周少岐、周蔭喬、黃昭倫、黃
耀東、翟鶴亭、曾耀庭、伍文昱等義學。

（二）團體撥款辦理的，有：孔教會、孔聖會、中華聖教總會、中華
回教博愛社、培道聯愛會、中華基督教青年會、女青年會、西河堂、帆船
漁會、南洋煙草公司、中山商會、南海商會、南華體育會、鹹魚行策進

會、茶居工業總會、旅港五邑公會、旅港增城聯合會、果菜行公會、華履公會、番禺會所、新會商會、電車公司華員存愛會、潮州商會、欖鎮同鄉會、鮮魚行、崇正會、莞邑義學堂及各教會團體等辦理的義學。

（三）慈善機關辦理的，有：東華醫院、萬安慈善會、樂善堂、鐘聲慈善社等義學。

（四）廟宇公箱設立的，有：天后廟、文武廟、洪聖廟、廣福祠等義學。

除了本地傳統性的義學外，在抗敵救亡的愛國運動底號召下，為了救濟在國難中失學的兒童，義學教育，也就應運而生，且更有其新的意義和內容。港九難童免費義學和香港中華義學等組織，都是在抗戰軍興以後而興辦的。港九難童免費義學設有六校，香港中華義學則有四十八校。

香港中華義學，是為救濟廣東省戰區失學兒童而設立的，商借港、九各僑校的校舍辦理。課程是遵照中國教育部頒佈的小學課程為依歸；授課時間，是在每日下午五時半至九時，星期六下午一時至五時，星期日上午九時至十二時，下午一時半至四時半等時間內進行。凡屬廣東省戰區的失學兒童，年在六歲至十二歲的，都可報名投考，申請入學。

當時，許多僑校都慷慨地於課後空餘的時間，借出校舍，使這類義學得以廣泛設立起來。這種好義的精神，至堪讚揚。本港僑校附設開辦中華義學的，計有：港僑中學、興中中學、九龍大同學校、西南中學、上環仿林中學、旺角德明中學、灣仔德明中學、同濟中學、民大附中、香江中學、養中女子中學、文武廟中區女子免費初級小學、文武廟中區免費初級小學、志賢學校、志成學校、嶺英中學、聚英學校、文武廟東區免費初級小學、粵華中學、華僑中學、繼文中英文書院、南方中學正校、南方中學分校、香江女中第一校、香江女中第二校、大夏中學、珠江中學、文武廟西區初級小學、廣福祠初級小學、民光中學、九龍城德明中學、信修女子中學、耀中女子中學、深水埗仿林中學、民範中學、新會義學第二校、正德學校、北角中英文女書院、東華醫院總理女義學、利群學校、新會義學第四校、灣仔大同中學、同德工會第一校、紅磡堯讓學校、鴨脷洲漁民學校、文礎中學、麗澤女子中學分校等四十八校。[8]

## 空前的繁榮與無情的破壞

在抗戰初期，照當時的估計，一九三八年，香港人口超過一百萬；一九四一年超過一百四十四萬。在特殊形勢之下，香港這地方，頓時成了戰時華南人民的最佳避難所。由此，也造成了香港空前的繁榮。在這時期，當內地許多著名的報紙、出版社、文化機構、各大、中、小學校，相繼遷入以後，由於文化人士的集中，香港居然成為抗戰期中，中國文化學術的一個重要樞紐。

一九三五至一九四一年間，因中國內地學校的大批遷入和學生的大量湧進，當時香港教育的進展之速與學校密度之大，達到驚人的地步。一九三○年，本港中文學校學生有四萬五千四百三十六名，英文學校學生有一萬七千五百六十一名；到了一九三四年，增至五萬五千三百一十二名和一萬八千零三十六名；但是到了一九三七年，則已增至中文學校六萬七千九百八十八名，英文學校一萬九千零五名了。

一九四一年十二月八日，日軍以瘋狂的進攻，發動太平洋戰爭，香港立刻便進入了他的魔掌之中，整個教育文化遭受無情的破壞。經過了三年零八個月的黑暗時代，直至一九四五年才得重睹光明。香港光復以後，我們在這劫後的廢墟上，又再把香港的教育重建起來。

### 附注

〔1〕見《旅港番禺會所特刊》，一九六七年五月出版。
〔2〕見《崇正總會三十周年紀念特刊》，一九五○年十二月出版。
〔3〕見《南華體育會六十周年會慶特刊》。
〔4〕見冼江著：《尤列事略》。
〔5〕見丁致聘編：《中國近七十年來教育記事》，二百四十一頁。
〔6〕見《港澳學校概覽》載金尚：〈香港中等學校〉，一九三九年八月。
〔7〕參閱《華僑教育》載介如：〈論香港華僑教育的幾個問題〉，一九三四年九月一日。
〔8〕參閱一九三九年八月出版的《港澳學校概覽》。

# 第七章 回顧與前瞻

## 源遠流長

我在前面談到香港前代文化活動的史實和香港的前代教育時，已經清楚地說明，香港雖然地處南隅，但仍毗連大陸，是中國內地的一部分，同時，也早受中華文化、教育的餘緒所被及。遠在二千多年前，秦、漢時代，中國人在這裏經有開發；唐、宋以後，這裏的活動和建設，便更為頻繁了。假如我們進一步以考古學家們在本區域內所發掘的史前先民遺物作為推論的根據，那就可以將這裏先民的文化活動，往前再推得更為古遠了。

人們的文化活動與教育活動是息息相關的。有文化活動的人類社會中，便有教育活動。只是教育的形式或有或無，而古代人們底活動的紀錄，也往往沒有留存下來罷了。

在香港開埠以前，本區域的教育活動，我們稱之為「香港的前代教育」。由於地理環境的關係，新界地區接近內地，土地平曠，得山澤漁農之利，且人口聚居較多，所以，這地區的前代教育，遠較本港其他區域發達。其最先在本區域內設立正式學舍以教育子侄，而有史實可稽的，當為北宋時代鄧符協在錦田所設立的力瀛書院了。其後，歷代以來，各地相繼設立的大小學舍，自然為數極眾；即以清代來說，遺留下來的學舍，至今還是不少哩！

學舍的設立，是為了培育人才。試觀本區域的歷代科第人物，由宋代開始，已漸次出現，迄清代而尤盛。如果不是教育發達，這些科第人物是無由產生的。

香港的前代教育，一向承受著中國傳統文化和傳統教育的滋養。追溯

起來，真是源遠流長。這種純屬中華傳統文化的本土教育，到了開埠以後，因為受到外來政治和文化的影響，才逐漸有所改變。

## 文化交流

香港是英國的殖民地，香港的教育，自然是依循著英國的殖民地教育政策而進行的了。是的，長期以來，香港的教育，既非是中國傳統形式的，也不是完全依循英國傳統形式的，它是糅合了兩國的傳統，而變成一個中、英混血兒的姿態而發展起來的。也可以説是一個中西文化的混合體。

自古以來，凡是水陸交通頻密的地方，必是人類文化學術與情感溝通的樞紐。文化像是一種有生命的有機體一樣，不同的文化和學術思想，由接觸而匯合、而交融、而互相影響、而產生新的觀念和新的內容，這是文化交流的重大意義。香港自從開埠以後，對外交通頻繁，中西文化在這裏匯合交流。百多年來，香港正扮演著這樣的一個角色，成為中西文化在東方交流的要衝。

在香港，促進中西文化交流的活動是多方面的。例如學校教育活動、文化書刊的傳播活動、宗教活動、國際性社團活動、公共傳播媒介的活動、商業活動、異族通婚⋯⋯等等，對於促進文化交流，都有其一定的作用。不過，能夠有系統、有計劃的介紹和學習中西方文化的，當以學校教育為最重要。

中、英語文並重，是香港中西文化交流的重要溝通工具。香港在教育上，是接受中西的文化傳統，而並不被舊傳統所束縛，故易於去學習去接受新知識和新事物，也從而產生新思想和新觀念。例如早期便有何啟、胡禮垣等在港鼓吹興辦洋務和變法圖強的主張；又有孫中山先生鼓吹革命思想，推翻滿清統治的活動。這些都是最好的例子。

有人説，回溯過去，在本港的外籍人士或官員中，熱心學習中文，而且造詣不凡的，真是不勝枚舉，他們不是也在提倡中文教育嗎？著名人士中，早期有大名鼎鼎的理雅各博士、羅傳列牧師、歐德理博士、金文泰爵士，隨後有擔任過移民局長的富勵史先生、擔任過民政司的何禮文先生、

擔任過統計處長的彭德先生、擔任過香港大學教授的林仰山先生等等，都是著名的漢學家。他們之中，不少還將研究心得，從事著述面世。本人對於他們的努力和成就，欽佩之至。不過，我們得清楚認識，基於中文教育的觀點，實質上，他們都是為了工作上的方便，或為了某種目的，而研究中文，絕不是為了提倡中文教育而努力的。自然，我們可以肯定地說：他們都是中西文化交流中的活動分子，對中西文化交流有所貢獻。

要知道，中西文化交流是雙方面的融會、吸納和互惠的。在香港，英文程度不佳的話，便沒法接受西方文化，和認清它的優點；如果中文程度低落，我們也沒法將西方文化的好處，介紹到中國人的社會中來。是以，在香港社會中，使中、英文並重，質素提高，是發展中西文化交流的基本條件。在學校教育中，我們一貫地主張中、英文教育，要平衡發展，並駕齊驅，不但要提高中文程度，也要提高英文程度，便是這個道理。

## 發展滄桑

一八四二年，英國政府根據《南京條約》而正式統治香港。統治初期，香港的教育，是由社會的熱心人士和教會人士的自由努力與熱心服務而推進的。教育的內容，都是以中文為主，英文為副；或是中、英文並重。沒有中文講授，或是不注重中文的學校，往往不為中國人士所歡迎。

基督教會把歐西的傳統文化介紹到香港來，與本地的中國傳統文化並肩推進。

隨著香港社會商業的逐漸發達，對外交通的日益頻繁，為了適應商業上的需要，對英文人才的需求日多；更加上香港政府方面對英文的重視和扶植，功利的引誘，英文教育很快便發展起來，漸次蓋過中文的地位，而成為香港教育的主流。

雖然，在過往的歷史中，政府對中文學校也有所資助，不過，那只是在要求之下，作出表面形式的幫助，甚至是出於「救濟性質」的援助而已，從來就未曾有計劃地和積極地去發展中文教育的打算。只有在大形勢下或是廣大輿論的壓力下，才作出極有限度的表面改進。即使是這樣，政府所給予的資助，也遠不及對英文學校之多。

社會上一小部分人，因接受過英文教育而通曉英文的，特別為人們所重視。他們因通曉英文而出入於政府衙門與商行之間，受到中西人士的器重，地位因而提高；而他們也因此而感到驕傲，自以為高人一等，於是便形成一種特殊階級。

中國人的社會，到處均保存著深厚的民族文化。在傳統觀念上，認為一個人除了具有學識與技能以外，還要有個人的道德修養，以為處世立業的楷模。早期，許多接受英文教育的中國青年，因為學習的時間不長，浸淫未深，而對本國的傳統文化和道德觀念又有所忽視，在生活上往往表現出輕浮的舉止和狂妄的態度，於是常常受到社會人士所詬病。被人稱之為「番書仔」的，就是這種人了。許多家長有見及此，雖然將子侄送進英文書院就讀，另外於晚上或是空閒時間，還是要他們進修中文，以接受傳統文化的陶冶。

香港政府的教育政策，一貫地對中文教育都表示尊重，但並不熱心發展；實際去熱心發展的，只是英文教育。因此，本港的中文教育，始終是倚靠民間的力量和少數熱心的社會人士去推動。

雖然中文教育從來不被當局所真正重視，一直都在「慘淡經營」的狀態之下，支持下去，然而，在過去的歷史滄桑中，往往因應時代的需要和時勢的關係，也有其應時勃興的幾個時期。

二十世紀初期，是本港中文學塾的鼎盛時期，它對香港的中文教育有過重大的影響。其次，當金文泰爵士當政的時代，在他的倡導和贊助之下，使本港的中文教育寫下了輝煌的一頁。不過，我們要知道，這兩個時期的重大發展，前者是由於當時本港人口的大量增加，和中國內地知識分子的湧進所造成，是出於中國人對中文教育所作出的一種自發性的提倡；後者，則是由於當時的自然因素和政治因素使然，金文泰爵士不過是當時的一位能順應潮流的出色表演者罷了。關於這一點，我在本書的第五章和第六章中，均有詳細的說明。

其後，一九三五至一九四一年，本港的中文教育，更是盛況空前的勃興起來，無論是學校的數目或是就讀學生的人數，其發展大大的蓋過了英文教育。那可說完全是由於外來力量的影響。特別是一九三七年，中國全面對日抗戰開始以後，內地學校紛紛遷港，學生大量湧到，使香港的中文

教育，成為歷史上最蓬勃的時期。

第二次世界大戰結束以後，教育事業也隨即迅速發展起來。戰後的香港，仍是一個中國人的社會，政治上雖由英國統治，但是仍以華人社會為其主幹。在華人社會中，中國人對於子女的教育，無不悉力以赴。是以戰後初期，兒童紛紛要求入學，乃以校舍奇缺，即使政府大量興建，也是供不應求。就以一九五五年上半年，據教育司署發表的學生人數，共有二十六萬二千零五十名，這數目和當時香港人口的二百五十萬人來說，這比例顯然是很不相稱的。由此，也可知道當時失學人數的眾多了。這時期，中文學校在香港社會中，仍舊保持著相當強大的優勢。

踏進五十年代以後，人們似乎都察覺到，生活在香港這個洋化的現實社會裏，青少年們為了未來的學業前途和職業機會，從功利的觀點著眼，非轉向英文學校就讀，以便尋求適應不可。是以英文學校的開辦，由這時期開始，即如雨後春筍一樣，急劇增加。許多中文學校，眼見英文學校的日益蓬勃，也把辦理中的中文學校，改為英文學校，或是縮減中文班額，加開英文班級，將學校分為中、英文兩部辦理，以廣招徠。

一九五二年的中學會考，中文中學參加學校有三十間，學生九百二十人；英文中學參加學校有二十三間，學生一千零二十八人。到了一九六〇年，中文中學參加學校增至四十七間，學生二千三百七十七人；而英文中學參加學校則增至八十三間，學生六千零三十九人。在這期間，參加中文中學會考的，學校只增加十七間，學生增加一千四百五十七人；而參加英文中學會考的，學校卻增加六十間，學生增加五千零一十一人。

其次，從中文中學與英文中學歷年學生人數的增長情形，作一比較，也可顯示出發展的趨勢：

| 年份 | 中文中學 | 英文中學 | 人數比率 |
|------|----------|----------|----------|
| 1967 | 47,362 人 | 126,196 人 | 1:2.6 |
| 1970 | 47,829 人 | 156,361 人 | 1:3.2 |
| 1975 | 65,995 人 | 285,210 人 | 1:4.3 |
| 1980 | 57,355 人 | 413,773 人 | 1:7.2 |

我們從上表可以看出，一九七〇年，英文中學的學生人數，只是中文中學學生人數的三倍；但是到了一九八〇年，已是增至七倍有多了。我們眼見英文中學的增長發展，蒸蒸日上，而中文中學在相形之下，大有望塵莫及之勢。

一九六二年，香港大學突然宣佈一項新例，於一九六三年的入學考試中，取消舊例中所規定考生須考取英文以外一科語文及格的一條。這一項宣佈，對整個中文教育前途的影響著實不小。港大入學試一向規定考生須考取英文以外的一科語文及格，中國學生當然是選考他們一向所熟知的中文了。考生為了考試的需要，對中文科也就不得不多下一點學習、研究的苦功。學生的中文基礎，可能靠此而奠定下來。如今一旦宣佈可以不必應考英文以外的一種語文了，換一句話說即是可以不必再考取中文科的及格成績，那麼，學生還會用功去學習中文嗎？這顯然是對中文教育的一種莫大的打擊。在一九六二年內，新開辦的英文書院不下二十間，而中文中學增辦英文部的，也不下十餘間。從此，中文學校更是一蹶不振了。

到了一九七八年六月，本港考試局於公佈高考學生資格時表示：凡參加「高等程度考試」（中文大學入學試）的考生資格，只要在中學會考中取得中文科或英文科及格即可。這樣一來，本來必須及格的中文科，便變為可有可無了。同時，在「高級程度考試」（香港大學入學試）中，考生的中學會考成績，也只須英文科及格，中文科及格與否，並不重要。從這項公佈，又可以清楚說明，香港政府仍是一貫地在教育方面，推行重英輕中的語文政策。

一九六三年，香港中文大學的設立，和一九七四年政府正式公佈中文成為香港法定語文，本來，這是中文教育史上的兩件大事，也可以說是本港中文教育發展上的大突破；無奈，到目前為止，從種種跡象看來，似乎只是徒有虛名罷了，離開我們發展中文教育的理想，還是遠得很。

總之，香港的中文教育，一直都是在崎嶇不平的道路中，和備受壓抑的情況下，繼續生存，以至今日。

　　我們要了解本港中文教育的發展情形，自然是要從它過往的歷史中，觀察有關於中文教育的種種設施、制度、人事演變及時代背景等等，作綜合的研究，然後可以看出其發展的路線和方向。

　　為了使讀者有系統的了解本港中文教育的發展情形，那些過於久遠的史實，我們且不必再去追述了，僅由香港開埠時起，至一九四一年太平洋戰事爆發時止，將百年內所發生的有關大事，以時間順序的方式，條列下來，以方便讀者們參考；同時，也可作為我在前面所論列的中文教育發展史的一項資料、提綱和印證。

一八四一 ● 一月二十六日，英軍佔領香港島，估計當時島上有中國人二千名左右。

● 五月，《香港政府憲報》第一號出版，發表第一次人口統計，島上共有七千四百五十人。

一八四二 ● 八月，依據《南京條約》，清政府將香港島割讓給英國。

● 八月，港督砵甸乍爵士批准並撥地給馬禮遜教育協會在港建校，興辦教育。

● 十一月，馬禮遜書塾由澳門遷港辦理，新校規模頗大，是為馬禮遜書院。

一八四三 ● 叔未士牧師在皇后大道創立浸信會堂，並於堂內開設女塾一所，由叔牧師夫人何顯理女士主持。

● 十一月，倫敦傳道會牧師理雅各博士將馬六甲的英華書院遷來香港辦理。

● 十二月，英國派遣第一位香港區主任牧師史丹頓到達香港。

● 美國浸信會的包爾博士和端牧師在上環街市附近開辦男書塾和女書塾各一所。

一八四四 ● 香港政府公佈，港島上已有中國傳統式中文學塾七間。

● 美國公理會設有免費書館一間。

- 九月，叔未士牧師夫婦創建的浸信會書館新學舍落成開幕，有男學童二十名，女學童六名，接受中、英文教育。

一八四五 ・ 根據華民政務官郭士立的陳述，港島上有中文學塾八間。

一八四六 ・ 理雅各夫人創辦英華女學。

一八四七 ・ 根據教育調查小組的報告，在港島的維多利亞城、香港仔和赤柱三個主要地區，共有中文學塾八間，學童一百二十三名。

・ 是年八月起，政府資助港島上三間中文學塾，每間每月十元。

・ 政府任命一個「教育委員會」以監管受政府資助的三間中文學塾。

・ 香港註冊總署公佈，港島上的人口，已有二萬三千八百七十二人。

一八四八 ・ 根據教育委員會年報披露，在政府監督和資助下的三間中文學塾，共有男學童九十五名。

一八四九 ・ 春季，史丹頓牧師創辦聖保羅書院。

・ 春季，馬禮遜書院因故停辦。

一八五〇 ・ 三月，由英國大主教任命的維多利亞會督史密夫到港蒞任。

一八五二 ・ 史密夫會督擔任教育委員會主席。

・ 政府資助中文學塾增至五間，學童一百三十四名。

一八五三 ・ 教育委員會增加理雅各博士和歐德禮牧師為委員。

・ 由香港中環英華書院印行的《遐邇貫珍》月刊出版。

一八五四 ・ 教育委員會的報告書指出：五間由政府資助的學塾，只能容納一百五十人，而估計當時香港的學齡兒童，則超過八千八百人。

一八五五 ・ 政府《憲報》揭示，凡香港官員，未學習漢文者，不得請求加薪。

・ 政府將資助中文學塾改為「皇家書館」，由政府直接辦理，這是有官立學校的開始。

・ 皇家書館共有十間，學童總數為四百人。

| 一八五七 | • 羅傳列牧師被任命為監督學院以管理全港的皇家書館。皇家書館共有十三間。 |
| --- | --- |
| 一八五八 | • 《中外新報》出版,是香港最早刊行的中文日報。 |
| 一八五九 | • 政府資助書館增至十九間,有男生八百七十三名,女生六十四名;全年教育經費也增至一千二百英鎊。 |
| 一八六〇 | • 一月,香港政府將教育委員會改組,設立「教育局」,管理全港學校。 |
| | • 理雅各博士提出《教育革新計劃》。 |
| | • 夏季,羅傳列牧師辭去監督學院職務。 |
| | • 十月,中、英訂立《北京條約》,把九龍界限街以南領土及昂船洲,割讓給英國。 |
| 一八六一 | • 一月十九日,香港政府正式接管九龍界限街以南領土。 |
| 一八六二 | • 二月,中央書院正式成立,收容中國學童二百名,聘請史釗活為首任掌院兼政府監督學院。 |
| 一八六三 | • 政府教育局將鄉村裏面的小書館,以免租方式,移交給當地居民辦理。 |
| 一八六四 | • 《華字日報》創刊,為陳靄亭所創辦。 |
| 一八六五 | • 史釗活集中精神於中央書院的發展,將部分辦理不佳的皇家書館放棄,於是皇家書館的數目,乃由二十一間縮為十二間,學童五百九十七名。 |
| | • 六月,將教育局擴大而為「教育司」,以專責本港的教育事宜,並正式任命史釗活為教育司的首長,直接向港督負責。 |
| 一八六六 | • 皇家書館共十三間,學童六百二十三名。 |
| 一八六七 | • 馬禮遜教育協會不復存在。 |
| 一八六九 | • 十一月二日,香港大會堂公共圖書館開幕。 |
| 一八七二 | • 共有政府書館三十間,其中十五間,完全由政府維持,其他十五間由政府輔助,共有學童一千四百八十人。 |
| | • 理雅各博士翻譯中國的《四書》、《五經》為英文,全部完成。 |

| 一八七三 | • 四月，史剑活的《補助書館計劃》獲得立法局批准施行。 |
|---|---|
| 一八七四 | • 《循環日報》創刊。 |
| 一八七八 | • 三月，歐德理博士繼史剑活被任命為教育司的首長兼監督學院。 |
| | • 監督學院與中央書院掌院的職位分立，中央書院成了一個獨立的部門。 |
| | • 政府書館三十間，學童人數二千一百零一人；補助書館十七間，學童一千零二十一人。 |
| 一八七九 | • 一月，香港政府《憲報》第一號，開始以英文、華文並刊。 |
| | • 港督軒尼詩爵士，為了遷就教會書館，所提出的修訂《補助書館計劃》條例，經通過後，由一月起實施。從此，結束了長期以來世俗教育與宗教教育的對立。 |
| 一八八〇 | • 《維新日報》創刊。 |
| | • 東華醫院開始興辦文武廟義學。 |
| 一八八一 | • 二月底開始，一向英文、華文並刊的政府《憲報》，不再刊印華文，只以英文發表。 |
| | • 十一月，黎璧臣被聘任為中央書院掌院。 |
| 一八八二 | • 有政府書館三十九間，學生二千一百一十四人；補助書館四十一間，學生三千零八十六人。在這八十所書館中，有六十四所是純中文書館，八所是中、英文並重的書館。 |
| 一八八五 | • 《粵報》創刊。 |
| 一八八七 | • 國父孫中山先生進入香港西醫書院習醫。 |
| 一八八九 | • 中央書院易名為皇后書院，並搬入新校舍上課。 |
| | • 十月，史剑活博士於擔任輔政司任內逝世。 |
| 一八九二 | • 七月二十三日，國父孫中山先生畢業於香港西醫書院。 |
| 一八九三 | • 庇理羅士女書塾開辦，組織上分為中、英文兩部。 |
| 一八九四 | • 皇后書院易名為皇仁書院繼續辦理。 |
| | • 五月至九月，香港發生大瘟疫，每日傳染百人以上，太平山一區尤為劇烈，學校紛紛停課，人民大批離港。是 |

疫計有二千五百四十七人死亡。

一八九五 ・皇仁書院在當局重視英文教育的政策下，將設立已久的漢文部廢除。

一八九八 ・英國與清廷簽訂《九龍租借條約》，租借九龍界限街以北，深圳河以南的領土，稱為新界地方。租期為九十九年。

・政府極力放寬補助條例，幫助補助書館的發展。對於政府書館，特別是小規模的書塾，不予重視。結果，補助書館發展至一百間，學童五千八百八十二人，而政府書館則縮至十五間，一千四百四十五人。

一八九九 ・《中國日報》創刊。

・有街坊書館一百間，學童二千一百九十五人。

一九〇〇 ・本港歐籍人士向政府提出對歐籍兒童教育的意見；而一群華人領袖，也提出設立一間高等漢文學堂的要求。

・印僑嘉道理及本港紳商等組織育才書社，以興學育才為目標，在廣州、上海及本港倡辦學校。

一九〇一 ・政府任命一個教育委員會調查本港教育的情況和需要。

一九〇二 ・教育委員會發表一份重要的《報告書》，內容強調英語教育的重要。

一九〇三 ・一項新的《書館補助法例》公佈施行。

一九〇四 ・皇仁書院復設漢文部，並加聘漢文教習五位。

一九〇七 ・政府開設一所實業專科夜學院。

一九〇九 ・四月，香港政府任命伊榮為本港第一位教育司。

・政府夜學部成立，開設各種成人夜班。

一九一〇 ・香港政府撥出薄扶林青草山地段為香港大學建校地址，並於三月十六日舉行奠基禮。

一九一一 ・九月，政府成立一個漢文教育組負責促進本港漢文教育的發展。

・政府當局派遣本港的一位著名漢學家威禮士牧師主管皇仁書院的中文課程。

一九一二 ・二月，香港大學宣告成立。

| 一九一三 | • 《一九一三年教育條例》頒佈施行。 |
| | • 香港大學增設文科，聘請賴際熙及區大典兩位太史分別講授中國史學及經學。 |
| | • 教育司委任卡華利為漢文視學官。 |
| | • 《大光日報》創刊。 |
| 一九一四 | • 香港官立實業專科夜學院開始設立漢文師範科以訓練在職之男女教師。 |
| 一九一八 | • 本港接受中文教育的學生有一萬六千五百人。 |
| | • 平民教育家陳子褒由澳門遷校來港，設子褒學塾於香港堅道。 |
| 一九二〇 | • 香港政府成立一個「教育諮詢委員會」，以協助教育司處理有關本港教育的發展及改進諸問題。 |
| | • 教育司署開設官立漢文師範學堂以訓練男教師；設立官立漢文女子師範學堂以訓練女教師。 |
| | • 香港大學文學院開設教育系，以培養中學師資及教育行政人才。 |
| | • 創辦英皇書院。 |
| | • 教育司宣佈政府的教育政策，將不再經營任何純然教授中文的書館。 |
| | • 港府撥款一百萬元作為香港大學基金。 |
| 一九二二 | • 教育諮詢委員會之下分設一個「中文教育小組」，以提供有關中文教育的意見及負責訂定一項《中文課程標準》。 |
| 一九二三 | • 本港接受中文教育的學生有二萬九千人。 |
| | • 官立漢文師範學堂增設漢文師範深造班。 |
| 一九二四 | • 港商馮平山等在荷李活道孔聖會內設立孔聖會中學。 |
| 一九二五 | • 《華僑日報》創刊。 |
| | • 《工商日報》創刊。 |
| | • 十一月，金文泰爵士出任香港總督。 |
| 一九二六 | • 孔聖會辦理的義學共有四十間。 |
| | • 三月，官立漢文中學宣告成立，委派漢文視學官李景康 |

為校長，並將官立漢文師範學堂歸併辦理。

- 八月，港大副校長韓惠和爵士偕同賴際熙太史，往南洋各地，向華僑勸募專款，以為發展香港大學中文教育之需。
- 大埔官立漢文師範學堂開辦，任命陳本照先生為校長。

一九二七 · 香港大學中文學系正式成立，以賴際熙太史為系主任。
- 香港大學中文學系增設「中國言語科」（方言館），以威禮士牧師為主任，宋學鵬為專席教習，以指導由英國委派到港擔任官職的官學生或外籍人士，學習粵語。

一九二八 · 本港中文學校跟隨中國內地教育制度，實施「六三三學制」。
- 本港接受中文教育的學生有四萬二千人。
- 東華醫院所辦理的義學，共有二十一間：九龍三間，港島十八間。

一九二九 · 教育當局任命一個「中文課程委員會」，去負責訂定一項《中小學中文課程標準》。

一九三〇 · 就讀於本港中文學校的學生有四萬五千四百三十六名，英文學校的學生有一萬七千五百六十一名。

一九三一 · 香港大學鄧志昂中文學院落成啟用。

一九三二 · 香港大學馮平山中文圖書館落成開幕。
- 總督會同議政局，按照《一九一三年教育條例》再訂立《規則二十五條》，公佈施行。

一九三三 · 官立漢文中學及漢文女子師範，將「國音」一科列入課程學習。

一九三四 · 香港教師會成立。

一九三五 · 廣東省舉行高中及初中畢業會考，香港僑校，紛紛派遣學生前往應試。
- 香港大學以名譽法學博士學位贈授中國名學者胡適之先生。
- 英國皇家視學官賓尼應邀來港研究本港教育制度，發表《賓尼報告書》。
- 香港仔兒童工藝院落成啟用，開始招生。

- 九月，許地山教授就任香港大學中文系主任。

一九三六 
- 香港大學中文系增聘馬鑑先生為專任講師。
- 元朗官立學校成為一間漢文小學。

一九三七 
- 政府委任連素法官領導一個委員會，調查香港師範教育的興革問題。
- 就讀於中文學校的學生有六萬七千九百八十八名，英文學校的學生有一萬九千零五名。
- 香港教育司署舉行全港中學畢業會考。
- 香港官立工業專門學校開辦。

一九三八 
- 八月，《大公報》在香港出版。
- 八月，《星島日報》創刊。
- 香港人口超過一百萬。
- 廣州為日軍佔領，廣州私立大學在港復課的，有嶺南大學、廣州大學、廣東國民大學等多間。

一九三九 
- 調查估計，香港有中文中學約二百一十間，小學超過六百五十間。
- 參加廣東省中等學校會考的香港僑校共有三十七間。
- 九月，「香港師資學院」正式開設，以羅威爾先生為院長，鄭震寰先生為中文部高級講師。

一九四〇 
- 本港教育條例經修訂施行。

一九四一 
- 春，中國史學大師陳寅恪駐留港大中文系主講歷史。
- 四月，香港師資學院正式改名為「羅富國師範學院」，並遷入般咸道新址上課。
- 八月，香港大學中文系主任許地山教授病逝，遺缺由陳寅恪暫代。
- 香港人口超過一百四十四萬。
- 十二月八日，日本發動太平洋戰爭，香港進入日軍魔掌之中，整個教育文化事業，遭受無情的破壞。

一九四一年十二月至一九四五年八月，這三年零八個月當中，香港的整個教育事業，遭受日本人的破壞而陷於停頓。

戰後復員以至現在，香港的教育，由復員而興盛，由量的增加而至質的改進；中文教育由興盛而至式微，由被輕視而至成為法定語文。其間波濤起伏，變化甚大，人事的交錯也極其複雜，談論起來，真不容易；且以時間較近，歷史的意味也不很大。謹將歷年來與中文教育有關的事項和措施，採用大事紀要的方式，記述下來，以方便讀者們作有系統的參考。從這些資料中，讀者們當可對香港中文教育，自四十年代中期以來的發展，有所認識，最低限度也看到一個簡略的輪廓了。

## 一九四一　香港教育的黑暗時期

一九四一年十二月，太平洋戰事爆發，日軍南侵，香港淪陷，學校相繼停辦，校舍慘遭破壞，教育工作者星散逃亡，整個教育事業陷於停頓。這個悲慘的黑暗時期，延續了三年零八個月之久。

## 一九四五　戰後的教育復員

一九四五年八月，戰爭勝利，香港重光，教育工作者紛紛回港，進行教育復員。由於校舍修復不易，教師短少，物資缺乏，出現了嚴重的校荒現象和失學問題。在一九四一年，全港學生人數達到十一萬八千名，而一九四五年，學生只有四千人左右。

## 一九四六　羅威爾的《建校計劃》

一九四六年，羅威爾氏出任本港戰後第一任教育司。他眼見本港人口激增，官立學校極少，而私立學校收費昂貴，失學兒童眾多，於是建議由政府設立漢文小學五十所，以收容失學兒童，並希望此計劃於一九五〇年

以前完成。但因當時政府重心，仍以軍事為重，教育建設僅屬次要，故羅氏之設立漢文小學計劃，未能全部實行。

## 一九四六　鄉村師範學院的開設

香港教育當局為了發展新界教育，因戰前設立的大埔師範學校已不復存在，乃於一九四六年九月，在新界開設一所鄉村師範學院，以訓練新界教師，由黃國芳先生任校長。校址初設於粉嶺總督別墅中，其後遷往元朗屏山張園。

一九五五年，該校因校址租期已滿，不獲續約，乃將學生併入葛師上課，自此停辦。

## 一九四六　達德學校開辦

中國內地留港之文化、教育界及民主人士等，在新界青山，租用蔡廷楷別墅，開辦達德學院，董事長為李濟深，當時因有茅盾、郭沫若等著名學者留駐講學，吸引不少青年就讀。

## 一九四七　學生人數統計

經過不斷的努力，到了一九四七年，學校復員工作，才大致完成。據官方於四月份所發表的學生人數如下：

| 學校種類 | 中學人數 | 小學人數 |
|---|---|---|
| 官立學校 | 1,199 | 1,500 |
| 津貼學校 | 3,274 | 6,346 |
| 補助學校 | 6,931 | 16,353 |
| 私立學校 | 25,951 | 50,814 |
| 合計 | 37,355 人 | 75,013 人 |

總計共有學生：112,368 人。

## 一九四七　修訂《學校應守規則》

一九四七年十月十一日《憲報》公佈，根據《一九一三年教育條例》，修訂《學校應守規則》多項，以加強全港學校之管理。

## 一九四九　推行上下午學校制度

由於戰後本港人口的不斷增加，入學兒童眾多，本港政府當局為謀求迅速增加學位起見，於一九四九年九月，各官立中、小學校，率先開設上、下午班上課，以廣收容；同時，更籲請其他學校，仿照推行。

## 一九四九　新亞書院的創立

國學大師錢穆博士和一群致力於中國文化學術研究的學者，為了發揚我國傳統文化和推廣現代學術的研究，於是創辦新亞書院。初期慘淡經營，後來得到海內外各界的援助，規模日大。至一九六三年香港中文大學成立，成為大學的基本學院之一。

## 一九五〇　《十年建校計劃》

香港教育，於戰後數年來，經過官方與民眾的努力推動後，到了一九五〇年，學校數目雖已增至八百五十一所，學生人數也增至十四萬九千七百餘人，但因戰後本港人口激增，失學兒童仍然比比皆是。是年九月，政府舉辦失學兒童登記，其參加登記的瞬即達二萬三千餘人。

教育當局為了徹底解決校荒問題，於是於一九五〇年擬訂了一個建築校舍的十年計劃，希望能在十年內，增加足夠學位，以收容所有適齡的小學兒童和那些有志接受中學教育的學生。這計劃原是根據一九三六年英國教育專家賓尼的報告而擬定。

當這十年計劃剛剛籌備就緒的時候，中國內地政治上發生了空前的大變革，內地移民大批進入本港，於是這建築校舍的十年計劃，又無法適應了。

## 一九五一　官立文商專科學校的開設

官立文商專科學校，創建於一九五一年三月。當時因本港人口劇增，中學畢業生大量增加，升學困難，教育當局乃決定開辦一所專上學院，開設中國文學系、商學系及新聞學系三科，給以為期三年的專上教育，以增加本港中學畢業生升學和進一步研讀中國語言、文化的機會。各系課程的講授，除英文科外，均以中文為主要語文。起初，商借香港大學陸佑堂課室上課，後來遷回政府校舍辦理。當時任教之各講師，均屬學有專長和蜚聲海內外的學者。

該校開辦不久，新聞學系和商學系因學生不多，相繼停辦，只剩下中國文學系繼續開設。到了一九七五年一月，便正式改名為「官立中文夜學院」了。

## 一九五一　崇基學院的創設

崇基學院創設於一九五一年，由本港的教育家、基督教聖公會與各教會的代表協力辦理。第一任校長為李應林博士。其後在沙田馬料水興建新校舍，成為一所有規模的專上學校。到了一九六二年，即為香港中文大學的基本學院之一。

## 一九五一　香港大學復設教育系

香港大學於戰前原設有教育系，修業四年，畢業後，授予文學士學位。戰後，至一九五一年九月，教育系再行開設，但學制則不同，學生須先取得大學學位，才可修讀。修業一年，考試及格，則頒予教育文憑（Diploma in Education），成為合格的中學教師。

## 一九五一　葛量洪師範專科學校成立

該校設立初期，原為一年制師範學校，專門訓練小學師資，由張榮冕先生擔任校長。

由一九六五年起開設全日二年制課程，以配合本港教育的發展。一九六七年易名為葛量洪教育學院。

## 一九五一　《菲沙報告》

一九五〇年十月，港府為了發展教育起見，特地延聘英國曼徹斯特的首席教育官菲沙先生（Mr. N. G. Fisher, Chief Education Officer, Manchester）來港考察。一九五一年十二月《菲沙報告》（*Fisher Report*）發表，內容頗多建設性獻議。要點如下：

1）建議大力發展小學教育，並盡可能以中文講授各種科目；自三年級開始教授英文；舉行小學會考，由政府發給小學畢業文憑。

2）建議鼓勵民眾開設私立學校，而政府盡量在經濟上予以補助。

3）建議擴充工業學校，發展工藝教育。

4）建議在市區及農村推行成人教育。

5）建議加強師資訓練及擴大師範教育。

6）建議加強學校行政、鼓勵課外活動及組織家長教師會等。

7）建議多招聘海外教師來港服務。

8）建議政府立即選擇地點，多建現代化之新式校舍，並設置各種現代化之教育設備。

9）建議教育司署須有獨立之辦公大樓，並增添行政人員和重新改組，以加強組織。

## 一九五二　舉辦在職教師講習班

由於學校的發展迅速，在各公私立學校任教的教師，未經本港師範訓練者，為數極眾。教育當局接受羅富國師範學院院長戴雅的倡議，乃於一九五二年開設在職教師訓練班，使他們有接受正式師資訓練的機會，從而改善教學，提高教師質素。

訓練班首屆班主任為鄭震寰先生。由於受訓者均為日校教師，故在晚

間上課，同時授課地點分在香港羅富國師範學院和九龍葛量洪師範學院兩處舉行。受訓教師經兩年訓練，成績及格，即被承認為合格小學教師。

## 一九五二　賈士域的《香港高等教育報告書》

由賈士域領導的委員會（Keswick & His Committee）所制定的《香港高等教育報告書》（*Report of the Committee on Higher Education in Hong Kong, 1952*），其內容除指出高等教育的要求和現有的高等教育機構及其設施外，更提出具體建議，認為在香港高等教育中，應設立以中文為教育媒介的課程，以適應香港的需要。可惜港大當局，以當時香港政治地位不明朗為理由，未予重視。

## 一九五二　中學畢業會考的舉行

由本年起舉行中學畢業會考，中文中學與英文中學分別舉行。一九五二年參加中文中學會考的學校有三十間，考生九百二十人，及格人數六百二十五人；參加英文中學會考的學校有二十三間，考生一千零二十八人，及格人數八百四十六人。

## 一九五二　《一九五二年教育條例》的施行

《一九五二年教育條例》，經過教育委員會和有關當局的長時間商討、草擬和修訂後，於一九五二年冬，由教育司高詩雅向立法局提出三讀通過施行。

由於舊法例（《一九一三年教育條例》）相隔已四十年，當時的環境與現在相去迥異，其不適用，自可想見。這項新法例的重點，對於學校和教師，無疑將採取進一步的管制。

## 一九五四　學生就讀概況

一九五四年六月三十日止，統計香港學校數目、學生人數和教師人數如下：

| 學校類別 | 學校數目 | 學生人數 | 教師人數 |
|---|---|---|---|
| 政府學校 | 40 | 17,589 | 558 |
| 補助學校 | 20 | 14,247 | 648 |
| 津貼學校 | 327 | 47,705 | 1,670 |
| 私立學校 | 719 | 142,942 | 6,290 |
| 特別下午班 | | 12,179 | |
| 總數 | 1,106 | 234,662 | 9,166 |

## 一九五四 《小學擴展的七年計劃》

一九五一年，高詩雅先生繼羅氏而為本港教育司，以當時本港所推行的教育十年計劃，瞬間已不能適應時代的需要，於是於一九五四年又擬訂了一個《小學擴展的七年計劃》。這個計劃原是根據聯合國憲章的精神而草擬的。事實上這計劃的成就卓著，也達到了預期的目的。一九五〇年三月至一九六〇年三月這期間裏，小學生就學人數，已較前增加了三倍，而達到了五十萬名。

## 一九五四 教育司署設立成人教育組

教育司署為了發展本港的成人教育，於一九五四年起，設立成人教育組，由副教育司毛勤先生（L. G. Morgan）倡導，教育官張紹桂先生專責其事，大力推廣成人教育工作，除了開設各種成人夜班外，更設有康樂中心，向成人們提供各項康樂性質的活動。

## 一九五五 《小學國語課程標準》的頒佈

一九五五年六月，教育司署就小學國語科，頒佈了一項新的課程標準。其中列舉三項原則：一、各年級不得選用《四書》、《五經》等篇章作教材。二、國文科改稱為國語科。三、低年級專授語體，高年級側重語體。

## 一九五六　《中學國文課程標準》公佈施行

高、初中全部國文課程標準，於一九五六年內由教育司署訂定，並公佈施行，這些課程的編訂，是和港大入學試的國文範圍銜接的。

## 一九五六　香港大學設立校外課程部

香港大學的校外課程部，自一九五六年成立以後，對香港的成人教育貢獻至大，開設的項目繁多，而且中文與英文的課程兼設，其內容也由一般普通程度以至大學程度俱備，使一般社會人士獲得更多進修的機會。

## 一九五六　聯合書院的成立

由廣僑、光夏、華僑、文化書院及平正會計專科學校等五間專上院校合併而成聯合書院。一九五九年開始接受香港政府補助，一九六三年，香港中文大學宣告成立，該院乃成為大學基本學院之一。

## 一九五六　香港浸會學院開辦

由基督教浸信會創立，一九六六年位於九龍窩打老道的校舍落成，一九七○年獲政府承認為四年制專上教育機構，一九八二年，納入大學及理工教育資助委員會管轄範圍。

## 一九五七　官立夜中學的開辦

一九五七年，本港教育當局感於小學畢業學生人數日眾，其中未能繼續升學者，為數極多，於是由政府夜學部利用官立學校校舍於晚上開設一所「官立初級夜中學」，分別在九龍和香港開班授課。這是政府開設的第一所夜中學。這所夜中學開設以後，因符合一般青少年與社會的需要，隨即迅速發展，開設班數，逐年大增。至一九七二年，上課地點共分十六中心，遍及港、九、新界，計有一百一十九班，學生人數四千六百五十三人。

一九六五年以後，官立成人中文夜中學（五年制）和官立夜中學（六年制，分為中文部及英文部）也相繼開辦起來，以收容廣大的職業青少年入學進修。

## 一九六〇　柏立基師範專科學校的開設

一九五四年，香港政府開始實施小學發展計劃後，每年所需大量合格教師，已非羅富國和葛量洪兩所師範學校所能負擔，於是教育當局便計劃開設第三間師範學校去訓練更多的教師，以適應當前需要。故此，這所師範學校的最初名稱，也暫定為「第三師範專科學校」，於一九六〇年九月開辦。至一九六一年，才正式採用當時香港總督柏立基爵士的名字，命名為「柏立基師範專科學校」（Sir Robert Black Training College）。

## 一九六一　中文中學改制

一九六〇年十月二十八日，香港教育委員會提出中文中學改制討論。改制後之中文學校學制為「六、五、一、四」，即是小學六年，中學五年，大學預科一年，大學四年。對於整個學程的修業年限，並未有增加或減少，只是將六年中學改為五年。而學生在修完這五年中學會考課程後，無意升學，即可獲得節省一年的金錢和時間。那些有意進入大學深造的，則可在專為投考大學而設立的大學預科班再攻讀一年。

一九六一年二月一日，由教育司高詩雅宣佈中文中學的改制計劃。

## 一九六三　小學新制的實施

一九六三年一月，教育當局宣佈小學改制，由六歲入學改為七歲，由修業六年改為五年，而增設兩年類似中學課程的教育，名為「特別中一」及「特別中二」。這樣，整個小學的修業年期便為七年。

據說當時改制的理由，是因為香港勞工法例規定童工的年齡為十四歲，兒童在十二歲小學畢業後，那些無力升學的便無所事事，容易產生不良行為。如果照這計劃，將小學入學年齡退後一年，即七歲入學，修業五

年後，再加授二年中學程度的教育，如此，便可配合童工的法定年齡了。

這制度推行後，非獨不為家長歡迎，亦遭學校的反對和社會人士的大力抨擊。

## 一九六三　英國教育專家馬殊和森浦遜應邀來港考察教育

二月，英國教育專家馬殊和森浦遜，應香港政府的聘請，來港考察教育，並提出一個〈研究報告〉（"Marsh-Sampson Report on Education in Hong Kong"），以便改進香港教育。

該報告書於一九六五年發表，名為《香港教育政策白皮書》。一經公佈，即備受各方抨擊，經一再修正，才獲立法局通過。

## 一九六三　香港中文大學的創立

醞釀多年的香港中文大學，於一九六三年十月十七日宣告成立。由崇基、新亞、聯合三間書院組成。大學監督由香港總督兼任，第一任校長則聘請李卓敏博士充當。從此，香港便擁有兩間正式的大學，一間是以英文為主的香港大學，一間是以中文為主的中文大學了。

## 一九六五　恢復小學六年制

一九六五年四月，港府發表《教育政策白皮書》，建議將小學入學年齡改回六歲；在小學中開設的「特別中一」和「特別中二」，應予取消；自二年級開始教授英語。這制度名為「新小學六年制」。

## 一九六五　香港中文大學開設校外進修課程

香港中文大學的發展，頗為迅速，其與社會建立最密切關係，藉以滿足民眾的迫切需求的，則莫如校外進修部了。自一九六五年成立以後，課程項目與學員人數，與日俱增，足徵其備受社會人士之歡迎。

## 一九六五　香港中文大學增設教育學院

教育學院成立於一九六五年九月，設一年制之「教育文憑」課程，包括理論研究與教學實習，目的在訓練大學畢業生以便從事本港中學教育及教學工作。

該院又增設二年制夜班，以方便在職之中學教師就讀，修業期滿，亦可考取「教育文憑」。

## 一九六六　香港中文大學增辦研究院

一九六六年四月，中文大學創辦研究院，計有中國歷史、中國哲學、中國語言及工商管理等科目。研究生須在校修業最少兩年。修業期滿，經碩士學位考試及格；呈繳碩士論文，經論文審查委員會通過，將獲頒給碩士學位。

## 一九六六　《教育則例》的修訂

一九六六年六月七日政務會書記佈告，將《一九五二年教育條例》修訂施行，其修訂的內容，主要是有關學額、衞生設備、建築物的承重力及教師註冊資格等項的放寬。該項修訂則例，名為《一九六六年教育（修訂）則例》（*Education [Amendment] Regulations, 1966*）。

## 一九六七　提高師範教育三師範學校易名「教育學院」

一九六七年十月，教育當局宣佈本港三師範學校易名為「教育學院」（College of Education），以示本港今後之師範教育，學習之內容將予擴大，程度亦予提高。原來推行之一年制課程，於一九六七至六八年度終結時，將予停辦。

## 一九六七　嶺南學院的設立

廣州嶺南大學校友會，為繼承母校優良傳統，在香港司徒拔道建立嶺南書院。一九七八年獲香港政府承認為專上學院，接受政府資助。

## 一九六八 《中文科教學研究委員會報告書》的研究報告

一九六七年五月，由教育司任命組成一個研究委員會，以研究本港中、小學中文科的整個教學問題。研究委員會的成員，包括教育司署中文科高級視學官、大學中文系和教育系講師、中學校長及經驗豐富的國文教師等。這委員會經過了九個月的調查、研究，和召開了二十八次的會議後，終於完成了一份報告書，於一九六八年十月出版。報告書的重要內容，主要是提出本港中、小學中文科在教學上應有的教學目標和範圍；同時還提出實際的建議，以求改善。

## 一九六九 珠海文史研究所的創立

珠海書院於一九六九年創立中國文史研究所，目的在培植學術專才，發揚中國學術，溝通中西思想，促進現代文化。由羅香林教授任所長，並聘請黃文山、李璜、王韶生等名學者任教，一時，景從者眾，研究風氣大盛。

## 一九六九 小學生升讀英文中學遠較中文中學為多

近年來風氣所趨，一般家長每喜將兒女送入英文中學接受英文教育，是以中文中學數字及其就學人數因而明顯的每下愈況。

根據政府統計，一九六九年就讀中學課程的學生，有二十萬三千七百四十八人，較一九六八年增加了一萬四千零八十九人。在這增加的數字中，英文中學增加了一萬二千八百八十三名，而中文中學只增加了一千二百零六名。換言之，小學生升讀中文中學的人數，恰是升讀英文中學人數的十分之一。

## 一九七〇 爭取中文為法定語文運動

在香港，過去一直是以英文為法定語文，而香港的居民，佔百分之九十八以上都是中國人，他們所用的是中國語文。多年來，已有人提請政府考慮以中文為法定語文的建議，但未引起廣泛矚目。

一九七〇年，對於中文在香港的地位問題，在香港社會的各階層，展開了熱烈的討論。其中大專學生、教育團體、文化團體、華人社團、文教人士等紛紛積極地提出意見，並組織專門委員會，深入研究和努力推動，形成了一項波瀾壯闊的運動。

## 一九七〇　中國語文教學研討會的舉行

由香港中文大學主辦的一次大規模的「中國語文教學研討會」，於七月六日起，一連四天，假座九龍窩打老道中華基督教男青年會舉行，積極地討論有關香港中文教育的問題。

參加研討會的，有專家和學者們，紛紛發表個人意見或專題演講。會後還輯錄成一本《研討會報告書》，以供各界人士參考。

## 一九七〇　政府設立「公事上使用中文問題研究委員會」

十月，政府為了研究有關在公事上擴大使用中文問題，乃設立專門委員會以尋求實際可行方法和提供意見。

政府委任馮秉芬議員為委員會主席，委員有楊鐵樑、賴恬昌、沙魯民（G. M. B. Salmon）、史允信（M. Stevenson）及李福逑等。

## 一九七一　香港樹仁學院開辦

由胡鴻烈博士及鍾期榮博士倡辦，1976 年獲港府承認為註冊之專上學院。

## 一九七一　《一九七一年教育法案》公佈

《一九七一年教育法案》，據《憲報》公佈，定於一九七一年九月三十日實施，以代替一九五二年所頒行的《一九五二年教育條例》。

## 一九七一　免費小學教育的實施

　　一九七一年六月獲得立法局及財務小組批准，於一九七一年九月一日實行。《一九七一年教育法案》也同時通過，一方面授權教育司強制適齡兒童入學，倘家長沒有正當理由，不得拒絕送子女入學，違者將予提控，可判罰款五百元及入獄三個月；另一方面，由港督委任一個檢討委員會，負責審查這類上訴案件。

　　免費小學教育，全面在官立、補助及津貼三類中文小學推行，並不包括英童學校及私立學校在內。接受小學免費教育的學生超過五十萬名。免費小學教育的實施，標誌著香港教育已踏進一個新紀元。

## 一九七二　民政司署設中文監察專員以推行使用中文政策

　　政府民政司署由一九七二年三月十三日起，委任高級政務官黃劍琴為助理民政司，在民政司署中，擔任中文監察專員。其職責在協助民政司監察政府各部門在公事上使用中文之政策，同時，還負責統籌、提示及訓令各政府部門，實施使用中文政策，和視察其實際執行情況及研究需要改善的方法。

## 一九七二　《香港政府憲報》中文本正式發行

　　中文譯本的《香港政府憲報》於一九七二年四月二十日正式發行，詳細譯述《一九七二年勞資審裁處條例》公佈。過往港府《憲報》中也間附有中文譯本，但只是節譯一部分，其以中文詳細譯述整條法例，今次乃屬創舉。

## 一九七二　文憑教師薪酬事件

　　本港文憑教師，為了「維護尊嚴，爭取權益」起見，於是年八月，由十八個教育團體聯同成立「香港教育團體聯合秘書處」，與政府進行談判。

　　一九七三年三月四日，教師往港督府舉行萬人大請願；又於四月四日全港文憑教師大罷課一天。

後經三位宗教領袖的從中調解，政府終於對文憑教師作出適當的讓步，事件才告平息。

## 一九七二　立法局會議首次採用「即時傳譯」制度

一九七二年十月十八日，立法局舉行會議，首次採用「即時傳譯」制度。會中，港督的施政報告和其他議員的發言，都即時用粵語譯出；議員有用中文發言的，也即時譯成英文。這是公事上使用中文的一個重要里程碑，也是政府重視中文的一項大進展。今後，英文與中文在立法局的平等使用，使本港市民，不論是否通曉英文，也可以明白立法局會議的情形。

## 一九七四　確定中、英文為香港之法定語文

《一九七四年法定語文條例》經立法局通過，於一月十一日發表：「宣佈英文及中文為香港之法定語文，以供政府或任何公務員與公眾人士之間在公事上來往時之用。」並規定法定語文，均具有同等地位。從此，中文在香港的法定地位，正式被承認。

## 一九七四　工商師範學院開辦

政府為提供工業及商業學科師資訓練而設立之專上學院，設有一年及三年全日制課程，亦兼辦各種在職教師訓練課程。

## 一九七四　《香港未來十年內之中等教育政策白皮書》發表

一九七四年《教育政策白皮書》於十月十六日提交立法局會議通過後，即行發表。這是政府對香港教育的新政策。不過，各方反應，非議者多。廣大民眾及社會人士對《教育政策綠皮書》發表後所提意見，於《白皮書》中，未有受到重視。

## 一九七五　香港教師會舉辦首屆學術獎

香港教師會為鼓勵本港教師深入研究教育問題，公開徵集有關教育方面的學術性作品，並聘名學者羅香林、胡家健、凌子鎏、王韶生等教授負責評審，膺選者有周廣智、王齊樂、盧幹之、周國英、張世強等五人。於十一月十五日教學研究大會中，由副教育司何雅明頒授「優良學術獎章」。

## 一九七七　學生人數佔全港人口四分之一

依照一九七七年的統計數字來看，自幼稚園以至大學，包括成人教育在內，註冊學生總數共有一百三十二萬三千零九十八人，即佔全港人口的四分之一。

## 一九七八　施行九年普及免費教育

本年九月起，本港教育當局在經已實施的六年小學免費強迫教育的基礎上，再提供三年中學免費教育給全港學童。這是本港普及教育發展上的另一個里程碑。

本年七月，參加首次中學學位分配辦法的小學畢業生，共有十萬三千一百二十二人，全部獲派政府學位，包括官立及資助學校學位、接受按位津貼的不牟利私立學校學位，以及當局在私立學校購買的學位等，以接受中學免費教育。

## 一九七八　以「中學學位分配法」代替「中學入學試」

自一九七八年起，本港實施九年普及免費教育。學童於完成小學六年級課程後，可進而接受三年免費中學教育，於是一向施行的「中學入學試」，便由今年起取消，而以一種新的辦法「中學學位分配法」去代替。這辦法是：根據學校評分、學能測驗、家長對中學的選擇為基礎，另將全港地區分為二十四個學校網，去進行學位分配。

## 一九七八　《高中及專上教育發展白皮書》發表

十月，當局發表《高中及專上教育發展白皮書》，提出多項建議，擴展高中及專上教育，並提高教育質素，使完成九年強迫普及教育的學生，得以受益。

## 一九七九　當局宣佈強迫入學的規定

政府當局規定：從一九七九年九月開始，年齡在十四歲以下的學童，及後從一九八〇年九月開始，年齡在十五歲以下，而未完成中三課程的學童，均須接受初中教育。為著執行此項法例，當局擴大教育司的權力，使其能向無充分理由而不送子女入學的家長，發出強迫入學令。

## 一九七九　中學圖書館主任的設置

在官津中學設置圖書館主任，這原是《高中及專上教育發展白皮書》內的一項建議，現於今年內推行。凡開設有十八班以上的官立或津貼中學，便可獲委派一位全職的非學位教師充任圖書館主任。今後，在圖書館的管理方面，將向健全發展。

## 一九八〇　恒生商學書院開辦

由恒生銀行獨資支持的一所商學書院，院址在沙田新市鎮，佔地一萬五千多平方呎，於本年落成開課。取錄中五畢業生，作兩年免費進修，而畢業後，亦毋須履行任何約束性義務，目的只在訓練商學人才。這的確是一間服務社會的不牟利機構。

## 一九八〇　一九八〇至八一年度香港教育經費

一九八〇至八一財政年度內，香港政府在教育方面的經費開支，達二十九億四千三百萬元，佔本港總開支預算的百分之十六點三。

## 一九八〇　「教育司署」易名「教育署」

由於陶建先生（Mr. K. W. J. Topley, 1922–2007）被委任的新職銜為教育司（Secretary for Education），從一九八〇年十一月二十日開始，「教育司署」的中文名稱改稱為「教育署」，教育署的首長則改稱為「教育署署長」。

## 一九八一　《香港教育制度全面檢討》報告書發表

本年六月中旬，港府從海外聘請了四位國際知名教育專家來港，組成顧問團，全面檢討和研究本港教育問題，並提供未來發展的方針。國際顧問團由英國文化協會前任會長、英國埃克塞特大學（University of Exeter）前任校長呂偉倫爵士（Sir John Llewellyn, 1915–1988）擔任主席。該報告書主要是為顧問團提供參考資料而編，並希望引起廣大市民及關心本港教育人士的興趣。

## 一九八一　首次初中成績評核測驗

由於免費初中教育的推行，中四、中五學位的需求大增，競爭亦趨於激烈。影響初中學生派位的「初中成績評核測驗」，首次結果，於七月公佈。參加評核學生總數為八萬九千六百零二人，而獲派資助中四學位，只有五萬二千五百二十一人，合格率為百分之五十八點六，那些未獲分發官津學位而又不能在原校繼續升學的學生，便四出找尋學校，大有無所適從的感覺。

## 一九八一　《小學教育及學前服務白皮書》發表

《白皮書》於七月二十三日公佈，預算在未來十年中，逐步改善本港小學及學前服務質素。

## 一九八一　兩大學創辦兼讀學士學位課程

由於本港專上教育學位不足，為滿足在職人士進修，本港香港中文大學及香港大學，決定開辦兼讀校外學位課程。中大宣佈於該年九月實施，港大則於明年開始辦理。

## 一九八二　語文教育學院開設

為提供新教學理論及實踐方法而設立的語文教育學院，於本年九月成立，有專為中、英文小學教師開辦的複修課程。

## 一九八二　小學課室圖書館試驗計劃的推行

有鑑於中學圖書館計劃實施以後，效果良好，教署乃於本年十二月，在小學五、六年級中，推行課室圖書館計劃，共有二十五間官立及資助小學參加。教署撥出港幣七十六萬元，用以協助各校購買書櫃及書籍之用。

## 一九八三　國際教育顧問團報告書《香港教育透視》發表

本年五月，《報告書》發表後，雖無新意，但對本港教育政策，作了客觀的裁決，贏得教育界人士一致好評。七月的本港立法局會議，也接納了這份報告書，並向港府推薦，作為不斷改善本港教育的根據。

## 一九八三　小學一年級入學統籌辦法實施

實施官立及資助小學一年級入學統籌辦法，於今年九月起推行。目的在消除幼童為爭取進入名校所帶來的競爭壓力，及對幼稚園教育所造成的不良影響。新辦法完全免除小一入學考試及測驗制度，而校方亦可保留足夠的自主權。這辦法，亦可給予家長一個公平選擇的機會。不過事實顯示，仍有部分家長，喜歡將子女送入私立學校就讀。

## 一九八四　成立「教育統籌委員會」

自從國際教育顧問團報告書發表後，即引起本港各界人士的關注和討論，政府為了統籌和綜合各方意見，乃於三月七日正式宣佈設立「教育統籌委員會」，由行政局非官守議員利國偉擔任委員會主席。委員會將根據社會需要，就整個教育體系，向港督提交綜合意見。教育界人士，對於此事均表歡迎。

## 一九八四　《中、小學校資助則例》修訂公佈

教育署經過三年時間，與各學校議會及主要辦學團體廣泛磋商以後，取得共識，於九月一日將新修訂之《則例》公佈施行。

## 一九八四　《中英聯合聲明》的啟示

《中英聯合聲明》於本年十月四日發表以後，香港教育界人士對於協議內容了解加深，對「九七」後教育制度不變，普遍表示歡迎。

在《聯合聲明》附件（1）第（10）項，有關教育部分的記載，已確切地說明：「香港特別行政區保持原來香港實行的教育制度。香港特別行政區政府自行制訂有關文化、教育和科技方面的政策，包括教育體制及管理、教學語言、經費分配、考試制度、學位制度、承認學歷及技術資格等政策。各類院校，包括宗教及社會團體所辦院校，均可保留自主性，並可繼續從香港特別行政區以外招聘教職員，選用教材。學生享有選擇院校和在香港特別行政區以外求學的自由。」

## 一九八四　城市理工學院開辦

籌備多時的城市理工學院，於十月二十二日在旺角中心臨時校舍開辦，由港督主持開學禮。首先開設的課程計有會計、商業及管理、電腦、語言、數理、社工等六個學系，下學年將增設建築及測量、電子工程兩學系。

## 一九八四　首位華人教育署長

副教育署長梁文建，於十二月起升任為教育署長，梁氏此次被委任，成為首位華人教育署長。

## 一九八四　增加中、小學學位

根據教育署統計，本年共有十六間小學先後落成，設上下午班制，共增加學位三萬三千四百八十個；而新建中學共計有十三間，有學位一萬四千九百二十個，對於解決學位不足，有所幫助。

## 一九八五　《教育統籌委員會第一號報告書》發表

該《報告書》共分九章，包括前言、初中成績評核辦法、語言對教育的問題、師資培訓及教師組織、公開教育、教育的研究工作、教育經費問題、各項建議的摘要、未來的工作等。一月九日發表後，備受各方關注，對本港今後教育的發展，影響至巨。

## 一九八五　《學校公民教育指引》公佈

教育署於八月印備《學校公民教育指引》，向全港中學、小學及幼稚園，提出多項推行綱領及方法。於十月及十一月間，為全港中、小學及幼稚園教師，舉行研討會，以加強在各校內認真推行。十二月，更成立「公民教育資料中心」，陳列參考物品，幫助全港教師依據《指引》，進行教學。

## 一九八五　選舉教育界代表加入立法局

九月，立法局功能團體選舉，其中教育界組別，選舉代表進入立法局，這是本港有史以來教學界的選舉盛事。結果，教育專業人員協會會長司徒華當選為立法局議員。

## 一九八六　中文教科書委員會成立

　　由立法局議員司徒華任主席之中文教科書委員會，於五月下旬展開工作。委員會的職權範圍，主要是按照鼓勵學校使用中文作為教學語言的政策，確定本港對中文教科書的需求；又確保到一九八九至一九九〇年，市面有大量質素優良的中學各科各班中文教科書供應，以應付學校的需求。

## 一九八六　《教育統籌委員會第二號報告書》發表

　　《第二號報告書》於九月十六日發表，繼續就本港的學前教育、預科教育、師資培訓、公開教育及教育經費等提出建議，其中學前教育及預科教育，備受爭議。

## 一九八七　首間電腦資源中心啟用

　　教育署在九龍紅磡鶴園街設立之本港首間電腦資源中心，並於該年二月正式啟用。該中心由麥理浩基金捐贈，建設費用約四百五十萬港幣，具有訓練和資源兩種功能，專供培訓教師和研究工作之用。

## 一九八七　「教育工作者專業守則籌備委員會」成立

　　教育署根據教育統籌委員會第一號報告書的建議，發起制訂教師守則，目的在使教師於執行教育工作時，有明確的處理標準，並提高教師的專業地位。教育署曾邀請六十三個有代表性的教育團體，參與籌備會議。會議上通過成立籌備委員會，進行工作。三月份正式選出委員會成員，包括六個組別共二十五個教學團體之代表組成。

## 一九八八　籌設「公開進修學院」

　　當局於本年一月，成立一個籌備委員會，以便在港開設一所「公開進修學院」，專為那些離開學校以後，未能繼續升學人士，提供再受教育的機會。

## 一九八八　尤德爵士紀念基金

　　尤德爵士（Sir Edward Youde, 1924-1986）紀念基金，於一九八六年設立，以便集中管理市民為紀念於一九八三至一九八六年間出任香港總督的尤德爵士而認捐的款項。

　　截至本年三月三十一日止，基金款額及資產，共計超過八千二百萬元。基金由一個信託委員會負責管理。政府已按照尤德爵士夫人的意願，立例規定基金的收入，須用以資助港人接受教育及學習，並鼓勵從事研究工作。

## 一九八八　成立「科技大學校董會」

　　香港第三間大學，將命名為「香港科技大學」，以培訓科學、技術、工商管理等方面專業人才。港督以香港大學監督身份，委出校董會成員，並於本年四月成立。又於九月，正式公佈委任吳家瑋博士為大學創校校長，展開籌辦工作。

## 一九八八　《教育統籌委員會第三號報告書》發表

　　《教育統籌委員會第三號報告書》於六月十六日發表。該報告書論述了兩個主要項目，其一是高等教育的體制問題，學制方面，教統會傾向於小學六年、中學五年、預科二年、大學三年。其次，是建議推行一項直接資助計劃，認為任何私校，達到資助學校標準，即可申請參加，所有資助學校及國際學校，如願意亦可參加。此類學校可自由約見及挑選學生。

　　報告書發表後，即引起各方面的強烈反應，有關高等教育體制問題，大專院校師生、教育社團、區議會，紛紛以各種形式表達意見，爭論不休。有關直接資助計劃，批評、反對之聲，亦非常強烈。

## 一九八九　行政局通過本港學位課程三年制

　　一月二十七日，港府正式公佈行政局對《教育統籌委員會第三號報告書》有關高等教育學制的決定。本港各大專院校師生，對港府有關高等教育學制的決定，表現強烈不滿。

## 一九八九　「香港教師中心」正式開幕

根據國際教育顧問團及教統會的建議而組織的「香港教師中心」，於六月十日正式開幕，地址在香港北角百福道。這是一個多元化、多功能的教師組織，場地和經費，由政府提供。目的在促進教師的專業精神與加強同學間的聯繫和歸屬感。

## 一九八九　公開進修學院正式開學

十月二日，公開進修學院正式開學。由於申請人數眾多，用電腦抽籤方式取錄學生，共錄取新生四千餘人。學院採用遙距教學法，學生無須前往指定地點上課。

## 一九八九　《檢討提高語文能力報告書》發表

教育署於十月底發表一項《檢討提高語文能力報告書》，長達八十多頁。報告書從四方面進行檢討：（一）香港學習及使用中、英文的情況；（二）教學語言；（三）中、英文科教與學的質素；（四）語文教師的語文能力及其他科目教師的語文能力，最後並提出七十八項建議。

## 一九八九　學校教師出現短缺

教師流失，出現短缺，情況日甚。

根據教育署調查顯示：全港現有官立中小學九十間，教職三千二百個，出現空缺一百零四個，空缺率百分之三。

根據十一月十三日公佈之津貼中學議會及資助學校教師會，一項教師流失調查顯示：上學年中學教師流失率為百分之八點五，人數約一千二百二十五人；小學教師流失率為百分之六。

## 一九九〇　推廣普通話課程

根據政府統計，本年內，有四百七十三間小學和一百三十三間中學，

將普通話列為選修科目。為了加強教授普通話，當局向設立普通話科目的官立及資助學校撥款，協助購置教具、參考書籍和錄音帶等，至於有些學校因缺乏適當教師而未能開班，當局將提供一筆經常津貼，以便用來聘請兼職導師為初中學生開辦普通話特別課程。

## 一九九〇　立法局通過《教育（修訂）條例草案》

七月四日，立法局通過《教育（修訂）條例草案》。

自一九八五年《學校公民教育指引》公佈後，教育界人士認為現行《教育條例》及《教育規例》中，列有禁止政治活動的條文，對於推行公民教育，十分不利，應予考慮取消或修訂。今教育條例獲得修訂通過，將可能產生壓制校內公民教育效果的有關教育條例取消，放寬了對校內政治活動的限制，只保留一定程度的管轄，教育界及社會人士對此，多表歡迎。

## 一九九〇　《教育統籌委員會第四號報告書》公佈

《教育統籌委員會第四號報告書》於十一月二十二日公佈。報告書圍繞課程與學生校內行為問題，提出了六個方面的七十四項建議，而實施這些建議的過程，要需時十年之久，且需增加特別經費達三十八億九千萬港元之巨，這是一個長遠的教育計劃。

## 一九九一　全面廢除在學校中施行體罰

政府接納教統會第四號報告書中建議，修訂教育規例，由九月二十日起，全面廢除在學校中施行體罰。這次修例，是基於教育的理由及避免與法律產生抵觸。

## 一九九一　香港科技大學正式開課

本年十月，位於新界清水灣的香港科技大學取錄首批新生八百三十一名，由港督主持開校典禮。大學設有理學院、工學院、工商管理學院及人文社會科學學院。預計到了一九九六年，學生人數將達七千名。

## 一九九二　將《中英聯合聲明》及《基本法》列入中學教材

教育署於五月向中學派發了一套《中英聯合聲明》及《基本法》教材資料。將這兩項文件列入中學教材，目的在加強公民教育，至有意義。

## 一九九二　《教育統籌委員會第五號報告書》公佈

六月，《教育統籌委員會第五號報告書》發表。該報告書就改善教師的專業發展、地位和工作環境等方面，提出了一些主要的建議。

## 一九九二　嶺南學院成為認可學位頒發機構

該學院於一九九一年開始獲大學教育資助委員會撥款資助，並於一九九二年，根據《嶺南學院條例》成為認可學位頒發機構。

## 一九九三　首次舉辦非學位教師學歷評審試

依據《教統會第五號報告書》的建議，教育署於二月五日宣佈非學位教師學歷評審試辦法。經評審合格者，完成一年期的督導教學過程，即可成為合格教師，可在官立及資助小學任教。

這項考試，參加者一百九十一人，半數合格，考生中有三分之二為內地移民，三分之一為台灣及各地移民。

## 一九九三　三所大專院校升格為大學

今年四月，大學及理工教育資助委員會在英國舉行會議，決議通過給予本港兩所理工學院及浸會學院自我評審資格。三大專院校經過校內討論後，理工學院擬定名為「香港理工大學」；城市理工學院擬定名為「香港城市大學」；浸會學院擬定名為「香港浸會大學」。這些名稱的更改建議，已分別送呈教資會，等待決定。

## 一九九三　舉辦首屆香港優秀教育工作者選舉

這項選舉，由《明報》聯同香港教育署及其他六個教育團體一同籌備及推廣，旨在表揚對香港教育有貢獻的傑出教育工作者。

選舉由四組教育專業人士及社會賢達擔任評選委員。結果，獲選者共二十一人，於七月八日舉行頒獎典禮，由港督擔任主禮嘉賓，儀式隆重，實為本港教育界一件盛事。

## 一九九三　參加中文朗誦比賽學生眾多

香港學校音樂及朗誦協會，每年十一月舉辦中文朗誦比賽。舉辦以來，參賽學生人數，每年直線上升，今年第四十五屆，參賽者達四萬二千五百五十人之眾，對於提倡中國語文教育方面，貢獻良多。

## 一九九四　教統會《語文能力工作小組報告書》公佈

教統會於七月十一日，公佈《語文能力工作小組報告書》對有關香港社會及本地教育制度的語文問題，進行了較詳盡的分析，並提出了改善和提高語文能力的二十八項建議。建議提出後，頗引起廣泛的熱烈討論。大體而言，教育界和教育社團，對報告書多持肯定態度。

## 一九九四　成立「香港教育學院」

一九九三年二月，根據《教育統籌委員會第五號報告書》的建議，港督委任了一個臨時管理委員會，將現有的四間教育學院及語文教育學院合併，升格而為一所享有自主權的新教育專上學院。一九九四年九月，首批修讀全日制課程的學員有二千七百二十一人，修讀部分時間制課程的有一千二百二十六人。該學院初期集中處理學位程度以下課程的升格事宜，並計劃發展學位課程。政府並已承諾，在大埔汀角撥地七公頃，作為學院興建校舍之用。

## 一九九四　語言分流計劃開始實施

策劃已多年之語言分流計劃，於今年九月實施。此計劃，將全港中學分為四類：

第一類　除中文及中史外，全用英語教學。

第二類　除英文科外，全用中文教學。

第三類　一校兩流，部分班級用英語教學，其他班級用中文教學。

第四類　除中文、中史及英文科外，部分科目採用英語教學，其餘科目採用中文教學。

全港小學六年級學生，也分為三類：

第一類　無論用中文或英文學習也可以的學生，約佔全部小六學生的三分之一。

第二類　只適宜於用中文學習的學生，約佔百分之六十。

第三類　較適合用中文學習，但也勉強可接受英語教學的學生，約佔百分之三。

此項語言分流計劃，雖已實施，但不少教育界人士仍然意見分歧，前景並未樂觀。


## 一九九五　修訂《學校公民教育指引》

工作小組於三月成立，小組主席由教育署高級助理署長擔任，成員包括中小學教師、大學講師、課程發展議會、公民教育委員會、廉政公署、輔導視學處、課程發展處等代表共十三人，目的在檢討和加強《學校公民教育指引》的內容。

工作小組接納了預委會文化小組及教育界人士的意見和建議，認同學校公民教育應加強對國家民族和社會的認識，並應從小開始培養，因此，新指引有較大篇幅增加國家民族內容，加強愛國教育和民族教育，以培養學生對國家和民族的歸屬感。同時，要加強學生對「一國兩制」及《基本法》的了解，以適應即將到來的社會轉變。

## 一九九五　加強教授普通話課程

政府於今年發表的施政報告中，承諾於九六至九七年度加強教授普通話課程，並改善教學的質素，每年的經常費用為一千萬元。至二〇〇〇年，普通話將列為獨立的會考科目。

## 一九九五　教育署全力推行「目標為本課程」（TOC）

教育界對「目標為本課程」，意見仍多，但教育署仍按照原定計劃推行。今年九月，在全港七十六間小學一年級的中、英、數三科教學中實施。

## 一九九五　《教統會第六號報告書》發表

第六號報告書於十二月十二日發表，名為《提高語文能力整體策略》，是在去年公佈的《語文能力工作小組報告書》的基礎上修訂而成的。報告書就港府制定改善語文能力的策略，提出了三十八項建議。這些建議分屬八個範疇，即：（一）政策的制定、監察及評審；（二）語文目標及語文發展；（三）師資培訓及發展；（四）授課語言政策；（五）中文和英文作為科目教授；（六）普通話的教與學；（七）輔助服務；（八）公眾意見及社會人士的參與。建議內容包括長期、短期至中期措施，並因應資源問題，定出實施的緩急次序。

## 尷尬的處境

　　多年以來，本港許多熱心中文教育的人士，都在不斷的研究和討論中文教育在本港日趨式微的原因，並希望找出今後促進發展的方法。

　　本港中文教育的式微，中文程度的低落，是毫無疑問的事實。至於低落的原因，有人歸咎於課程和教材的不如理想，有人說是教師教學的不得其法，更有人埋怨學生對中文的學習不感興趣。其實，這些都不是主要的原因。長期以來，真正影響中文教育發展的，是下列的三種因素：

　　第一，是政治因素。香港是英國的殖民地，在中文未成為法定語文以前，英文是官方唯一的法定語文，所有政府的文件、通告，均以英文為主。英文既是香港的統治語文，通曉英文的人士，才可以在社會上有較高的地位。反觀中文在政府的眼裏，除了當是一種本地的土話以外，根本沒有地位可言。

　　其次，較近期的政治因素，那是內地「文革」對於香港中文教育的衰退，也有其一定程度的影響。在這期間，香港的中國人往海外移民，主要是加拿大、美國，新界人則多往英國。人們立心要遠託異國，學習英文便成為他們每個家庭成員的熱門功課；孩子們原在中文學校就讀的，也轉往英文學校去了。

　　第二，是經濟因素。香港是一個國際性的商埠，香港的生存，全靠發展商務為其經濟命脈。一切對外交通和商務往來，均以英文為溝通的媒介，因而英文便成為商務上的主要語文了。商務的推廣日大，對英文人才的需求也越多，是以一般英文中學畢業的學生，很容易便找到職位，而中文中學畢業的學生，則往往求職較難。香港既是自由世界裏的一個自由的大都市，人們為了追求生活，為了適應社會的需要，為了對外面世界的接觸和發展，急功近利的辦法，便是捨棄中文教育，轉而接受英文教育。這種情形，以近年為尤甚。

　　第三，是教育因素。教育上的因素，其影響於中文教育發展的，可真不小。我們在下列的事實中，可得到有力的說明：

1）政府一向重視英文教育，對英文教育的扶植遠較中文教育為多。

2）本港學生，對學校功課，負擔奇重，壓力重重，日常應付種種測驗和考試，已經喘不過氣來，根本沒有辦法抽暇研習中國語文和閱讀中國文學作品。

3）香港教育，由於學位不足，由小學而中學而大學，便像一座金字塔一樣，學位的供應，越高越少越難。特別是高等教育，英文程度稍遜的學生，休想問津。於是一般學生，於踏進中學之門，即紛紛致力於英文的學習，而把中文科置於腦後。

4）由於香港高等教育學位的奇缺，而私立專上學院學位又不為政府所承認，學生要尋求深造，便只好往海外就讀。而要往海外求學，則又非先行接受英文教育，以培養較佳的英文基礎不可了。

5）一般先進科技和學術著作，多用英文寫成，中文著述或翻譯，不逮遠甚。學生要接受較高和較新的科學技術或學術理論，又非研習英文不可了。

6）學校的設備和師資，個別學校不談，整體而論，中文學校經費多不充裕，設備和師資均較英文學校落後。

7）由小學以至中學，課本內容的編排和課本的供應，其適合中文學校採用的，為數不多。那些課本，不是粗製濫造，便是內容艱深冗長，使學生望而生畏。大抵課本的選擇方面，英文學校可有較多和較佳的供應。

時至今日，本港的英文教育，其發展遠遠的蓋過了中文教育，是有其客觀的重大因素的。就因為上述的三大因素，形成了香港社會普遍重視英文而輕視中文的趨勢。

語文，原是維繫民族生存的命脈，是現在世界上每一個民族所重視的。香港，究竟是一個中國人聚居的社會，在中國人的社會裏而不重視其本身的語文，這簡直是不可思議的事情。香港政府當局，一向過分重視英文，輕視中文，過去已有許多關心社會問題的學者、專家，就這問題發表過不少評論和高見。歸納起來，大家都認為「重英輕中」，是必然地會產生下列種種不良的惡果的：

1）重英輕中，使本港的青少年，普遍不重視中國語文的學習。

2）重英輕中，嚴重妨礙了中國文化在本港的傳播和發展。

3）重英輕中，以英文統治中文，使中國人的自尊心受到損害。

4）重英輕中，造成本港社會階級的不平等。

5）重英輕中，造成中、英兩大民族的長期對立。

這些嚴重的惡果，如果不及早予以化解，影響所及，非但導致香港社會的不安，也妨礙了中、英兩大民族的友好和合作。

我們在過去，要爭取中文成為香港的法定語文，其目的絕不是要放棄英文，或是抑壓英文的發展，只不過是要使中文和英文這兩種語文，在香港社會上，能享有同等的法定地位，和同樣的受到重視而已。

經過了全港各階層人士的艱苦努力，結果，於一九七四年，政府終於正式公佈了中文成為本港的法定語文，規定中文和英文均享有同等的法定地位。

表面上，中文已正式成為本港的法定語文了，其地位已和英文一樣並重。然而，實際的成效如何？它可有發揮出像英文一樣的作用和力量嗎？除了在政府的文告上，各種收費單上，附有中文說明以外，其餘不過爾爾，地位不見得真正高出多少。現在，雖已沒有人敢於公開否定中文的法定地位了，但也不見得有更多人真的去重視中文的使用價值，本港的中文教育，也不見得因此而有所改進。如此看來，現階段的香港中文，正處於一種相當尷尬的地位。

我們要普及中文教育，要提高中文的地位，目標仍遠，尚待我們努力的地方仍多著哩！

## 蛻變的時代

百多年來，英國政府一向均以殖民主義的思想和態度統治香港。第二次世界大戰以後，英國人對殖民地的統治政策，卻有本質上的改變。於數十年間，不斷地扶植各地殖民地自主、獨立。至於香港，這本是中國的領土，沒有獨立的條件，於是英國人在統治上，也不斷地作出種種較開明的做法。近年來，由於國際形勢的轉變，中國人在香港的地位，更日形重要，而且對香港的政治、經濟和社會發展各方面，也發揮了重大的影響

力；在許多方面，甚而趨向中、英攜手合作的地步。香港今日的繁榮，全是由於香港的中國人和英國人合作的成果。只有雙方衷誠合作，才能保證這種繁榮的持續和安定的長久。英國人在香港的殖民主義思想，應該是一去不返了。

近年來，香港政府的統治政策已在蛻變中，香港社會的發展已在蛻變中，而香港中文教育的發展也在蛻變中。

目前，中、英關係的日趨良好，真是前所未有。我以為，如果英國政府為了表示對中國的親善與合作，在香港，回復金文泰時代的表現，尊重中國文化，提倡中文教育，應是最有意義而實際的做法。

香港社會上，很多關心中文教育的人，都在慨嘆中文程度的日益低落，和恐懼中文教育的趨於沒落。中文程度的日益低落，是不可否認的事實，不過，中文教育的將來，是肯定不會沒落的。讓我們拭目四顧，只要我們不斷努力去推進，中文教育的前途，是相當樂觀的：

第一，從本港語文活動的空間來說。雖然，香港自開埠以來，英國語文即為官方的唯一語文，從來中文便被當局所輕視，但香港究竟是一個華人佔絕大多數的社會，中國人佔全港人口百分之九十八以上，除了官式語文是英文外，一般社會上的應用和傳播語文，還是以中文為主。因此，就語文活動的空間而論，英文始終是遠遠不及中文的運用來得廣闊。

第二，從教育的內涵來說。中文教育與英文教育在本質上有一個很大的分野，中文教育是一種德育與智育兼顧的教育。在青少年接受教育的過程中，中國文化，除了給予人們以知識外，對於德育的培養，同樣發揮了相當大的功能。歷來談論中國文化的人，是主張「文以載道」的，教育的本身，往往是「進德」與「修業」一起並重。反觀本港的英文教育，在這方面則稍有不同，他們大都注重智育的培養，德育方面較為忽略。在今天，本港青少年犯罪問題日趨嚴重的時候，提倡中文教育，著重品德薰陶，在教育上，正是糾正時弊的唯一途徑。

第三，從豐富的文化遺產來說。中華民族有五千年的歷史傳統和文化，是東方文化的主體。近年，英國劍橋大學的李約瑟博士（Dr. Joseph Needham, 1900-1995）在其巨著《中國科技史》中，盛讚中國古代科學思想與技術的發展，遠超同時期的歐洲，貢獻巨大。今後，中外人士，研究

中國文化的風氣，將更為興盛。

第四，從國際形勢來說。中文是聯合國五種法定語文之一。中國地廣人多，但文字卻是統一的。中國有十二億人口（按：當時説法，今有十四億人），是世界上人口最多的國家；中國人佔全世界人口的四分之一，這即是説，在世界上，有四分之一的人，是以中文去做表情達意的工具，去作為思想溝通的媒介。難道這還不足夠説明中文在這世界上地位的重要嗎？

中國語文在世界上有其源遠流長的歷史，和深厚無比的文化根基，其價值的偉大和地位的崇高，於此可見。我們堅信，這種語文，非但不會沒落，且將有其更輝煌的前景。

香港是目前世界上中西文化交流最顯著和最理想的地方。在這個思潮澎湃起伏和科技日新月異的時代，世界已在急劇蛻變中。當前的教育，為了適應時代，已在不斷的尋求蛻變中。中文教育，也應該為配合時代的呼喚而採取迅速而有效的蛻變了。

目前，本港已有許多熱心中文教育的分子和有識之士，正在默默耕耘，從事提倡中文教育而展開自強運動。這種努力，一定不會白費，且將有其不可磨滅的貢獻。

## 提倡的途徑

許多家長，在功利主義思想的驅使下，很早很早，甚至在幼稚教育的階段，便將子女送到純英文教育的學校去讀書，以致子女們從小便得不到民族文化的薰陶。將來，孩子們長大了，即使能夠學得一口流利的英語，和一些普通的外國文化，但卻因此而失去了本身的傳統文化，這實在是一種很錯誤的做法，也是一種愚不可及的行徑。在今天的國際大家庭中，雖然有人認為推行民族思想，是一種保守和落後的做法，但是，我深信，如果一個人只學得了別個民族的一些膚淺的生活知識，而遺棄了本身傳統的民族文化，數典忘祖，是不會真正得到別人的敬重的。

在香港，許多人往往將中文教育與中文教學混為一談。其實，中文教學只不過是在推行中文教育當中的一種方法，和達到中文教育目標的一種手段而已。中文教育的範疇，不僅重視中國語文的閱讀訓練和寫作訓練，

還包括中華文化的研究與推廣，及進一步與世界文化的融會與貫通。

香港是當今世界上的一個非常特殊的地方：是中國的領土、被英國佔為殖民地、是國際的大商港、是中西文化交流的中心、是冒險家的樂園，也是自由思想的重鎮。我們生活在這樣的一個特殊的地方，在這特殊而複雜的環境裏，要提倡中文教育，自然會存在著許多特殊的困難。不過，香港到底是一個中國人聚居的地方，在中國人自己的社會裏，我們怎能不談中文教育？怎可以不提倡中文教育呢？提倡中文教育和推廣中文教育，是我們的天職。

目前，在香港提倡中文教育，我以為，首先要循下列的幾個基本途徑推進：

1）實行中、英文並重的單軌制學校教育

我們生為中國人，首先應接受中文教育；而香港社會特殊，英文教育又有其實際需要。為求中、英文教育在香港能得到均衡的發展，能真正做到中、英文地位相等，並行不悖，唯一有效的辦法，是請政府當局摒棄目前所施行的雙軌制教育；即是取消以中文或英文作為學校分類的制度，將全港學校，重加改革，統一而成為一種單軌制教育。在新的單軌制教育系統中，學校課程劃一，實行中文與英文並重；小學和初中的班級，較重視中文，高中及預科的班級，較重視英文。這樣，學生接受中、英文教育的機會均等，將來中學畢業的時候，在中、英文兩方面，便都能達到一定的水平和認識。如此，一般學生既可以接受中、英並重的教育，又可排除社會上重英輕中的舊觀念；既可以接受中國文化的優良傳統，更可促進中西文化的交流。

2）在小學和初中階段注重母語教學

世界上沒有一個國家或社會，在國民教育方面，不實行母語教學的。香港雖是由英國殖民地政府所統治，但在華人社會裏，教育中國兒童，而不用中國母語作為教學的主要媒介，這是一件奇怪的事情。

中國人的母語，自然是中國語文了。中國兒童在小學和初中階段，對於自己的母語，運用還未有基礎的時候，即加重其英語方面的學習，由於語文上的隔閡，於是引致其理解力受到妨礙，思考力受到壓抑，學習效率受到影響。同時，中、英兩種語文，也都會學得不好。我們深信，兒童的

學習，由小學以至初中，如以母語作為教學的主要語文的話，對於各科的內容，均易於了解，同時，在表達、理解和分析問題等各方面的能力，也容易開展起來。事實證明，母語教學，可以衝破學生在語文上的困難和障礙，使學習更為直接。學生有了較為鞏固的母語基礎，然後再著重英語的學習，其效果又一定遠較過早學習為佳。歷年由英國來港考察的教育專家，也不只一次的指出：香港教育由小學至初中階段，應以母語為教學的主要語文，不用母語教學，乃違反教育原則。可惜香港政府在這方面，頗為短視，一直未予重視。

我們提倡母語教學，絕非不重視英文，只是覺得作為一個中國人，學習應有先後，對母語方面的學習，有了一定的基礎以後，然後才逐步加強英語的學習。果如是，對中、英文兩方面的學習均有好處，都會得到比現在更為美滿的效果。

3）普及國語（普通話）教學

香港的學校，除了極少數之外，絕大多數是用粵語教學的。間或有些學校的課程中，也設有「國語」（普通話）一科，作為一個教授科目的。只是每周上課一節，學習的效果不大。

我們大部分香港人所說的粵語（廣東方言），與國語（普通話）的差距很大。書本上的語體文，是以國語為基礎的情況下寫成的，在詞彙和語法上，與粵語比較，差異也很多。對於那些在家庭交談時說廣東話，在學校讀書時用廣東音的學生來說，要求他們在寫文章時以語體文寫出，自然要感到障礙重重了。不用說寫作上有困難，即使在閱讀和理解方面，也是有問題的。香港學生中文程度的低落，這與國語的不夠普及，是有很重大的關係的。

我們在香港提倡中文教育，同時又積極提倡國語教學，這是一項必要的措施。如果能夠在學校中積極推行國語教學，使青少年學子們，普遍熟習國語，運用國語的語法寫作，口裏說甚麼便寫甚麼，怎樣說便怎樣寫，學生的寫作能力便易於提高了。兼且學習國語，更是溝通中國各地方言，統一中國語文的唯一方法。

自然，目前在香港，要普遍推行國語教學，頗有困難。由於教師能說國語的不多，一時還未有辦法做到。不過，我以為，如果教育當局方面能

大力提倡，教育學院方面立刻展開國語師資訓練，大學校外課程部也多開設國語訓練課程，這樣，對於師資短缺的問題，於數年間，也是可以逐步解決的。問題只在於政府教育當局有沒有推動這件工作的誠意罷了。

4）改進中文教學的方法和內容

中國文字，自古以來，無論字體和書寫方法，就在不斷的改革和變化之中。「五四運動」開始，有人主張「中國文字拉丁化」的嘗試改革；其後，又有「文字簡化運動」的推行。這種種改革方案的提倡，其目的都在尋求一種方法，使中文能夠對時代作出更佳的適應。語文是一種活的工具，有其本身的生命和活力，隨著時代的進步而生長發展、而革新變化，去為人類社會服務。世界上各種現存的流通語文，都在擔當著這樣的任務，否則，它早就被時代所淘汰了。

許多人都似乎過分強調中文的難學、難記和難寫，認為它妨礙了中國科技和學術傳播上的現代化。這是不甚正確的說法。試問世界上又有哪一種文字，在學習上可以毋須努力研求，而是那樣的易學、易記、易寫的呢？每一種先進、有用的語文，還不是經過一番苦心的學習，才能掌握的嗎？過去中文教學方法的守舊和內容的陳腐，倒是影響中文發展的主因。

為了挽救本港中文程度的低落，為使一般青少年不再視學習中文為畏途，我認為，我們非但要改進中文教學的方法，還要革新中文教學的內容。做教師的，不可一味教學生死讀和強記，要著重培養學生在閱讀和寫作方面的興趣和能力；不可過分注重古典文學的鑽研，致使學生的日常學習與實際生活脫節。學生的學習能適合時代的需求，與生活的需要相適應，這樣，他們的學習才有意義，興趣才可以保持，水平才可以提高。否則，我們徒然天天在呼籲提倡中文，而教學的方法和內容不設法去改善，不去切合日常生活的需要，盡是一套古老的陳腔濫調和不合時宜的東西，使青少年學生望而生畏，學生的中文程度能夠提高，那才是怪事哩！

5）設立中國語文研究機構

中國語文，成為香港的法定語文以後，許多問題都跟著產生，例如：中、英文的互譯、一般法例及其主要術語的中文名稱的確定、中文應用文書的運用等等，都是需要有一個專門的研究機構去提供方法、意見和進行深入研究與推廣的。

這樣的一個重要的專門機構，最適宜由政府去設立。同時，還成立一項中國語文發展基金，主要由政府資助及社會人士捐贈。如果是為了發展中國語文的研究而公開籌募，我相信，熱心中文教育的華人，一定是樂於解囊而不甘後人的。有了充足的研究經費，有了專門的研究機構，研究工作便可以順利展開，同時，也容易獲致良好的成果。

　　這個專門的研究機構，還可以出版中文書刊，和出版健康的青少年讀物。這樣，對於本港中文教育的提倡和改進，將裨益不少。

　　上述的幾個基本途徑，是普及和提高本港中文教育的必要措施。希望在全港市民的熱心推動下，能夠早日實現，則香港中文教育的發展，自有其美好的前途。至於中華文化的進一步發揚和推廣，而至與世界文化的融會貫通，那就要靠更多人和更大的努力去實行了。

　　今天，我們在香港提倡中文教育，推廣中國文化，主要還是靠中國人自己的努力去爭取。凡是中華兒女，都有責任去繼承和發揚中華民族先祖們數千年來以他們偉大的智慧開創出來的語文和文化遺產。香港的文化界和教育界的朋友們！讓我們同心合力，為發展中文教育，為推廣中國文化而努力不懈！

# 主要參考書目

丁致聘：《中國近七十年來教育記事》，台北：國立編譯館，1970 年。

王崇熙總纂：《新安縣志》，依嘉慶二十四年（1819 年）刊本精鈔本。

王鳳喈：《中國教育史》，台北：國立編譯館，1959 年。

呂家偉、趙世銘編：《港澳學校概覽》，香港：中華時報社，1939 年。

阮柔：《香港教育制度之史的研究》，香港：進步教育出版社，1948 年。

李晉光：《陳公哲先生知行錄》，香港：靜廬出版社，1951 年。

李璜：《讀史之頁》，台北：傳記文學出版社，1969 年。

李景康：《李景康先生詩文集》，香港：李鳳坡先生詩文集籌印委員會，1963 年。

冼玉清：〈改良教育前驅者 ── 陳子褒先生〉，上海：《教育雜誌》第 31 卷，第六期，1941 年。

冼江：《尤烈事略》，香港：皇覺書院。

吳灝陵、吳國基等主編：《香港年鑑》，香港：香港華僑日報社，1947–1994 年。

屈大均：《廣東新語》，香港：中華書局，1974 年。

官立漢文中學校刊編委會：《漢文中學戊辰年刊》，香港：官立漢文中學，1928 年。

東華三院教育史略編纂委員會：《東華三院教育史略》，香港：香港東華三院壬寅年董事局，1963 年。

邱小金、梁潔玲、鄒兆麟等：《百年樹人 ── 香港教育發展》，香港：香港市政局，1993 年。

香港大學中文學會：《香港大學中文輯識》，香港：香港大學中文學會，1931 年。

香港政府新聞處：《香港年報》，香港：香港政府印務局。

香港國泰廣告有限公司繪製：《香港之初期發展（1842–1912）》，香港：

香港亞細亞火油有限公司，1963 年。

香港教育資料中心編：《香港教育手冊》，香港：商務印書館（香港）有限公司，1988 年。

香港官立漢文高級中學編：《香港官立漢文高級中學校刊》，香港：香港官立漢文高級中學，1949 年。

香港教育資料中心：《香港教育資訊（月刊）》，香港：香港教育資料中心，1985–1995 年。

胡熾輝編：《香港教育年鑑（1966–1967）》，香港：志豪印刷公司，1967 年。

皇仁書院：《黃龍報》，香港：皇仁書院，1899 年 –。

容閎著，徐鳳石、惲鐵樵譯：《西學東漸記》，上海：商務印書館，1934 年。

孫邦正修訂：《教育大辭書》，台北：台灣商務印書館，1964 年。

孫中山：《孫中山選集》，北京：人民出版社，1956 年。

孫甄陶：《清代廣東詞林紀要》，台北：台灣商務印書館，1970 年。

海恩波著，簡又文譯：《傳教偉人馬禮遜》，香港：基督教輔僑出版社，1960 年。

埔師同學會會刊編委會：《埔師同學會會刊》，香港：大埔師範同學會有限公司，1973 年。

陳啟天：《最近三十年中國教育史》，台北：文星書店，1962 年。

陳子褒：《陳子褒先生教育遺議》，廣州：文光館，1952 年。

陳鏸勳：《香港雜記》，香港：中華印務總局，1894 年。

黃浩炯、諸兆庚編著：《香港教育面面觀》，廣州：廣東人民出版社，1991 年。

盛朗西：《中國書院制度》，台北：華世出版社，1977 年。

華字日報社主編：《華字日報》，香港：華字日報社，1864–1941 年。

黎晉偉主編：《香港百年史》，香港：南中編譯出版社，1948 年。

劉粵聲主編：《香港基督教會史》，香港：香港基督教聯會，1941 年。

劉伯驥：《廣東書院制度》，台北：台灣書局，1958 年。

賴際熙：《荔垞文存》，香港：羅香林輯錄影印，1974 年。

萬木草堂憶舊》，香港：手抄油印本，1959 年。

：《一八四二年以前之香港及其對外交通——香港前代史》，香
國學社，1963 年。

：《香港與中西文化之交流》，香港：中國學社，1961 年。

林：《乙堂文存》，香港：中國學社，1965 年。

紹賢主編：《廖氏宗親會會所開幕專刊》，香港：廖氏宗親總會，1960 年。

國健：《香港古代史》，香港：中華書局（香港）有限公司，1995 年。

Catholic Truth Society, *The Story of a Hundred Years*, Hong Kong: Catholic Truth Society, 1959.

Cheng, T. C., *The Education of Overseas Chinese: A Comparative Study of Hong Kong, Singapore and the East Indies*, Hong Kong: Hong Kong Government, 1949.

Eitel, E. J., *Europe in China*, Hong Kong: Oxford University Press, 1895.

Endacott, G. B., *A History of Hong Kong*, Hong Kong: Oxford University Press, 1964.

Hong Kong Government, *Hong Kong Gazette*, Hong Kong: Hong Kong Government, 1860–1941.

Hamilton, G. C., *Government Department in Hong Kong*, Hong Kong: H.K. Government Printer, 1969.

Harrison, Brian, *University of Hong Kong the First 50 Years 1911–1961*, Hong Kong: Hong Kong University Press, 1962.

Lobscheid, W. A., *A Few Notes on the Extent of Chinese Education & A Few Notes on the Government Schools of the Island*, Hong Kong: China Mail, 1859.

Peplow, S. H. & Barker, M., *Hong Kong Around and About*, Hong Kong: Ye Olde Printerie Ltd., 1931.

Pope-Hennessy, James, *Half-Crown Colony: A Hong Kong Notebook*, London: Jonathan Cape Ltd., 1969.

Stokes, Gwenneth, *Queen's College, 1862–1962*, Hong Kong: Queen's College, 1962.